LE ROMAN DE DANIEL BALAVOINE

DÉPARTEMENT CHANSON
Fayard / Chorus
Sous la direction de Fred Hidalgo

Déjà parus dans ce département

Brel, Brassens, Ferré
Trois hommes dans un salon
de François-René Cristiani et Jean-Pierre Leloir (2003)

Il était une fois la chanson française
(des origines à nos jours)
de Marc Robine (2004)

Nougaro, la voix royale
de Christian Laborde (2004)

Nougaro, l'homme aux semelles de swing
de Christian Laborde (2004)

Cabrel, Goldman, Simon, Souchon
Les Chansonniers de la table ronde
de Fred Hidalgo (2004)

Georges Moustaki
La Ballade du Métèque
de Louis-Jean Calvet (2005)

Vivre et chanter en France
Tome 1 : 1945-1980
de Serge Dillaz (2005)

Hubert-Félix Thiéfaine
Jours d'orage
de Jean Théfaine (2005)

Didier Varrod

Le roman de Daniel Balavoine

Fayard / Chorus

DU MÊME AUTEUR

Jean-Jacques Goldman, Portrait non conforme
Avec Christian Page (Éditions Pierre Marcel Favre, 1987)

Histoires de chansons : 1968-1988
Avec Sylvie Coulomb (Balland, 1988)

Jean-Louis Foulquier : Au large de la nuit
Autobiographie, en collaboration (Denoël, 1990)

Lucide, ascendant vierge
(Le Rocher, 1992)

Ne vous fiez pas aux apparences, entretiens avec Sheila
(Éditions Plon, 2003)

La Douceur du danger, entretiens avec Véronique Sanson
(Éditions Plon, 2005)

La seule façon d'accomplir est d'être.

LAO-TSEU

Préface

Dans les années 1968-1969, nous étions sur le même catalogue... Un catalogue de groupes à louer (voire à vendre !) pour les soirées, clubs, bals, etc. Lui, c'était le groupe phare : « Présence » ; nous, c'était « Phalanstère », outsiders de la banlieue sud. Déjà, on parlait de lui avec respect. Différemment.

Je l'ai rencontré en juillet 1985 à Wembley, au concert du Band Aid en faveur de l'Éthiopie. Nous étions quelques chanteurs et journalistes invités par Monique Le Marcis et RTL. Je me souviens d'avoir été surpris de son envie de convaincre les journalistes. Je me souviens que nous avons sympathisé. Je me souviens qu'il voulait recommencer à zéro en Angleterre, reconquérir, sortir des scléroses françaises... Tout était planifié, organisé.

Nous avons chanté ensemble en octobre 1985 au concert *Chanteurs sans frontières*, à La Courneuve ; nous étions convenus de nous revoir à son retour du Paris-Dakar...

Ses chansons passent vingt ans après sur les ondes sans une ride. C'est dire l'avance qu'il avait. Ses textes résonnent sans désuétude, sans condescendance, absolument modernes.

À mon sens, il était viscéralement plus qu'un artiste. Un activiste, un meneur, un acteur du monde. Il aurait forcément voulu s'impliquer. Production ? Presse ? Télé ? Politique ? En tout cas, plus de pouvoir et de responsabilité qu'un chanteur.

Daniel, c'était du talent, des désirs, de l'enthousiasme, de la force, de l'altruisme, de l'honnêteté. Cette personnalité si rare et attachante explique son extraordinaire carrière posthume.

Jean-Jacques GOLDMAN

Chapitre premier

Un soir de décembre 1985, au revoir…

Sur les marches de l'entrée principale de la Maison de la Radio. Il est un peu plus de 21 heures en ce mois de décembre 1985. Daniel Balavoine me regarde avec son œil qui frise, comme toujours. Nous avons tous les deux l'impression que nous venons de faire une bonne émission de radio. Je suis alors le complice de Jean-Louis Foulquier sur France Inter dans *Pollen*. J'explique à Daniel que je commence à vraiment préférer mon travail de journaliste à la radio plutôt que dans la presse écrite. Je suis si heureux de transmettre mon enthousiasme, jugé parfois démesuré, sur ses chansons. Il me charrie avec une tendresse inattendue. Il me prend par le cou, lui qui est rarement physique et démonstratif avec les garçons : « Tu aurais pu être avocat… Si demain je dois me faire porter pâle, tu peux parler à ma place… »

Il me dit aussi à quel point il est fier de l'accueil enthousiaste que le public réserve à son dernier album. Il semble heureux d'être compris pour ce qu'il est. Enfin. Un chanteur, certes, mais un peu plus que cela. Un homme qui s'emporte pour ce qui lui importe. Avec la sagesse de ceux qui ne peuvent renoncer à se mettre en colère, avec l'amour au bout de ses idées. Il me dit qu'il faudra se revoir vite. Après le Paris-Dakar. Après avoir offert de l'eau au désert. Une goutte d'eau dans une mer de sable. Il est convaincu que sa présence dans le Paris-Dakar est cette fois en harmonie avec le chanteur qu'il est devenu. Mais avec la passion vissée au corps, l'énergie de l'espoir est toujours là. Il piétine un peu sur le trottoir. Il hésite. Il voudrait bien aller boire un verre au café « Les Ondes », juste en face de la Maison ronde. Et puis non, il est quand même un peu fatigué par toute cette intense promotion.

Il me parle encore du tournage de son clip de *L'Aziza* réalisé par Olivier Chavarot. Il aime ça, ce vecteur de communication encore neuf pour médiatiser une chanson. Bientôt, sur le canal 6 du réseau hertzien, il y aura TV6, une chaîne de télévision pour les jeunes avec des clips 24 heures sur 24. Et des émissions annoncées comme décapantes pour briser l'hégémonie de MTV et la tentation déjà réductrice des *play lists* des radios FM qui font la part belle aux productions anglophones. Le mythe de la radio libre est déjà mort et les artistes français ont su se mobiliser pour la première fois pour apparaître comme un lobby, peut-être plus crédible qu'une Dalida juchée sur un char pour incarner la défense de la radio NRJ.

Daniel Balavoine est heureux. Il sent viscéralement le mouvement. Il aime son époque pour sa musique, moins pour sa vie politique. Il aime encore plus la façon dont son métier évolue. Il est heureux de la nouvelle direction artistique de son label Barclay. Il me parle à nouveau de son admiration et de son respect pour Philippe Constantin, le nouveau patron de sa maison de disques. Avec lui, sa vision artistique est partagée. Il y a désormais le vieux métier et la nouvelle vague. C'est aussi la marotte de Balavoine : « Nous sommes enfin en train de rattraper notre putain de retard sur les Anglo-Saxons. »

Il me le répète, là, encore une fois, sur ce bout de trottoir glacé. Il est confiant. C'est bientôt Noël. Il me demande bien sûr ce que je prévois de faire pour ces vacances. Je lui réponds sans trop de précisions : « La famille, les cadeaux, le repos... » Lui, il est déjà ailleurs, dans les dunes de sable. Heureux de partir, mais impatient de revenir. Il l'avoue. Il est bien ailleurs. Mais déjà encore plus loin. À son retour, il y aura les préparatifs pour une nouvelle scène. Encore plus rock, encore plus exigeant. Ceux qui sont passés à côté de lui vont enfin se rendre compte de qui il est. C'est important, ça. Une vie entière à essayer d'être reconnu par les *rock critics*. Philippe Constantin et la nouvelle ligne éditoriale de Barclay vont l'aider.

Nous avons désormais des amis communs dans ce métier. Je lui redis que mon ami Jérôme Brody, enfant du rock s'il en est, et collaborateur de Philippe Constantin chez Barclay, a été séduit par l'artiste et l'homme qu'il impose aujourd'hui. Allez, cela doit bien faire un quart d'heure que l'on devise de tout et de rien. C'est étrange... Nous nous connaissons depuis presque trois ans et, pour la première fois, nous ne parvenons pas à nous séparer. Il le faut bien, pourtant. Il me rappelle instamment que je me dois de découvrir Biarritz et la lumière orangée du Pays basque. Peut-être ensemble, à l'occasion d'une nouvelle interview. Ça, c'est une bonne idée. Joindre l'utile et l'agréable.

« On va demander à Geneviève Salama de s'en occuper... Il est quand même temps que tu connaisses ton pays et que tu arrêtes de le trahir avec la côte d'Azur... » On rit ensemble de cette *private joke* qui nous relie. Je suis né à Pau. Daniel y a passé son enfance. Le Pays basque, c'est l'air qu'il aime respirer. Il a fini par me convaincre d'y aller ouvrir mes bronches.

« C'est promis, à ton retour... »

Nous avions parlé de l'antagonisme encore vrai ou toujours supposé entre le Béarn et le Basque. Toute l'histoire d'un pays, tout le récit d'une résistance naturelle au centralisme français. Mais c'est une autre histoire. En remontant la fermeture Éclair de son blouson, il me regarde à nouveau avec cette bienveillance sincère qui le caractérise.

« Bon, allez, c'est parti, Didier. Je file… » Nous sommes partis pour nous serrer la main comme chaque fois. Et puis il m'a agrippé subitement par l'épaule : « Allez, on s'embrasse… Pour la nouvelle année ! Et à très vite sur la grande plage de Biarritz ! C'est le meilleur endroit pour réaliser des bonnes interviews ! » Je l'ai regardé partir. Je ne me souviens plus comment. Avec sa voiture ou en taxi ? Mes souvenirs s'arrêtent là.

La nouvelle année ? « 1986, la tragique », c'est comme cela que je l'appelle. Celle qui nous aura enlevé Daniel Balavoine et Coluche. Et puis Malik Oussékine, aussi. Elle n'avait pas le droit de faire ça, la 1986. La cohabitation et Chirac Premier ministre de François Mitterrand, passe encore, à la rigueur, puisque nous en avions parlé ensemble. Mais d'entendre un matin, un 15 janvier, au saut du lit, que Daniel Balavoine est mort, ça, jamais ! Jamais je n'aurais imaginé une telle claque, une si furieuse douleur, une si parfaite absurdité. Alors, lorsque j'essaie de me souvenir de ce dernier moment avec lui, je revois avec précision presque toute la scène… La scène, oui, puisqu'il s'agit bien de cela maintenant. Une scène de cinéma. Ou de vie. C'est parfois la même chose. La voix, et ce léger accent du Sud-Ouest sont toujours là, au creux de mon oreille. C'est peut-être un détail pour vous, mais, pour moi, ça veut dire beaucoup…

Réussir à retrouver la mémoire exacte de ce dernier instant qui ne devait pas en être un. Pourquoi ? Parce que Balavoine m'a laissé là avec une drôle d'idée de la notion de destin. Depuis, chaque année ou presque, le 31 décembre vers minuit, sur la côte des Basques, ou parfois en prière sur le flanc écorché du Rocher de la Vierge, je me demande encore et toujours qu'est-ce qui pourrait bien sauver l'amour ? Daniel Balavoine m'a donc appris à toujours me poser les bonnes questions. Mais je ne suis finalement jamais allé au Pays basque avec lui. J'ai encore mis quelques années à y atterrir. Deux ans. Pour la plus belle raison qui soit : j'y allais retrouver un amour qui ne savait pas l'importance de ce voyage. Il avait raison, Daniel Balavoine. Ce pays est magique. Violent et serein à la fois. L'océan tumultueux des surfeurs culbute cette vieille dame indigne qu'est Biarritz. Elle est redevenue à la mode aujourd'hui. Côté ouest contre côté sud, la guerre est ouverte, et l'ouest fait bien plus que résister. Il gagne. Et lui aurait été fier, mais peut-être aussi agacé de voir sa terre de repli devenir le camp préféré des gens qui comptent.

Daniel Balavoine, il compte aussi toujours. Et nous allons commémorer les vingt ans de sa disparition. J'aurais aimé vivre ces vingt années avec lui. Mes expériences auraient été pour lui source de discussions engagées, de polémiques évidentes et de passions partagées. C'est simple. Une belle photo-portrait en noir et blanc m'a toujours suivi dans chacune de mes aventures professionnelles.

Lorsque je fus directeur artistique chez Polydor et, par la suite, chez Columbia, son visage et son cadre m'ont suivi. Je voulais qu'il soit là, tout près de moi. J'avais envie aussi de voir quelles réactions son portrait susciterait auprès des jeunes artistes cherchant à être signés par une maison de disques. Honnêtement, ils furent peu nombreux à m'en parler, à me poser des questions. Comme si, après la violence de son absence, tout le monde avait oublié. L'industrie du disque a le regard fixé sur le futur pour peu qu'il soit rassurant et le moins innovant possible. Le passé est admissible s'il se conjugue à la nostalgie, et tout à coup les morts portent en eux une nouvelle vertu commerciale. Daniel Balavoine fut compilé, repris, et parfois la télévision lui redonnait la vie. Le temps d'une chanson, d'un bout d'archives où, exalté, il offrait un pur moment de télévision face à François Mitterrand, ou encore pour des émissions-hommages. Son portrait est aujourd'hui sur le mur de mon bureau, à droite de mon ordinateur. Il est témoin de tout ce que j'écris : les biographies de disques, les livres, les synopsis des documentaires pour la télévision. Et lorsque l'inspiration peine, ou encore lorsque le temps béni du point final est venu, je plante mes yeux dans son regard :

« Alors, qu'en penses-tu ? »

C'est donc une sorte de repère inoxydable, d'aide spirituelle constante et peut-être risible pour certains de mes proches. Philippe Constantin, « Tintin » pour les intimes, n'est plus là non plus. Il est parti d'un retour d'Afrique. Le continent premier a donc rappelé deux de ses meilleurs serviteurs. Philippe Constantin : un prix porte désormais son nom et sacre tous les ans de jeunes talents émergents. Daniel Balavoine : son nom est entré dans l'histoire, et sa musique vibre toujours. Je fais aujourd'hui ce que j'ai refusé maintes fois de faire. Écrire sur lui. Alors, évidemment, je repense à ses propos. Je ferais un bon avocat... Je pourrais si bien parler à sa place... Le moment est donc venu d'y croire, alors que la cinquième édition de la *Star Academy* de TF1 lui rend hommage. Des apprentis-chanteurs exécutent *Je ne suis pas un héros*. Qu'aurait-il pensé de cette télé-réalité hégémonique, orwellienne et trompeuse ? Quelque chose me fait dire qu'il n'aurait pas aimé que l'on confonde à ce point chanteur et vedette. Il avait chanté et décrypté une fois de plus avec fulgurance la condition du chanteur.

Aujourd'hui, on veut être chanteur pour faire vedette comme métier ! Daniel Balavoine avait mis toute son énergie pour démontrer que l'artiste a une vraie fonction sociale et une réelle démarche artistique où la création constitue chaque fois un nouveau défi. Dorénavant, la musique possède ses jeux du cirque. Et ce n'est pas si grave, puisque de cette apparente défaite de la chanson est née une autre chanson. Nouvelle, comme dans les années 70. Daniel Balavoine n'en était pas issu, mais avait été accepté et aimé de celle-ci. Michel Berger, Louis Chédid, Catherine Lara, Yves Simon, Francis Cabrel, Alain Souchon, Laurent Voulzy et les autres...

Aujourd'hui, Bénabar, Sanseverino, Vincent Delerm, Jeanne Cherhal, Cali, Dionysos crient leurs différences dans un registre musical très éloigné des aspirations de Balavoine. Mais il aurait sûrement applaudi leur démarche de reconnaissance par la scène, leur engagement citoyen, leur écriture exigeante dans la singularité. Toutes ces choses qui ont incarné le Balavoine qui fut un chanteur en état de marche. Tout ce que je vais vous raconter, en somme : *Le Roman de Daniel Balavoine.* On peut penser que c'est un drôle de titre pour un livre sur un chanteur. Le roman : « Œuvre d'imagination en prose, assez longue, qui présente et fait vivre dans un milieu des personnages donnés comme réels, nous fait connaître leur psychologie, leur destin, leurs aventures... » La définition est proposée par *Le Petit Robert*, dictionnaire de la langue française. Elle est assez proche de ce qu'il m'est offert d'écrire à présent. Non pas la vérité, mais une part de ma vérité : le Daniel Balavoine que j'ai connu, que vous découvrirez dans l'exercice pas toujours facile de l'entretien. Le Daniel Balavoine de quelques-uns de ses proches, « professionnels de la profession » et souvent intimes. Le Daniel Balavoine dans son milieu, l'industrie du disque et de la scène, qu'il convient de mieux comprendre à travers lui qui fut l'un de ses acteurs les plus brillants, tant l'avenir de sa profession le concernait. Il est dit que le roman révèle le clair obscur d'un chanteur dévoué à sa passion. Physiquement et intellectuellement. Sa psychologie sera lisible dans les quelques entretiens que nous avons eus ensemble et retranscrits ici dans leur intégralité. Ou encore dans ceux que j'ai menés pour ce livre afin que l'on se souvienne de manière plus juste de lui. Son destin enfin s'éclaire et fait du chanteur insoumis un héros peut-être « à l'insu de son plein gré ». Voici, je l'avoue, une formule pour tenter de retrouver son rire. Chaque homme, chaque femme peut être le héros de sa vie. En apprenant à dire non pour se ressembler, et ainsi se rassembler pour pouvoir enfin dire oui. C'est ce qu'il a fait. Oui à l'amour dans un monde qui, riche de ses excédents alimentaires, laisse impunément mourir de faim ses hommes, révélant une pornographie de la pauvreté. Daniel Balavoine, au travers de ses aventures personnelles ou citoyennes marquées du sceau de cette pulsion de vie, endossa la vitalité magnétique d'un personnage de roman universel. Le révolté sentimental, le prophète des bouleversés.

Chapitre 2

Ce fils, cette bataille…

Il était une fois un homme qui n'avait pas de souvenirs... Ce pourrait être le début de l'histoire, mais ce n'est finalement pas si vrai. Balavoine avait le sens de l'histoire, connaissait le subtil pouvoir des traditions et ne pensait pas qu'il faille se couper de ses propres racines. Mais il était un homme qui préférait toujours demain à hier. C'est ainsi. Daniel Balavoine était un homme qui ne cultivait absolument pas la nostalgie. Sans regrets ni passéiste, Balavoine fut un homme bien assis dans son époque. Il n'avait pas du tout développé cette vieille maladie qui finit par contaminer tout le monde ou presque et qui consiste à croire que, finalement, c'était toujours mieux avant. Daniel le répétait souvent :

«Je n'aime pas les souvenirs. D'ailleurs, ils sont souvent faux. La mémoire ne restitue que ce que l'inconscient veut bien laisser passer. Elle déforme, elle triche, elle ment.» Et souvent, lorsque nous parlions ensemble de musique, Balavoine avait sérieusement tendance à préférer la dernière chanson d'un groupe qu'il suivait et admirait depuis toujours plutôt que l'album-culte fondateur des débuts, auquel il faudrait soi-disant toujours se référer. Non pas qu'il faille renier quoi que ce soit, mais Daniel était conscient pour lui-même que chacun de ses nouveaux disques marquait une marge de progression qui était toujours plus intéressante que les brouillons de ses débuts. Il en allait un peu de même avec sa propre enfance dont il n'aimait guère parler. Il m'avait dit un jour où, dans sa Mercedes, il me ramenait de chez lui, à Colombes, jusque dans le centre de Paris :

« Plutôt que ma propre enfance, c'est bien la vie que je vais préparer à mes enfants qui m'intéresse. » Dans l'émission spéciale que lui consacrèrent *Les Enfants du rock* où, soudain, on lui proposait de revenir sur les pas de l'enfant qu'il fut, il déclara, le sourire très en coin : « Dans mon cartable, il y avait peut-être des billes, je ne me rappelle plus. Je n'ai pas de souvenirs d'enfance. Je trouve que c'est casse-bonbons, en plus, les souvenirs d'enfance. J'ai appris les mêmes choses que tout le monde, j'ai laissé ce qui ne me plaisait pas et j'ai gardé ce qui me plaisait. C'est peut-être ça qui fait la différence avec certains… »

Daniel Balavoine est né le 5 février 1952 à Alençon, dans l'Orne, en Normandie. Il est le septième et dernier enfant d'une famille aisée. Deux sœurs, Marie-Françoise, l'aînée, et Claire, ont douze et neuf ans de différence avec Daniel. Ses frères Bernard, Guy et Yves ont quant à eux huit, cinq et quatre ans de plus que lui. Mais il y a aussi Xavier, mort tragiquement d'une méningite foudroyante, qui fera dire à Daniel, lorsqu'il déchirait parfois le tissu intime de son enfance : « Je ne serais pas né si Xavier n'était pas mort… » C'est une confession recueillie par Gilles Verlant auprès de la maman de Daniel dans son livre consacré au chanteur[1]. Une sorte de fracture intime relayée et confirmée par son frère Guy dans le même ouvrage :

« Daniel a toujours eu l'impression qu'il était sur le banc des remplaçants et qu'il était rentré en jeu parce qu'un joueur avait été blessé. À la place d'un autre… »

Daniel Balavoine avait une sorte d'aversion à peine déguisée vis-à-vis des artistes qui s'épanchaient pour raconter

1. *Balavoine*, par Gilles Verlant, Albin Michel, 1996 ; réédition revue et corrigée en 2002.

leur vérité personnelle. Il me l'avait dit et redit maintes fois. Dans le cadre d'une interview ou hors micro :

« Lorsqu'on choisit d'être chanteur, c'est bien pour dire dans nos petits refrains ce que l'on ne pourrait pas raconter au micro de Michel Drucker ou au prétoire de Patrick Sabatier. »

Alors il faut se débrouiller autrement avec lui. Savoir par exemple que ses premiers concerts, Daniel les a donnés, enfant, à cinq ou six ans. Il s'installait avec un tambourin entre ses genoux et des baguettes de jeu de construction. Il reprenait un air de Harry Belafonte en tapant sur tout ce qu'il trouvait. C'est encore sa maman Élisabeth qui le dit à Gilles Verlant.

Le père de Daniel, Émile, est ingénieur des Ponts et Chaussées et travaille après la guerre pour le ministère de la Reconstruction. La mère, Élisabeth, est une « fille de »… De la Magdelaine, famille aristocratique du Sud-Ouest. La famille Balavoine va donc s'installer à Bordeaux pendant sept ans, puis à Biarritz pour deux ans. « Je suis un mélange de sang basque et landais. Un grand-père un peu picard, mais qui est venu s'installer très vite dans le Sud-Ouest. Du côté de ma mère, mes grands-parents étaient landais et mes grand-mère et arrière-grand-mère étaient basques. »

Cette origine basque qu'il revendiquait n'était pas tout à fait en phase avec un sentiment autonomiste. Daniel préférait parler de particularisme, d'identité et de singularité. Car, pour lui, plus on était unique, plus la volonté de se mélanger aux autres en portant tout de même le besoin de se démarquer, pouvait offrir une vraie idée du métissage. En cela Daniel Balavoine était un ambassadeur d'un autre monde, titre qu'il donnera à l'un de ses albums. Un monde métissé où les particularités de chacun seraient un moteur pour faire avancer l'envie et non plus le besoin.

Lorsque son père, à la fin de l'année 1959, est muté en Algérie à Tizi Ouzou où il passe un an et demi, Daniel entre en pension à Hasparren, et Yves, son frère le plus proche en âge, à l'École militaire préparatoire, à Aix-en-Provence. Daniel refera encore une fois le chemin à l'envers pour les caméras des *Enfants du rock*, jusqu'à la pension de son enfance :

« En fait, cela ne m'angoisse pas tellement d'être là. J'étais plus angoissé avant d'y arriver qu'en y étant. Finalement, je trouve que ça paraît assez dérisoire, maintenant. C'est l'école libre, quoi ! Dont on entend parler toute l'année. C'est ça, l'école libre, c'est un endroit curieux ! Mais ce coin-là est surtout un lieu où il s'est passé un énorme chahut organisé de rébellion… Le carrelage, là, en fait, on l'avait rempli de flotte, c'est-à-dire que ça faisait une couche d'un ou deux centimètres d'eau – parce que le surveillant qu'on avait à l'époque se promenait la nuit. Et effectivement, en pleine nuit, quand il est arrivé et qu'il a marché dans l'eau, ça a éclaboussé, et on l'a entendu dans tout le dortoir… Mais on était vraiment minots, on était petits, hein ! Il nous avait fait mettre à genoux sur le parquet pendant deux heures en demandant à celui qui avait organisé ça de se dénoncer, et comme c'était moi je me suis dénoncé, et il m'a fait rester deux heures, le bras en l'air, comme ça, comme s'il ne me voyait pas, et à la fin il m'a fait : "Je sais que c'est vous !" C'était assez nul. »

Daniel Balavoine, que j'avais revu après la diffusion de cette émission qu'il avait pourtant tant attendue, ne trouvait pas qu'il soit fondamental, encore une fois, de s'être arrêté sur ces séquences de souvenirs. Il préférait que l'on parle aussi de sa région au présent. Du danger de l'immobilier sauvage qui risquait de massacrer les paysages mystiques et encore relativement préservés de cette côte basque. De l'océan qu'il jugeait suffisamment sauvage pour que l'on reste humble, mais qui pouvait souffrir de se voir un jour souillé par les cargos venus nettoyer leurs cuves au large de chez lui. Là-dessus, Daniel n'avait jamais assez de mots pour rester indigné. Pour parler encore de ce qu'il avait été, petit, c'était une autre histoire, sauf lorsque la musique faisait le lien. Ce fil conducteur, il va le suivre lorsqu'il se retrouve à Pau, dans la capitale du Béarn.

Entre-temps, en 1962, Daniel, qui a dix ans, retrouve son père, revenu d'Algérie. Sa maman, elle, a rencontré un autre homme, René. Elle part pour Nice alors que Daniel est toujours en pension à Dax, au collège Cendrillon. Daniel évoquera le fait d'avoir été l'enfant d'une famille tout à coup séparée :

« Mes parents sont restés longtemps ensemble et je les en remercie, même si je suis celui des enfants qui en a le moins profité, puisqu'ils se sont séparés quand j'avais huit ans. Si, pendant mon adolescence, j'ai cru pouvoir me donner le droit de leur en vouloir, je le regrette infiniment, parce que c'est ridicule. Cela dut être un beau couple, et je n'ai pas de souvenirs précis. »

Ce moment de vie, Daniel me le racontera non pas dans le détail, mais simplement pour m'expliquer qu'il est parfois mieux de vivre une « double enfance », comme le chante aujourd'hui Julien Clerc[1], plutôt que d'avoir à subir les violences d'une famille déchirée. Une famille qui ne se résoudrait jamais à admettre la séparation ou le divorce, comme s'il était impossible de croire parfois que certaines histoires d'amour peuvent et doivent se terminer plutôt que de mal se finir.

---

1. Paroles de Maxime Le Forestier et musique de Julien Clerc, sur l'album éponyme de celui-ci, *Double enfance*, sorti à l'automne 2005.

Daniel reste avec son père, comme ses frères et sœurs, mais il ne souffre pas trop de l'absence de sa maman qui vient souvent les retrouver. Il raconte assez bien son histoire adolescente lorsqu'il se livre aux *Enfants du rock* :

« Ensuite j'ai changé d'école et je me suis retrouvé à Pau, dans le Sud-Ouest, et je ne pensais pas du tout faire de la musique. Mes frères chantaient souvent ensemble, mais moi, ça ne me branchait pas trop, en fait. J'écoutais la musique des autres, j'écoutais les Stones, je faisais partie du clan des durs, c'est-à-dire de ceux qui disaient que les Stones étaient mieux que les Beatles, alors qu'en fait j'écoutais autant les Beatles une fois que j'étais chez moi. Mais moi, je voulais faire des études, je m'étais déjà presque fixé pour objectif de faire du droit et sciences politiques. Mais ça m'a passé, je me suis soigné, après, d'une manière assez profonde. J'avais alors dans l'idée d'être député et de représenter quelque part ma région, ou quelque chose comme ça. En fait, de faire un métier public. Et puis, finalement, j'ai trouvé les discours de ceux qui étaient dans ce métier public (mais sans musiciens) tellement emmerdants, tellement identiques et vulgaires, que j'ai préféré prendre des musiciens pour camoufler mon discours direct, mais c'est tout. Je me suis mis à la musique tard, en fait. Je me suis mis à la musique à seize, dix-sept ans, parce que, justement, il y avait eu à cette époque-là Mai 1968. Comme j'y avais été mêlé de près, en tout cas dans mon coin, j'ai été déçu en voyant arriver les soi-disant révolutionnaires qui venaient, finalement, nous tenir le même genre de discours que les hommes politiques de l'époque. C'est-à-dire Alain Geismar, Jacques Sauvageot, Daniel Cohn-Bendit, etc., qui faisaient des tournées en province, comme les chanteurs, quoi ! On se faisait une image d'eux absolument extraordinaire, et puis, finalement, quand on les voyait arriver, on n'entendait que des conneries !

Que des bêtises. Ça m'a complètement démobilisé et j'ai eu un petit peu le dégoût de tout. Comme, à ce moment-là, mon frère faisait médecine et avait une guitare, il a laissé tomber la guitare et continué médecine, et moi j'ai arrêté mes études et pris sa guitare. »

Daniel, c'est un fait, a commencé à faire le chanteur à la MJC de Pau. Il chantait du Bob Dylan et obtenait, semble-t-il, son petit succès. Puis il a aussi participé à des orchestres dont les noms devaient absolument répondre à la légende du rock'n'folk de l'époque : Purple Eruption, Les Shake's et ensuite Réveil. Cette fois, la messe était dite, et bien que rock'n'roll, elle se devait d'être chantée en français. En 1970, Daniel a dix-huit ans. Mai 68 est déjà loin, sauf que l'on croit encore pouvoir sonner le réveil d'une autre contestation. En janvier, on assiste à la persistance de l'agitation étudiante, notamment à Nanterre qui avait été le premier théâtre des événements de Mai. Le 8 avril, le pays est paralysé par une grève générale des commerçants. Le 27 mai, une vive agitation sévit à nouveau au Quartier latin, à Paris.

La chanson française, elle, sort définitivement du règne absolu et singulier des années yéyé. Michel Polnareff est l'artiste de l'année. Sa science de l'harmonie, son goût inné pour la provocation et sa façon de concevoir ses disques remettent en cause les recettes faciles des producteurs qui font et défont, le temps d'une saison, des idoles trop soumises pour être heureuses. En janvier, Polnareff est n° 1 du hit parade avec *Dans la maison vide*, sorte de chanson pop sous acide que n'auraient pas renié les Beatles de *A Day In A Life*. Tout l'été il revient au sommet des hits avec deux slows qui « tuent » et qui, pour reprendre l'expression de Balavoine, sont la même expression de deux facettes, face amour, face amère : *Gloria* et *Je suis un homme*. Julien Clerc confirme avec *Des jours entier à t'aimer*, n° 5 en avril 1970. Joe Dassin est en train de proposer en douceur une nouvelle image du chanteur populaire et séducteur. Sylvie Vartan, Mireille Mathieu, Eddy Mitchell ou Sheila sont toujours là, mais les stars du yéyé cherchent aussi une nouvelle motivation dans l'émergence de cette pop music à la française. Pour bien le comprendre, il faut toujours revenir au roi de ces années-là, Johnny Hallyday, qui poursuit une carrière au sommet, mais chante *Jésus-Christ*, initié par la plume maligne de Philippe Labro, faisant dire à Johnny que si Jésus était vivant aujourd'hui, il fumerait de la marijuana...

C'est aussi l'époque où les groupes français veulent trouver un nouveau public qui n'aurait pas uniquement envie de se retourner vers Woodstock ou l'île de Wight pour satisfaire leur besoin de liberté et d'une musique conforme à ses nouvelles aspirations psychédéliques. C'est la petite heure de gloire de groupes comme les Variations, Triangle, Total Issue ou encore Zoo, le groupe de Joël Daydé, qui se retrouvera en première partie des concerts de Léo Ferré après avoir collaboré avec lui pendant deux ans sur l'album *La Solitude*. Parenthèse, *Le Chien*, texte semonce de sept minutes, devient l'hymne d'une génération, et *La « The Nana »* fera retrouver, après *C'est extra*, le goût des hit-parades au grand Léo.

Ce contexte musical est important, puisque c'est celui dans lequel Daniel Balavoine va évoluer. Son complexe vis-à-vis de la presse rock spécialisée vient bien de ces années-là. On parlait alors dans les colonnes de *Rock & Folk* de l'actualité de ces groupes dont il fut un leader, mais lorsqu'il se lancera en solo, cette même presse le diabolisera. En revanche, *Salut les copains* n'est jamais loin. L'objectif photographique du bréviaire des yéyés fait poser les nouveaux héros de cette pop music jaillissante ; comme, en 1964, sur les marches de l'opéra de Paris, avec cette légende : « Qui pourrait penser que cette foule échevelée contient les espoirs de la musique populaire française et surtout qu'elle se rend à l'Opéra ?... »

C'est alors l'effervescence. Le groupe Présence – avec à sa tête Erick Saint Laurent considéré comme le prince de la pop music – est sur le point de se séparer. Daniel Balavoine se souvient : « C'était une bonne période. On m'avait d'abord appelé à Pau en me disant : "On a appris que vous chantez et que c'est bien. Le chanteur de notre groupe est parti. Est-ce que vous voulez venir ?" J'ai débarqué à Paris et quinze jours après, j'étais dans les studios d'enregistrement pour faire un 45 tours. C'était assez bizarre. » L'audition a donc lieu au Blanc-Mesnil et deux chanteurs se sont présentés : Daniel Balavoine et Laurent Voulzy... C'est Daniel qui est finalement choisi. Ses années de groupes d'adolescents, et déjà la connaissance parfaite du répertoire pop anglais, ont fait la différence. Mais il faudra encore attendre pour obtenir une réelle reconnaissance ou des ventes de disques notables. Le premier 45 tours de Présence avec Daniel (*Le Jour s'est levé* et *La Lumière et la folie*) sera en effet crédité, chez Vogue, de seulement 247 exemplaires vendus. C'est bon pour la légende future, mais pas tellement pour le moral ! En février 1985, au micro de Michel Drucker, « Studio 1 » sur Europe 1, Daniel Balavoine fait allusion à un premier 45 tours solo avant Présence dont il a même oublié le titre et vendu à 47 exemplaires en Suisse !

Néanmoins, Daniel et son groupe jouent au Golf Drouot, au Gibus Club, et sont repérés dans l'opération « Promo pop 72 » du magazine *Best*. Daniel reste chez Vogue mais quitte le groupe. Il enregistre un premier 45 tours en solo (*Viens vite* et *Lire un livre*) qui est un échec cuisant. Une année noire chez Vogue, c'est alors tout à fait suffisant pour s'apercevoir que l'artiste est souvent tributaire de la vision d'un directeur artistique. Il sait qu'il ne sera pas de cette tribu que l'on peut manipuler. De ce constat, il fera une exigence dont nous parlerons plus tard lors d'une de nos conversations dans sa voiture : « S'il y a bien une chose à retenir de ces années-là, c'est que, si j'ignorais encore ce que je voulais être ou faire, grâce à l'expérience Vogue, je savais précisément ce que je ne voulais plus être… »

Pour gagner sa vie, Daniel Balavoine devient choriste en compagnie de son frère Guy. Ils se débrouillent tellement bien qu'ils finissent par se tailler une vraie réputation. Le spectre vocal de Daniel lui permet de surfer des graves aux aigus avec une aisance sans pareille. Toujours avec son frère Guy, il est aussi de l'aventure musicale *La Révolution française*, l'opéra-rock d'Alain Boublil et Claude-Michel Schönberg qui se joue au Palais des Sports de Paris, où ils incarnent des marquis d'une noblesse bientôt balayée par le tiers état.

Au cours d'une séance d'enregistrement dans les studios d'Europe 1, Daniel rencontre Florence Aboulker, productrice de Patrick Juvet. Celui-ci est connu pour son parcours sans faute auprès des minettes qui aiment ses refrains populaires et faciles, sa tessiture de voix haut perchée et son androgynie naturelle. C'est le copain idéal, le frangin sur lequel on peut s'appuyer, mais aussi l'amoureux tendre qui fait entrevoir une sexualité émergente et trouble. Un Bowie pour *Podium*.

Daniel évolue ainsi entre l'ombre et la lumière des paillettes de ce nouveau petit prince suisse des hit-parades : pour le *Musicorama* à l'Olympia de Patrick Juvet, le 5 novembre 1973, puis pour le virage artistique que l'élégant compositeur ne parvient pas encore à faire admettre auprès des médias et du public. À une voix de tête va répondre une autre voix de tête. C'est à peu près tout pour ce qui est du début de la relation artistique entre les deux hommes. Puis, lorsqu'il s'agira de réellement se mettre au travail, Patrick Juvet et Florence Aboulker trouveront en ce Daniel Balavoine un sacré tremplin pour mettre en harmonie leurs désirs communs.

C'est dans la maison de campagne de Florence Aboulker, qui vit une relation à la fois amoureuse et artistique avec Patrick Juvet, que Daniel Balavoine passe ainsi du simple statut de choriste à celui d'auteur de chanson. Pour l'album *Chrysalide*, qui fait effectivement jaillir de son cocon matriciel le Patrick Juvet qui saura séduire Jean-Michel Jarre dès 1975, pour le 45 tours *Magic*, puis, l'année suivante, avec l'album *Mort ou vif*, avec les classiques *Faut pas rêver* ou *L'Enfant aux cheveux blancs*. Mais, pour l'heure, Balavoine essaie de convaincre son ami de tourner le dos à la chanson à minettes. Daniel lui écrit quatre textes et se voit offrir – fait rarissime dans ce métier – la possibilité d'enregistrer lui-même dans l'album de Juvet une chanson qu'il a écrite et composée entièrement, *Couleurs d'automne*. Daniel Balavoine n'oubliera pas cette élégance-là. Il s'en souviendra en offrant pareillement à Philippe Patron, son musicien clavier de l'album *Vendeurs de larmes*, une sorte de plage libre avec l'instrumental *La Danse*.

Balavoine a dès lors un nom qui circule. Il a su aussi séduire la placidité anglaise d'Andy Scott, réalisateur des albums de Patrick Juvet. Il va surtout changer la vie de Léo Missir, directeur artistique chez Barclay qui, en écoutant le nouvel album de Patrick Juvet, découvre la voix intrigante de Daniel. Et c'est une autre voix que Léo Missir va entendre, sa petite voix intérieure qui va lui souffler de rencontrer ce jeune artiste dont Florence Aboulker disait qu'il était assurément talentueux, mais parfois contesté à cause d'un « caractère de cochon » manifeste…

Chapitre 3

Léo Missir, le deuxième père…

– La première question qui vient spontanément à l'esprit est : « Quel est votre premier souvenir de Daniel Balavoine ? »

– Le premier souvenir de Daniel, cela a été son entrée dans mon bureau chez Barclay. Parce que Florence Aboulker, la productrice de Patrick Juvet, m'avait fait très peur… À l'écoute du disque de Patrick Juvet – à cette époque-là, étant directeur général artistique chez Barclay, j'écoutais tous les disques qui sortaient –, je m'étais dit tout d'un coup : mais qu'est-ce que c'est que ça, ce n'est pas Patrick qui chante ! C'est formidable ! Et Florence m'avait expliqué : « Mais non ! C'est un de ses choristes, qui s'appelle Daniel Balavoine. » Juvet l'aimait tellement qu'il avait voulu qu'il enregistre lui-même une de ses chansons. J'ai demandé immédiatement à le rencontrer. Florence m'a alors prévenu du caractère particulier de ce garçon : « Moi, je veux bien te l'amener, mais tu vas voir le garçon qu'il est ! Parce qu'il sait ce qu'il veut, il a son caractère, et cela m'étonnerait que cela fonctionne avec toi. Je n'en sais rien, mais enfin… »

Ce qui fait que j'ai tout de suite été très impressionné et prévenu en même temps. Il est arrivé dans mon bureau, il s'est assis et m'a laissé parler. Très poliment, je lui ai dit :

« J'ai écouté le disque de Patrick Juvet, j'ai écouté ton timbre de voix ainsi que ta chanson… J'ai trouvé ton travail formidable et j'aimerais beaucoup travailler avec toi. »

Il m'a regardé alors d'un air un peu curieux, sûrement parce qu'il ne s'attendait pas à un tel discours de ma part. Je lui mettais le doute, parce qu'à l'époque j'étais surtout le directeur artistique à l'origine de tous les tubes de chez Barclay : *Lady Mary*, «*Arrête, arrête, ne me touche pas…*» Des tubes populaires faciles à digérer, si j'ose dire.

Et Daniel m'a dit : « Écoutez, c'est très simple. Je veux bien travailler avec vous, mais si vous me laissez la liberté totale de faire ce que j'ai envie de faire ! Vous ne vous occupez de rien, je fais ce que j'ai envie de faire artistiquement, je veux enregistrer dans les studios et avec les musiciens de mon choix… Et ce n'est pas tout : je veux un contrat avec un 30 cm par an… » – alors qu'à l'époque nous faisions commencer les artistes par des 45 tours ; on ne faisait un 30 cm qu'ensuite, lorsqu'il y avait eu deux ou trois tubes qu'on incluait alors dans l'album. Mais, tout de suite, je lui ai dit : «J'accepte !»

– Pourquoi cette confiance immédiate face à une telle exigence de ce jeune artiste ?

– Je n'en sais absolument rien ! Il s'est passé quelque chose entre ce garçon et moi… Personne ne m'avait jamais provoqué de cette façon-là, ne m'avait posé autant de conditions pour signer chez Barclay ! Il devait probablement être sûr de lui, sûr de son fait. Il y avait aussi sûrement un peu de sa provocation naturelle qui s'exprimait déjà. Mais lorsque je lui ai dit oui, il n'en est pas revenu ! J'ai fait rédiger le contrat… Et il m'a dit : « Oh, je m'en fous complètement du contrat ! Mettez-y ce que vous voulez ! La seule chose que je veux que vous rédigiez, c'est la teneur de notre contrat moral, le droit de faire ce que je veux, et quand je le veux. Le pourcentage de mes royalties, le montant et toutes les clauses financières, je n'en ai rien à foutre ! »

– *C'est incroyable ! Comment avez-vous fait passer tout cela à Eddie Barclay ?*

– Vous savez, je bénéficiais d'une situation très privilégiée chez Barclay. D'ailleurs, c'est pour cela que j'y suis resté si longtemps. À un moment donné, quand Eddie a fait plus ou moins faillite, j'ai reçu des propositions formidables de Daniel Filipacchi et Franck Thénot pour reprendre Warner et créer le catalogue français, à des conditions financières très supérieures à ce que m'accordait Eddie Barclay. Je n'ai pas accepté parce que moi aussi, je suis un homme libre. Barclay me laissait faire ce que je voulais ! Du premier jour où je suis entré dans cette maison jusqu'à la fin, j'ai toujours fait tout ce que j'ai voulu faire ! C'était lui qui signait les contrats, évidemment, mais c'est moi qui les préparais. Il les regardait à peine. Et il signait… C'est pour cela que je suis resté si longtemps avec cet homme-là. En fait, j'ai été le premier assistant d'Eddie Barclay ! Je suis entré chez lui en 1957, lorsqu'il assurait lui-même les fonctions de directeur artistique. Il n'y avait personne… Sauf Boris Vian, bien sûr… Mais Boris s'occupait des disques anglais et américains, pas des disques français. Il n'y avait personne à cette époque-là pour gérer les artistes français. Dalida, elle, n'était même pas encore signée ! Il n'y avait qu'Eddie Constantine et Renée Lebas au catalogue. Et puis, je ne sais toujours pas pourquoi, cet homme-là m'a fait confiance, alors que je n'avais encore rien fait ! C'est lui qui m'a appris mon métier. Pendant un an, il m'a emmené partout avec lui et sur tous les enregistrements qu'il dirigeait lui-même. Et puis, un jour, il me dit : « Maintenant ça y est ! Tu peux y aller… Tu vas faire le prochain disque de Raymond Lefebvre. » Le chef d'orchestre le plus réputé de la variété française ! Je dis : « Raymond Lefebvre !… Quarante-cinq musiciens dans le studio d'enregistrement ! Vous voulez me laisser seul avec quarante-cinq musiciens ?... » Eh bien oui, il pensait que j'en étais tout à fait capable. Et c'est ainsi que j'ai commencé ma carrière.

Pour reparler de Daniel, il faut rappeler qu'il a quand même mis trois ans avant de démarrer réellement. Et ses disques coûtaient très cher ! Lorsqu'il a signé avec nous, un disque coûtait environ cent mille francs. Et puis, d'un seul coup, avec Daniel, on est montés à cinq cent mille francs ! C'était considérable. Il avait ses exigences propres... Il voulait pouvoir répéter d'abord pendant un mois, avec les musiciens, dans un local à Paris. Ensuite il choisissait toujours des studios incroyables. Ses premiers disques, il a accepté de les réaliser au studio Barclay, mais cela ne devait être valable que pour ses premiers enregistrements ! Dès qu'il a eu du succès, nous sommes allés en Angleterre, puis en Espagne, et enfin en Écosse... C'est lui qui choisissait les endroits, et nous y restions un mois !

– Ce qui est extraordinaire, c'est qu'il exige une totale liberté, alors qu'il n'était pas question, dans le même temps – il me l'a maintes et maintes fois répété –, que vous ne soyez pas là pour donner votre avis, et cela à des moments précis de sa carrière...

– Ce qui est exceptionnel, c'est qu'en fait, Daniel montrait à mon égard la même confiance qu'avait Barclay vis-à-vis de moi. Il me demandait toujours de venir le voir chez lui avant de commencer à répéter avec ses musiciens, pour me faire écouter toutes les maquettes qu'il avait faites de ses nouvelles chansons.

– Comment étaient-elles, ces maquettes ? Bien abouties ?

– Pas spécialement, non... Il y avait surtout les mélodies. Ses maquettes étaient là juste pour l'aspect harmonique et mélodique. Du point de vue rythmique, par exemple, ce n'était pas totalement abouti. Ni du point de vue des guitares, parce qu'il avait cette faiblesse-là : il ne jouait pas de la guitare… Mais moi, ce qui m'intéressait, c'était *la chanson*. Eddie Barclay disait de moi que j'étais tout de suite capable de repérer un tube ! Je ne sais pas pourquoi et comment j'avais ce don-là, mais je l'avais, c'est sûr… Alors, Daniel me faisait confiance, et il n'était pas indifférent du tout à tester avec moi le potentiel « tubesque » de ses chansons. Il voulait faire des chansons qui fonctionnent – donc populaires, mais avec les exigences d'un artiste marginal, faisant de la musique pour *happy few*.

Il me faisait écouter toutes ses maquettes et je lui disais : « Cette chanson-là est très bien comme ça ; celle-ci est un petit peu moins bien ; celle-là est trop longue, il faudrait peut-être la raccourcir ; celle-ci, c'est dommage, c'est une chanson qui donne plein d'espoir mais qui finit tristement, il vaudrait mieux que tu laisses un peu d'espoir à la fin… » Il ne disait rien. Il ne répondait pas. Il ne me répondait jamais. Mais, quelques heures plus tard, il revenait en disant : « Voilà ! elle vous va comme ça ? » – il m'a toujours vouvoyé, d'ailleurs –, et il avait retravaillé ou fini sa chanson tout à fait différemment.

– C'était donc un peu contradictoire avec son désir de liberté ?

– Je crois que la présence d'un père lui a manqué. Il adorait son père, mais son père était malade et il ne le voyait pratiquement jamais. Il a peut-être trouvé en moi non seulement quelqu'un qui connaissait la musique, qui avait du goût et savait ce qu'il voulait, mais qui lui apportait aussi ce côté paternel qui lui manquait. Pour donner un exemple, il voulait toujours avoir mon autorisation. Pour acheter une voiture. Pour savoir comment et quand il pouvait dépenser son argent. Pour des questions plus personnelles, aussi… Je lui disais toujours : « Ne fais pas d'enfant par égoïsme, comme le font tant de gens maintenant… Tout le monde fait un enfant ; on se connaît et six mois après, il y a un enfant qui naît… Tu en as toi-même souffert, alors ne fais pas de gosse tant que tu n'es pas sûr de pouvoir l'élever. » Et un jour il est venu me voir et m'a dit : « Là, je suis très, très amoureux… Est-ce que je peux faire un enfant ? »

Nous nous lancions des défis de générations. Je portais un bouc, et Daniel pensait que cela me vieillissait terriblement ! Il me demandait tout le temps de le raser pour paraître moins vieux à ses côtés. Je lui ai dit que je pourrais le raser lorsqu'il aurait réussi à vendre trois cent mille disques. Il m'a dit : « Tu vas rester vieux longtemps ! » Il avait beaucoup d'humour… Lorsqu'il a vendu trois cent mille disques, en 45 tours simple, je me suis fait couper la barbiche et c'est comme cela que je lui ai annoncé son premier carton discographique… avec *Le Chanteur*.

– *Comment perceviez-vous l'album* Les Aventures de Simon et Gunther… *?*

– J'adorais ce disque ! J'étais persuadé qu'il allait marcher ! Ce deuxième album a été enregistré au studio Barclay, avenue Hoche. J'étais content sans vraiment pouvoir l'être… parce que j'étais dingue de ce disque et je savais qu'il serait difficile de le faire admettre en radio. Comme c'est moi qui allais directement voir les programmateurs, je savais que j'allais plus ou moins au bide… avec un disque exceptionnel ! Ce n'était pas facile à vivre… Et puis, je savais alors qu'il ne nous restait plus que deux albums pour réussir.

Eddie Barclay m'a prévenu : « Léo, là, je t'avertis, cela fait trois ans que tu persistes avec ce Balavoine, et nous sommes en train d'additionner les millions de pertes sur ce garçon… » Eddie Barclay ne croyait pas en Balavoine, l'artiste…

– *Et d'ailleurs, Daniel n'aimait pas beaucoup Eddie Barclay...*

– Non, il ne l'aimait pas... C'était réciproque. L'une des rares fois où Barclay m'a dit : « Là, tu te goures ! », c'était à propos de Daniel. Dès que je lui ai fait écouter ses premières chansons, il a eu des réticences sur sa voix. Il n'aimait pas les voix aiguës et pensait que le public l'assimilerait à un chanteur homosexuel ! En plus, il ne croyait pas en son charisme et avait des doutes sur son physique. Cela ne collait pas, quoi ! Balavoine, lui, n'aimait pas les hommes d'affaires. Il était toujours méfiant à son égard, même s'il connaissait son parcours et savait que c'était aussi un musicien – plus que moi, d'ailleurs... mais Daniel a voulu me faire entrer de plain-pied dans la musique rock. C'est lui qui m'a fait connaître Phil Collins, qui m'a initié à Cliff Richard... Il m'a fait découvrir un tas de musiques que je ne connaissais pas, et il voulait absolument que je les assimile pour pouvoir mieux travailler avec lui. En somme, il a fait mon éducation en musique moderne et actuelle.

– *Étiez-vous d'accord, personnellement, pour qu'il fasse* Starmania *?*

– Personnellement, je ne pouvais pas être contre, puisque j'adorais Michel Berger. J'adorais ses musiques... En plus, lorsque Daniel a reçu cette proposition, *Le Chanteur*, qui était un peu le disque de la dernière chance, n'était pas encore sorti ! En revanche, lorsque j'ai lu l'histoire, le livret et les caractères des personnages, je me suis dit que Michel Berger était complètement audacieux ! Il voulait faire jouer à Daniel le rôle d'un petit voyou, d'une petite frappe assez violente, alors qu'il avait une toute petite voix plutôt appropriée pour un rôle romantique ou trouble... En fait, c'est ce contraste qui a séduit Berger. Il voulait faire admettre de nouveaux archétypes de personnages dans les chansons et les textes. Et Balavoine était l'artiste idéal pour cela.

Là où l'amitié de Daniel et Michel m'a gêné, c'est lorsqu'elle a débordé dans le cadre du business... Michel Berger voulait le prendre dans son écurie éditoriale. Daniel me laissait faire, mais c'était à moi qu'il confiait ce genre de mission. Il me disait : « Vous faites ce que vous voulez. Voyez avec lui ! » Alors qu'ils étaient très amis ! C'était difficile pour moi... Alors, un jour, j'ai déjeuné avec eux et j'ai réussi à convaincre Daniel de ne pas mélanger leur complicité artistique avec des relations d'affaires qui, tôt ou tard, finiraient par altérer leur relation tout court...

– *Donc, vous protégiez aussi ses intérêts...*

– Je protégeais sa vie. Je voulais que ce garçon soit heureux, et je l'ai protégé avec tout l'amour que j'avais... Parce que c'était de l'amour, en définitive... Attention ! Nous étions tout sauf homosexuels... Mais les gens avaient des doutes... Ils se disaient : « Mais qu'est-ce qu'il se passe entre ces deux hommes ? » Même Michel Berger, par moments, ne comprenait pas la nature de notre relation. Il m'appelait « l'incontournable » ! C'est vrai que lorsque Daniel enregistrait, il tenait absolument à ce que je sois là. J'ai donc été présent à tous les enregistrements de Daniel... J'étais là parce qu'il savait que j'attachais beaucoup d'importance au timbre de voix, et à sa justesse. Mais j'avais certains petits problèmes de compréhension avec Andy Scott, parce qu'à cette époque-là, dans tous les disques anglais, la voix était sous-mixée pour laisser vivre la musique en premier. Et moi, en studio, je n'avais qu'un seul bouton en main quand on faisait les mixages : le bouton de la prise de voix de Daniel. Quand il chantait, je n'avais pas besoin d'intervenir techniquement. Daniel chantait juste d'emblée.

– *Aviez-vous quand même, parfois, des désaccords avec Daniel, et lesquels ?*

– Des désaccords, pas vraiment. Non. Sauf, évidemment, en ce qui concernait la drogue qui, à cette époque-là, circulait beaucoup dans les studios d'enregistrement. Quand j'étais là, Daniel me demandait toujours l'autorisation de fumer un joint avec ses musiciens : « Est-ce que je peux en prendre ou pas ? » Quand ils en prenaient, évidemment, ils étaient euphoriques, ils avaient l'impression d'enregistrer le disque du siècle ! Mais, souvent, c'était loin d'être bien. Et comme le résultat de ses disques lui importait plus que tout, Daniel a décroché assez vite de ces substances pour travailler. En dehors, cela devenait une autre histoire... même s'il savait très bien ce que j'en pensais.

– *A-t-il eu une influence sur vous, en dehors de la musique ?*

– Oui, il m'a même beaucoup influencé. Il adorait la politique, surtout ce qui était du ressort de la politique intérieure, celle des partis. Pour me faire voter Mitterrand, le 10 mai 1981, il m'a bien appelé dix fois dans la journée ! : « Léo, je sais que vous n'êtes pas tout à fait de gauche, mais je vous en supplie, votez pour Mitterrand ! »... Et je lui ai promis que, pour cette fois-là, j'allais effectivement voter Mitterrand.

– *Qu'aviez-vous pensé de son altercation, entre guillemets, avec Mitterrand en 1980 ?*

– J'ai trouvé qu'il y avait beaucoup de panache dans sa réaction et dans la logique de son discours. Je l'ai même félicité.

– *Et pour le* Sept sur sept *de 1983 ?...*

– Là, il a dit des conneries. Il l'a reconnu, d'ailleurs. Il m'a appelé tout de suite après l'émission pour me dire : « Là, Léo, je crois que j'ai fait une connerie ! » Je ne l'ai pas contredit. Mais, ce soir-là, il était bouleversé par l'absence de nouvelles de son frère militaire, engagé au Liban, alors qu'il venait d'apprendre que deux camions-suicides avaient explosé devant les bâtiments des troupes françaises et américaines à Beyrouth. Près de trois cents soldats avaient été tués, dont cinquante-huit Français, et Daniel ne savait pas où se trouvait son frère… Alors il s'est emporté et dans sa colère, il a dit qu'il emmerdait tous les anciens combattants ! Cette sortie-là, il fallait la rattraper… Je lui ai dit ensuite que l'accueil de ses chansons finirait par en pâtir.

– *Quelle est votre chanson préférée de Daniel ? Si vous deviez n'en choisir qu'une…*

– Il y en a une que j'adore, c'est… Je ne sais pas si vous la connaissez, parce qu'elle n'est même pas sur un 30 cm. C'est *Le Français est une langue qui résonne*… Quand Daniel a enregistré cette chanson, je lui ai dit : C'est la plus belle que tu aies faite ! *Le Français est une langue qui résonne*, je trouvais courageux de dire cela à un moment où la musique anglaise était dominante et plus respectée, d'autant que lui souffrait de ce manque de respect. Il disait à tout le monde qu'avec la langue française on pouvait arriver à faire des disques formidables !

– *Avez-vous eu l'occasion de vivre des moments intimes, plus personnels, avec lui ?*

– Oui ! Il a vécu chez moi, à L'Étang-la-Ville. Pendant six mois. C'était à ses débuts. À cause de ses problèmes amoureux. Il aimait tant les femmes… Il vivait des histoires d'amour toujours passionnées. Au début, il a eu une relation très forte avec Catherine Ferry, que j'aimais beaucoup d'ailleurs. Catherine, je lui ai même fait faire l'Eurovision avec *Un, deux, trois.* Daniel détestait cette chanson, mais il me faisait confiance. Il s'est quand même battu pour changer un peu le texte, et finalement il est même venu à l'Eurovision avec nous... Et il a fait les chœurs!

– *Il aimait les femmes, mais étaient-elles pour lui un moteur pour écrire? Ou fallait-il qu'il soit malheureux pour écrire?*

– Il a écrit une chanson pour chacune des femmes qu'il a aimées. *L'Aziza*, c'était pour Coco, sa dernière compagne; *Lucie* était pour une autre... Il en a écrit une très belle, *Love Linda*, pour son amie belge Linda. En fait, je ne l'ai pas vu souvent malheureux dans ses amours. Il souffrait plutôt en voyant la misère dans le monde. Là, il était bouleversé! Ou quand il me parlait de son père. L'état de son père lui causait beaucoup de peine... Daniel était atteint par la souffrance des gens.

– *Et sa participation comme concurrent au Paris-Dakar, étiez-vous pour ou contre?*

– Je vous avouerai sincèrement que je n'étais pas pour. Bien que je sois allé le voir pour le soutenir à ses départs... C'était pourtant à chaque fois le lendemain du Jour de l'An, le matin à 6 heures, place de la Concorde. J'y suis allé les deux premières fois. La troisième fois je suis resté chez moi parce qu'il ne participait pas à la course. Alors là, je n'avais pas peur!... Et je n'avais pas besoin de lui dire quoi que ce soit. Je savais qu'il était très ami avec l'organisateur, Thierry Sabine, et qu'il partait avec lui. Je suis allé le retrouver au départ des deux premières éditions parce que j'avais le trouillomètre à zéro! J'étais inquiet parce qu'il n'avait jamais couru avant cela... Lorsque j'ai appris sa mort, c'était comme si j'avais perdu mon fils! C'était dramatique... Naturellement, je me suis rendu à son enterrement, à Biarritz...

Par la suite, je pleurais tout le temps! Je n'arrivais plus à entendre une chanson de lui... Toutes les fois que j'entendais une de ses chansons à la radio, je l'arrêtais aussitôt. Quand je l'apercevais à la télévision, je fermais tout de suite le poste… J'avais même du mal à écouter les reprises de ses chansons. *La vie ne m'apprend rien*, par Liane Foly, je l'avoue, j'ai eu beaucoup de mal… Comme si on n'avait pas le droit d'entrer dans son univers pour essayer de faire la même chose que lui. Maintenant, je m'y suis habitué. Mais quand je vois la *Star Academy*, ça m'énerve ! *Je ne suis pas un héros*, chanté comme ces mômes le chantent, cela n'a aucun sens. Déjà, de son vivant, l'interprétation de Johnny nous avait énormément déçus, malgré son coffre, toute sa puissance… Daniel l'avait écrite spécialement pour lui parce qu'ils se connaissaient très bien, ils s'aimaient beaucoup. Mais je ne suis pas sûr que Johnny ait aimé cette chanson. En tout cas, l'intention réelle n'y était pas. Alors les stars-académiciens, vous pensez…

– Pensez-vous qu'il aurait effectivement monté ce groupe anglais dont il parlait après Sauver l'amour *? Il avait dit : « Je vais me mettre à bosser l'anglais… »*

– Il voulait faire ça ?… Je ne crois pas… En tout cas, moi, je ne lui aurais pas conseillé de le faire. Quel intérêt pouvait-il avoir de chanter en anglais ? À moins qu'il n'ait voulu s'ouvrir des portes dans ces pays-là ? Quoi qu'il en soit, il voulait s'arrêter de chanter à quarante ans ! À quarante ans, il voulait se lancer dans la politique. Et je pense qu'il l'aurait fait. Il avait envie d'aller encore plus loin… Dans sa vie, dans ses engagements et dans le sens d'une autre notoriété.

– Qu'auriez-vous fait s'il avait été encore là ? Vous aviez des rêves en commun, encore, qui n'étaient pas accomplis ?

– Au moment de signer chez Polygram qui avait racheté Barclay, il voulait absolument que je m'occupe de tout pour lui. Et la première fois où j'ai été obligé de faire un devis pour l'enregistrement du dernier disque de Daniel, j'ai compris de fait que le marketing arrivait ! Et Daniel tenait à ce que je sois son manager. J'ai dû refuser. Je n'avais plus l'âge pour tout assumer. Mine de rien, aussi, j'avais peur d'être dépassé, y compris musicalement. Mais il insistait…

Je ne sais pas si vous connaissez cette histoire ? Nous étions en Écosse, pour l'enregistrement de *Sauver l'amour*, et Daniel n'avait toujours pas signé son nouveau contrat. Alors Philippe Constantin et Alain Lévy sont venus spécialement en Écosse, accompagnés de l'avocat. Lévy est même arrivé en avion privé… On a déjeuné tous ensemble. Daniel et Philippe Constantin qui, de fait, était son nouvel interlocuteur chez Barclay, s'entendaient vraiment très bien – au plan artistique comme au plan politique. Il aurait pu prendre mon relais peu à peu… Ils avaient préparé un contrat à des conditions vraiment très intéressantes pour lui. Mon nom ne figurait dans aucune clause, car il n'y avait aucune raison pour cela. Mais Daniel a dit à Alain Lévy : « Et Léo ?… Alors, vous l'oubliez, Léo ? Il n'est pas dans le contrat ? »

Lévy a tenté de lui expliquer que j'allais prendre bientôt ma retraite et que je serais là, quoi qu'il arrive… Alors Daniel a tapé du poing sur la table et il a dit froidement : « Vous mettez le nom de Léo sur le contrat, ou je ne signe pas !… » Extraordinaire ! Ce garçon était extraordinaire d'amitié, de tendresse… D'ailleurs, le seul catalogue sur lequel je touche encore aujourd'hui un pourcentage de royalties est celui de Daniel. Pour aucun des autres artistes avec lesquels j'ai travaillé je n'ai eu ce privilège. Daniel, lui, avait exigé que je touche un pourcentage sur tous ses disques ! Finalement, Lévy a été obligé de me faire figurer au contrat !… C'est le plus beau mot pour la fin de votre roman !

Chapitre 4

Une vie de chanteur

«Je m'emporte pour ce qui m'importe», tout est dit ou presque dans cette phrase. Je lui ai souvent emprunté son sens de la formule. Je suis sûr d'avoir eu beaucoup de chance, puisque j'ai pu côtoyer Daniel Balavoine professionnellement. Il fut un épidermique dans son rapport au monde. Il était nettement plus centré dans sa relation à la chanson. La synthèse de ces deux traits de caractère fera de lui l'homme le plus bouleversant et bouleversé de la chanson de la fin des années 70 et du début des années 80. C'est l'un des artistes qu'il me fut donné de connaître (et forcément reconnaître...) avec Jean-Jacques Goldman et Renaud. C'est étrange. Ils ne se ressemblent pas dans leur façon d'exprimer leurs chansons. Et pourtant, ce qui les réunit est bien cette façon très citoyenne de faire le chanteur.

Quel étrange paradoxe d'écrire sur l'œuvre intégrale d'un artiste, Daniel Balavoine, dont on sait pertinemment qu'elle reste inachevée. Inachevée est bien le qualificatif qui convient pour celui qui, avec son tout dernier album, montrait avec une maestria presque insolente que l'on peut faire ses vrais débuts à tout instant. C'est un peu ce que raconte l'histoire de la discographie de Daniel Balavoine. Huit albums studios et deux enregistrements publics comme pour signifier la volonté d'ouvrir à chaque étape discographique ou scénique un nouveau terrain d'expérimentations. Un nouveau commencement.

Il fut donc chanteur par conviction mais surtout par nécessité. Pour lui éviter d'être avocat, peut-être, ou plus sûrement homme politique engagé dans la vie citoyenne. S'il avait opté pour cette voie qui s'imposait à lui en Mai 68, ou dans les années 70 lorsque la Ve République ne laissait guère d'espoir à l'idée même d'alternance politique, Balavoine aurait été un pourfendeur romantique et utopique. Politique sans être un homme politique. En revanche, la chanson est l'art de l'identité et de l'engagement qui s'exprime dans un courant spontané. Daniel Balavoine a donc choisi son cap. Les bals populaires chantés par Sardou et vécus par Balavoine, les chœurs pour l'idole à minettes, Patrick Juvet, et l'écriture de cinq chansons pour son nouvel album, *Chrysalide.* Le nouveau prince des hit-parades ruisselle de paillettes et de variété glam', pendant que Daniel Balavoine cherche à incarner le renouveau musical en France en s'inspirant de la musique rock et pop de l'Angleterre dominante. Les deux font tout de même la paire un moment et garderont toujours une estime réciproque, surtout que Patrick Juvet, lui aussi, ne tardera pas à vouloir se démarquer de la norme écrasante des années *Podium.*

C'est donc Léo Missir, directeur artistique avisé et élégant, qui le premier remarque ce Daniel Balavoine, joufflu comme un enfant de la terre qui conserve, et chevelu comme un enfant de la ville qui se révolte ou gronde. Balavoine chanteur va, dans son premier essai discographique, tenter de faire cohabiter ces deux tendances extrêmes en ce milieu des années 70.

1975, qui voit sortir le premier album de Daniel Balavoine, est une année qui peut paraître riche de symboles. C'est en 1975, en effet, que l'on assiste à la création de l'ordinateur Apple par Steve Jobs et Steve Wozniak. Et la fondation de Microsoft par Bill Gates et Paul Allen marque les vrais débuts de l'ère technologique. En même temps, donc, que ceux de Balavoine... Lorsqu'on sait à quel point le chanteur va s'immerger plus vite que les autres artistes de sa génération dans la galaxie de l'informatique de création, il y a là sans nul doute un joli symbole.

Le 30 avril, c'est la chute de Saigon, rebaptisée Hô Chi Minh-Ville au Viêt-nam du Sud, qui marque la fin de la guerre du Viêt-nam. Le 20 mai débute le procès de la Bande à Baader en Allemagne. Le sentiment terroriste n'a pas la même couleur qu'aujourd'hui. Il parle et tue au nom de la désespérance d'une jeunesse oubliée sur les bas-côtés d'un capitalisme impérial, déjà vacillant, et d'un communisme qui a trahi toutes les utopies. Ces événements vont profondément marquer l'auteur Balavoine qui n'a pourtant pas encore saisi à quel point la chanson pourra devenir, avec lui et son écriture, le miroir subjectif d'un monde qui s'effondre sous les coups de boutoir du choc pétrolier.

En France, le 17 janvier, la loi relative à l'interruption volontaire de grossesse (IVG) est défendue par Simone Veil devant une armée de députés pris d'un phallocentrisme que l'on pensait disparu... Mais, en novembre, le nombre des chômeurs en France dépasse le million, symbole dont on se serait bien passé et qui va être aussi une source de questionnements pour Daniel Balavoine. Ancré politiquement et profondément à gauche, il ne croit même pas à l'idée d'une alternance politique possible, comme beaucoup à ce moment-là. Il lui faudra sûrement s'engager pour un programme commun de gauche qui, à peine élaboré, montre les faiblesses de ses fondations.

1975 marque donc la sortie du premier album de Daniel Balavoine, *De vous à elle en passant par moi*. «J'me présente, je m'appelle Daniel, je suis chanteur et je me cherche...» Entre la pop anglaise et la variété française, son cœur balance, mais, pis encore, entre Patrick Juvet et Michel

Berger, son choix est cornélien. Léo Missir est un homme bienveillant. Il a promis à Daniel de lui signer un album afin qu'il puisse être libre de ses orientations artistiques. Il tente de donner une unité à des chansons qui ne se ressemblent pas. *De vous à elle en passant par moi*, qui ouvre le disque, contient déjà toute la mécanique miraculeuse de l'artiste Balavoine. Mais la chanson ne va pas au bout de son idée. Il y a pourtant, çà et là, des signes, comme cette descente harmonique de cordes que Balavoine maîtrisera avec plus de conviction, sur le deuxième album, dans sa chanson *Lucie*.

Comme tous les artistes qui cherchent, on sent confusément que Daniel cherche aussi sa voie en écoutant la musique qui séduit les quatre radios périphériques qui dominent alors le marché de la diffusion. En France, on écoute Dave qui implore *Vanina*. C'est aussi le retour à la fois écologiste et romantique de l'indomptable Nino Ferrer qui signe, avec *Le Sud*, l'un des plus beaux numéros 1 des hit-parades de l'époque. C'est aussi et surtout l'année de Joe Dassin dont *L'Été indien* devient le tube de l'été, jusqu'à le définir ou l'incarner presque exclusivement. Une sorte de *Kolé serré* rital et implacable qui met tout le monde d'accord. Daniel Balavoine préfère lorsque c'est Billy Swan qui prend la première place des classements des meilleures ventes avec *I Can Help*. Daniel est un être curieux de son environnement et de son évolution. Le groupe des « Rubbettes » impose le versant anglais de la variété populaire française. Balavoine tente sûrement de l'adapter inconsciemment dans *Vis loin de moi* et *Pas plus intelligent*.

La variété française est soumise en fait au diktat d'un syndrome : le « claudefrançoïsme » qui inonde le son des productions françaises diffusées à la radio. Ce n'est pas l'idée que se fait Daniel Balavoine de la musique. Mais il veut plaire, séduire, vendre des disques. Il n'est pas né artiste pour être maudit. Ceci explique cela. Toute la problématique de son premier disque est réunie, à mon sens, dans le titre *Pauvre Nicolas*. Une sorte d'ovni de la chanson qui serait l'improbable rencontre entre le Michel Delpech de *Pour un flirt* avec le Patrick Juvet de *Dans les ruisseaux*, tout à coup éjectés par le groupe Queen en pleine séance de *Bohemian Rhapsody*. Une sorte de lyrisme dans une chanson française qui est désespérément à la recherche de son identité. Voilà aussi par quoi Daniel Balavoine essaie de se distinguer : « Si tu n'aimes pas mes chansons, ne les écoute pas... », chante-t-il ! Il traque ainsi la modernité de la chanson dans *L'alcool n'y change rien* et établit inconsciemment son premier lien artistique avec Michel Berger dans *Couleurs d'automne*. Écoutez cette chanson plus d'une fois et vous comprendrez pourquoi ces deux hommes contraires vont s'unir pour faire avancer la perception d'une nouvelle chanson française.

Mais le paysage musical de l'époque est encore très fracturé. En 1975, l'Angleterre assiste éberluée à la première session des Sex Pistols, puis, en 1977, Laurent Voulzy, l'ex-challenger malheureux de Balavoine pour devenir le chanteur du groupe Présence, signe le tube de l'année avec son *Rockcollection*. Daniel aurait pu lui aussi avoir cette bonne idée, tant il est encore sous l'emprise de ce qu'il écoute pour tenter de s'imposer. Mais l'expérience du premier album semble lui avoir donné une vraie leçon. Il lui faut être singulier, unique. Le rock des pionniers vient de voir son héros nourricier, Elvis Presley, disparaître, le 16 août. Le rock vit sa deuxième génération. Le rock est moins progressif, encore moins psychédélique. Il est menacé par le disco, né en Europe et assez vite devenu le symbole d'une libération quelque peu décadente de la jeunesse qui ne voit plus dans le travail une valeur absolue. Daniel Balavoine impose alors un disque d'une étonnante tonalité et d'une brillante démarche de création.

Pourtant, l'année musicale est loin d'être placée sous le sceau de l'extrême nouveauté. Michel Sardou chante le très controversé *Temps des colonies* et se récupère au mois d'octobre avec *La Java de Broadway*. Serge Lama chante *Mourir en France*. Demis Roussos se maintient comme poids lourd avec *Mourir entre tes bras*. Marie Laforêt fait un retour très remarqué et convaincant en surfant sur la nostalgie des années Beatles avec *Il a neigé sur Yesterday*. À l'inverse, Sheila, « la petite fille de Français moyens », tourne le dos à la nostalgie d'un coup de baguettes pailletées en devenant, par la grâce de son producteur malin, Claude Carrère, la chanteuse masquée d'un mystérieux groupe : S.B. Devotion. Elle est en haut de l'affiche une bonne partie de l'année avec *Love me baby* et *Singing in the rain*, qui viennent même taquiner – avec l'accent, s'il vous plaît – la fierté protectionniste de la Perfide Albion. Cela agace Guy Bedos qui en fait un sketch. Au retour d'un voyage en Pologne, Daniel Balavoine, lui, écrit un album concept sur la tragédie humaine à travers l'histoire de deux frères, Simon et Gunther, séparés par l'absurde mur de Berlin. Lorsque la politique brise l'humanité, il en reste toujours quelque chose : des livres, des films, et Balavoine y contribue en chantant l'histoire de cette déchirure. Il écrit au dos de la pochette : « Il est des murs invisibles qui font que cette histoire aurait pu se passer n'importe où... »

Le projet est audacieux. Inconnu, Daniel Balavoine veut s'imposer par un concept musical. *Les Aventures de Simon et Gunther...* sort en 1977. Une pochette inattendue. Le chanteur ne pose pas. Il est absent du visuel recto de la pochette de l'album. À la place, un dessin réaliste comme une photo. C'est l'art russe soviétique qui fait de chaque bâtiment un argument politique. Un camion siglé de l'étoile rouge passe. L'architecture monumentale sans transparence pour se présenter aux yeux de ceux qui sont sensibles au visuel d'un disque. C'est un disque français qui s'inspire des albums concept de la pop anglaise. Une habitude de groupes anglais. Pas une habitude française. Et le disque invente aussi une nouvelle forme de chanson. Ni rock, ni rive gauche, ni variété. Une chanson de nulle part. Une chanson de Daniel Balavoine. Et cela change tout. L'artiste a trouvé son identité. Il invente l'archange asexué (vocalement) d'une pop baroque et symphonique. Un chant des possibles, en fait. Bandonéon sur *La porte est close*, Kurt Weill comme revu et corrigé par Bob Fosse, *Lise Altmann*, valse, cuivre et cordes au caractère gras dans *Mon Pauvre Gunther*, l'opéra-rock jaillissant avec des vocalises décadentes que le groupe Queen ne renierait pas, et la prémonition évidente d'un *Starmania* en gestation chez le frère de cœur qui l'ignore encore.

Et puis il y a la chanson qui va faire de Balavoine quelqu'un de connu avant d'être reconnu. Europe 1, puis RTL et France Inter vont diffuser *Lady Marlène*. Daniel apparaît aussi, enfin, à la télévision. Il chante les poings fermés, le blouson trop étriqué pour contenir toute l'ambition du cri de l'artiste. Mais l'essentiel, c'est qu'il est là et qu'il montre, dans une émission pour la jeunesse, *Un sur cinq*, présentée par Patrice Laffont, que la chanson française est en mouvement. France Gall et Michel Berger sont devant leur poste de télévision. Ils viennent de faire connaissance avec Johnny Rockfort… Mais, pour l'heure, Daniel Balavoine tente aussi de faire découvrir son album dans les émissions de radio où le rock et la pop sont à l'honneur. Quitte à se trahir en montrant qu'il écoute un peu trop le groupe Supertramp qui colle à la dernière chanson du disque, *Ma musique est mon patois*, faisant craindre à certains que Balavoine serait à

Supertramp ce que Claude François fut à la Motown. On ignorait simplement que Daniel était un compositeur en devenir, alors qu'il était un auteur déjà mûr. Et c'est bien par le texte que le Balavoine musicien va se trouver.

En 1978, Balavoine écoute, ravi, la radio qui consacre enfin le groupe Queen dont il connaît les enregistrements par cœur. Le groupe a su imposer une pop lyrique et puissante, insolite. *We Will Rock You* et *We Are The Champions* aident à supporter l'invasion disco, rehaussée malgré tout par le brillant album des Bee Gees qui signent la bande originale de *La Fièvre du samedi soir* (*Saturday Night Fever*)...

La France vit sa première vraie incertitude politique. La gauche unie emporte le premier tour des élections législatives et s'attend non sans appréhension à une cohabitation entre François Mitterrand et le président Valéry Giscard d'Estaing. Mais celui-ci, le 27 janvier, souffle sur les braises de la peur et prononce son discours historique sur le « Bon choix ». La France choisit donc à nouveau de répondre à sa pulsion conservatrice et confirme la droite aux manettes de l'État. Le 16 mars, c'est la première grande marée noire en Bretagne avec le naufrage de l'*Amoco Cadix*.

Daniel est alors un artiste concerné par le risque pris par son directeur artistique, Léo Missir. L'idée est bien de parvenir à lui donner raison. On lui prête cette déclaration : « Je continuerai seulement si je vends plus de trente mille disques de mon prochain disque... » Ce sera fait dès l'année suivante avec *Le Chanteur*, chanson qui donnera son titre en 1978 au troisième album de Balavoine. Entre-temps est aussi sorti l'album studio de l'opéra-rock *Starmania*. Cette fois, Daniel Balavoine est reconnu du grand public. C'est lui-même qui s'impose à travers cette autobiographie détournée du chanteur. Une profession de foi qui prend toute sa richesse et son sens, aujourd'hui, avec le phénomène *Star Academy* ou *À la recherche de la nouvelle star*. Au moment où la chanson tourne sur toutes les radios, on ne peut pas s'empêcher non plus de penser que *Le Chanteur* sacre un artiste aux ambitions profondes à l'heure où une autre France pleure un archétype de chanteur à paillettes érigé en modèle.

La disparition brutale de Claude François, le 11 mars 1978, marque les débuts d'une nouvelle époque et la fin, que l'on croit alors définitive, d'un système où le showbiz serait devenu la caricature de sa légende : *Cigarettes, whisky et p'tites pépés*, comme le chantait Eddie Constantine en 1957. Balavoine a toujours eu ce besoin de reconnaissance auprès des vrais amateurs de musique et des spécialistes du rock en particulier, mais il veut aussi mettre avec humour la France de Poulidor (la France des perdants magnifiques) face à ses responsabilités. On peut être artistiquement exigeant et rechercher en même temps le succès populaire. Toute la schizophrénie du personnage est là, qui révèle assez bien l'état d'esprit de la musique en France au milieu des années 70.

Le Chanteur est un miroir pour celui qui cherche à arracher la notoriété. Le texte est du grand Balavoine. C'est direct, spontané, et déjà enragé. Et les thèmes fondateurs de son œuvre sont parfaitement précisés dans cet album : la planète à la dérive, *Les Oiseaux 1* ; l'utopie de la révolte avec le souci de rester en éveil, *Les Oiseaux 2* ; l'anticonformisme, *France*, *Si je suis fou* ; l'antimilitarisme et à nouveau l'anticonformisme, *C'est un voyou* ; le rôle du chanteur face à son image, *Le Chanteur* (thème qu'il affinera plus tard pour Johnny Hallyday avec *Je ne suis pas un héros*) ; l'amour aussi et, bien sûr, les femmes, *Lucie*…

Non, Daniel Balavoine n'est pas encore tout à fait libéré de l'influence de Supertramp, si l'on écoute bien les deux versants de la chanson *Les Oiseaux*. Mais le style du compositeur s'est affûté. La voix est traitée comme un instrument. Elle guide la fluidité mélodique. La voix dont certains aigus impressionnent littéralement, notamment dans l'impossible exercice de la chanson extraite de *Starmania*, *S.O.S. d'un Terrien en détresse*. Le registre est large dans les styles approchés : le rock avec *C'est un voyou* ou *La Ballade de Johnny Rockfort*; la pop avec *Si je suis fou* ou *France*, un titre elliptique, visionnaire, politique et poétique; enfin la chanson planante avec *Lucie* qui reste à ce jour un titre mésestimé, bien que proche de ce que Balavoine cherchait dans la musique : composition maîtrisée, arrangements pop, habillage sonore (le bruit de l'océan), voix qui s'enroule dans tous les registres, thème pas commun de la chanson d'adieu avec un personnage féminin fantasmé, celui d'une fille légère, fragile, inconstante... Une fille qui ne fut pas inspirée par son amour fiévreux pour la blonde Catherine Ferry, comme certains semblent l'avoir cru. On entendra beaucoup cette chanson à la radio, mais c'est évidemment *Le Chanteur* qui imposera une fois pour toutes le personnage d'écorché vif de Daniel Balavoine; image amplifiée encore par sa prestation au Palais des Congrès de Paris, du 10 avril au 3 mai 1979, avec la troupe de *Starmania*. Oui, Balavoine aime la scène, et elle va être un vecteur essentiel pour atteindre cette crédibilité rock qu'il recherche tant.

Pour l'instant, nous sommes en 1979 et Daniel Balavoine publie son quatrième album studio. D'entrée, il réclame «le droit au désespoir» dans un monde ni tout à fait déclinant ni clairement prometteur. Si l'on y regarde de plus près, le 1er février marque la proclamation de la République islamique en Iran, alors que le 25 mars est signé à Washington le traité de paix entre l'Égypte et Israël. L'Égypte reconnaît l'État israélien qui évacue alors le Sinaï. Deux mondes semblent se faire front. Celui qui cherche la paix et celui qui se tourne vers la division.

Le titre du nouvel album de Daniel, *Face amour, face amère*, apparaît là encore comme une profession de foi. Comme si le succès assumé lui permettait, par le biais de ce titre générique, de s'offrir une première image de synthèse. Chacune de ses interventions discographiques est désormais marquée par sa volonté forcenée de s'inscrire dans ce qu'il appelle lui-même le « projet musical ». Chaque album, avant d'être réalisé artistiquement, est « conçu » selon les termes même de l'artiste (la mention « conçu par Daniel Balavoine » figure sur toutes les pochettes !). Certains y verront une prétention à peine déguisée. Qu'importe : Daniel Balavoine est aussi un homme qui aime jouer avec les mots, les symboles et les attitudes. Sur la pochette de l'album, il pose en alpiniste vainqueur, perché en haut d'un pic, le drapeau tricolore bien en main. C'est aussi le disque de Daniel Balavoine avec ses musiciens, ou plutôt avec son groupe « Clin d'œil » dont il fait figurer le nom sur la pochette. Pas une once de démagogie dans cette approche, il faut le savoir, mais le projet d'une vie : la vie en groupe, la vie de groupe, la musique d'un groupe. Et l'on y trouve quelques superbes chansons, dont la ballade éponyme *Face amour, face amère*, où Daniel revendique donc haut et fort « ce droit au désespoir », qu'il ne va pas tarder à développer de manière bouleversante devant le premier secrétaire du parti socialiste.

La démobilisation du monde politique face aux réalités quotidiennes des petits est la vraie source du désespoir. Daniel en parle de façon douce ; les Clash, outre-Manche, le feront avec l'énergie du désespoir et une violence musicale innovante. Balavoine sait que sa lucidité est sa plus grande force. *Me laisse pas m'en aller* fait la joie des programmateurs radio, mais ne parvient pas à transformer le succès ébouriffant du disque précédent. Il y a pourtant de la force dans ce message, et surtout de la sensualité. *Rougeagèvre* où la couleur de l'amour se confond avec la tragédie grisaille des terrils de Belgique. L'homme qui aimait les femmes, c'est bien lui. L'ambition du collectif, où d'autres écrivent avec ou pour lui, ne laisse pas entièrement place à une lisibilité totale sur les ambitions artistiques de ce disque foisonnant d'idées, mais moins cohérent que le précédent. Danser pour oublier l'âpreté du monde, c'est *Dancing samedi* où tout est dit sur ses propres années de bal, avec humour et audace, étant avéré que cette singulière école peut aussi produire des artistes qui, tout en faisant danser dans les soirées de M. Durand, écoutent Genesis ou Supertramp une fois sortis de scène. Jean-Jacques Goldman ne dira pas autre chose, en 2001, avec son tout dernier album studio, *Chansons pour les pieds.*

1980 arrive. Nouvelle décennie, nouvel état d'esprit, et l'espoir d'une alternance politique qui semble cette fois possible. Pour l'heure, Daniel Balavoine enregistre son cinquième album au titre porteur d'une vraie vision personnelle : *Un autre monde.* Ce sera aussi le titre d'un des plus gros tubes du groupe Téléphone en 1984. Pochette noir et blanc, typographie rouge. Balavoine pose, la mine grave, un appareil photo entre les mains. Profession : reporter... À la fois présent dans le monde qui l'entoure, voyeur, observateur et prenant la chanson pour ce qu'elle doit être : un instantané pertinent de la vie et des comportements humains.

La chronique sociale n'est jamais loin. Elle l'aide à revendiquer le deuxième énorme tube de sa carrière : *Mon fils, ma bataille.* Le thème du droit à la garde paternelle en cas de divorce est dans tous les esprits. Nous ne sommes pas encore au temps de la France des familles recomposées, mais on y va plus vite que prévu. Cali en 2005 porte à son tour le combat du droit des pères en chansons... Là encore, Daniel Balavoine est visionnaire. La chanson n'est pas autobiographique. Elle est inspirée de la propre histoire d'un de ses amis. Le thème fera l'objet d'un film hollywoodien, *Kramer contre Kramer*, qui bouleversera le monde entier. Le procédé peut paraître racoleur pour celui qui cherche la subtilité en toute chose. C'est un peu du Sardou de gauche. Les tenants de la variété d'alors s'y reconnaissent. La nouvelle génération émergente des années 80 a d'autres ambitions. Mais l'essentiel est ailleurs, dans les autres chansons de cet album de transition. Dans *Je ne suis pas un héros*, que Daniel a écrit non pour Johnny Hallyday, mais pour Jean-Philippe Smet, ayant la conscience aiguë de la difficulté d'être, sans paraître, dans un métier où seuls l'image et le résultat semblent compter. Dans *La vie ne m'apprend rien*, sorte de constat éclairé d'impuissance qui va mettre définitivement Balavoine sur l'orbite de l'action et de la résistance active. Il trouve son chemin et sa vraie voix/voie ici même. La chanson sera son outil pour imposer sa vision du monde et le sens de son action.

Le duo avec Michel Berger, *Bateau toujours*, est sa façon à lui de rendre un hommage appuyé à celui qu'il considère comme le plus brillant mélodiste français de sa génération. Pourtant, l'un vient plutôt d'un univers de composition ternaire (Berger), l'autre est issu d'une énergie binaire (Balavoine). Le texte de la chanson est loin d'être à la hauteur de l'admiration mutuelle que se vouent les deux artistes, mais leurs voix se mélangent avec une telle grâce, une telle émotion que Michel Berger lui demandera à son tour de lui prêter sa voix sur *La Minute de silence* qu'il enregistrera en 1983. Un moment rare. Impossible enfin, dans ce cinquième album, de passer sous silence l'incroyable modernité de *Lipstick polychrome* qui parle, avec une poésie très personnelle et originale, de la confusion des genres, du métissage, d'une forme de mondialisation heureuse avant l'heure, du syndrome Benetton, avec la souplesse harmonique d'une vraie *pop song*.

Daniel Balavoine s'essaie avec brio à l'exercice souvent risqué de l'instrumental. Il y intègre un extrait d'un discours de Mao Tsé-toung. Sur une ambiance *down tempo*, il compose avec force le besoin de dire que le monde des utopies est en mutation. La mort des idéaux fera-t-elle naître une nouvelle ère ? La question reste alors posée. C'est aussi le sens de son intervention désormais mythique face au futur président de la République, François Mitterrand, qui n'est encore que premier secrétaire du parti socialiste. Daniel Balavoine parle au nom de la jeunesse, celle qui n'a jamais voix au chapitre, celle qui se désespère et qui, à force de ne pas être écoutée, peut basculer dans d'autres formes de lutte, comme la lutte armée incarnée alors par la fameuse bande à Baader. La sortie est violente, épidermique et juste. Elle renvoie le personnel politique à son archaïsme et à ses vieilles marottes. Le futur candidat socialiste, dont on disait déjà à l'époque (Michel Rocard en tête...) qu'il était d'un autre monde, usé par trop de combats politiciens, va en tenir compte. Il sera le candidat non seulement de l'alternance, mais aussi et surtout du renouveau. Il voudra « Changer la vie ».

En 1980, Daniel Balavoine est donc le symbole de la contestation et de l'audace auprès d'une télévision et d'une radio qui ne demandent qu'à être « libérées ». Du 31 janvier au 2 février, il fait son premier Olympia à lui tout seul, en pleine pré-campagne électorale. À gauche, au parti socialiste, on se déchire encore pour départager les candidats possibles. D'un côté, les tenants de la modernité incarnés par Michel Rocard. De l'autre, les apôtres de l'union de toutes les gauches emmenés par l'inusable François Mitterrand. C'est lui qui, le 19 mars, au journal de la mi-journée d'Antenne 2, aura le loisir de constater à quel point « le chanteur » sait aussi porter l'impatience d'une jeunesse qui voudrait vraiment des lendemains qui chantent. Du 10 au 15 mars, un mois juste avant le premier tour de scrutin de l'élection présidentielle, Daniel Balavoine est à nouveau sur la scène de l'Olympia. L'ambiance est chaude, le chanteur paie comptant. Il montre avec force qu'il n'est pas un simple chanteur de variétés. Il se produit avec son groupe, interprétant d'emblée deux inédits, *Promenade* (qu'il enchaîne sur l'ouverture instrumentale *Un autre monde*), puis *Je suis bien* (qui suit *Allez hop!* extraite du dernier album). Non conformiste, il fait entrer le public dans son univers sans lui donner les clés (les tubes) attendues.

Le 10 mai 1981, François Mitterrand est élu président de la République française, et la gauche unie fête sa victoire sous un orage cathartique, place de la Bastille. Il est écrit que Daniel fut de cette soirée historique comme un anonyme parmi les dizaines de milliers d'enfants du peuple. Le 27 mai, la gauche suspend provisoirement les ordonnances de 1945 sur l'entrée et le séjour des étrangers, et restreint les expulsions. Le 3 juin, c'est l'augmentation du salaire minimum interprofessionnel de croissance de 10%, du minimum vieillesse de 20%, des allocations familiales de 25%. Le 3 juin encore, François Mitterrand annonce l'abandon de l'extension du camp militaire du Larzac. Le 21 juin, les élections législatives confirment la victoire de la gauche et du parti socialiste en particulier. C'est la fameuse «vague rose» qui permet, le 11 août, d'opérer le lancement d'une vaste opération de régularisation des étrangers : cent trente-deux mille seront concernés d'ici à 1983. Enfin, le 30 septembre, la France redevient un phare pour les partisans des droits de l'homme avec l'abolition de la peine de mort sur proposition de Robert Badinter. Le 9 octobre, une loi ouvre aux étrangers le droit d'association, et, le 17 octobre, une autre loi renforce la lutte contre le travail clandestin et instaure des sanctions contre les employeurs.

Daniel Balavoine est satisfait. Il voulait des actes, pas des promesses. Il a le sentiment que, pour une fois, la victoire n'a pas été volée aux citoyens. Il avait prôné, face à François Mitterrand, le besoin de transparence et la demande désespérée de voir le futur candidat, une fois élu, appliquer son programme. Il éprouve pour le moment la satisfaction de son engagement, même s'il ne souhaite pas être un artiste officiel. Loin de là. Il défend dans chacune de ses interventions publiques le droit à la vigilance.

Mais, en 1982, Daniel est déjà ailleurs. Il pense à son prochain disque qui se devra d'être reconnu par la nouvelle génération qui s'installe partout : dans les radios (libres ?), les télévisions (plus ouvertes ?), et la musique qui tourne lentement une page.

Désormais, *Chacun fait ce qui lui plaît* sur la bande FM. Jean-Jacques Goldman explose enfin aux oreilles du grand public qui avait jusqu'alors ignoré ses tentatives en solo ; Étienne Daho et Rita Mitsouko font déjà parler d'eux ; Taxi Girl est vendu comme le premier groupe pop à dimension internationale par la novatrice maison Virgin ; Indochine casse la baraque au Rose Bonbon… Balavoine, quant à lui, est cantonné dans son rôle de porte-drapeau d'une jeunesse en manque de repères. Il rappelle à tous qu'il est avant tout un musicien, un artiste accompli et un chanteur pas dupe. Son nouvel album porte un titre magnifiquement choisi, *Vendeurs de larmes*. C'est un grand disque. Un album 30 cm couplé à un maxi 45 tours.

Sur la pochette, il est le cœur d'une cible, bien avant que cette expression fasse le quotidien des leaders d'opinion. Balavoine en double contemporain de saint Sébastien, incarnant la cible idéale, mais surtout celui qu'on peut figer (éventuellement), mais pas tuer… Étrange symbolique. Le groupe Clin d'Œil a disparu, mais un nouveau groupe emmené par Christian Padovan à la basse, Yves Chouard aux guitares, Philippe Patron aux claviers et Joe Hammer à la batterie aide à donner du corps aux propos de Balavoine. Il dira alors de ce disque enregistré à Ibiza qu'il fut « touffu, dispersé, alors qu'il est super bien joué… »

Ce sixième album studio (entre-temps est paru son premier *live*, le double 30 cm *Sur scène*, enregistré à l'Olympia) est pourtant une étape capitale pour trouver sa vraie marque. Il met six mois à l'enregistrer (combien sont-ils alors en France à faire de même ?) et illustre bien son envie d'avoir le meilleur son possible pour porter le propos. Il est important d'être sincère et Daniel Balavoine connaît les pièges de la célébrité, même lorsque celle-ci est sous-tendue par un engagement : « À mon âge, je pense que si l'argent ne fait pas le bonheur, c'est quand même un excellent anesthésique du malheur. On vend notre salade. Et parfois elle est amère parce qu'il y a des larmes dedans. C'est aussi cela qu'on vit. Être vendeur de larmes, ce n'est pas déshonorant… »

Ainsi, avec la complicité tenace et subtile de Léo Missir, Daniel Balavoine ne cherche pas la sécurité, ni la flatterie. Il innove, se met en quête du son que les autres n'ont pas. L'expression « images sonores » devient une récurrence dans son mode de pensée et de créer. Le funk, les percussions africaines (déjà), les claviers qui prennent de plus en plus de place, la batterie presque hypnotique du single *Vivre ou survivre* qui s'achève dans une ambiance à la Talking Heads, nouveau groupe issu de la matrice des chercheurs de sons qui musardent entre rock et musique de danse. Balavoine est bien témoin de son temps : le pouvoir de l'argent facile, de la police, des militaires est stigmatisé, mais l'auteur qu'il est creuse déjà le sillon d'une autre inspiration beaucoup plus spirituelle.

C'est l'amour qui changera le monde. Physique, intellectuel ou même religieux, l'amour soulève les montagnes et les hommes qui y vivent. Avec Balavoine, contrairement à Gainsbourg, l'amour physique n'est pas sans issue. *Soulève-moi* reste l'une des plus grandes chansons de l'artiste. Il raconte l'histoire d'un homme qui s'adresse alors à une prostituée qu'il a croisée dans le quartier de Pigalle. Il va bientôt s'adresser à toutes les femmes du monde. Balavoine est rock. Pour son retour sur scène, du 9 au 13 juin, il passe donc cette fois au Palais des Sports, pré carré de ceux qui veulent tourner le dos à l'idée classique du simple tour de chant. Balavoine exulte. Il est en pleine forme, prolixe, bondissant. En octobre, il est très excité par la commercialisation du *compact disc* (CD) au Japon. Le lecteur de CD à laser est commercialisé par la société Philips qui publie ses disques. Et le magnétophone portable, le *walkman* ou baladeur, est commercialisé par la société Sony Corporation qui possède aussi son catalogue d'artistes, dont le sémillant et extrêmement novateur Michael Jackson.

En 1983, le petit prince de la pop music sort *Thriller*, produit par Quincy Jones. Daniel Balavoine est davantage séduit par la démarche du producteur que par celle de l'artiste. Lors de notre premier entretien, il me confie à propos de la déferlante Jackson : « Lui, je n'en pense rien. Les gens l'aiment. Que dire de plus ? Il est le produit type de la musique noire aux États-Unis, avec tous les moyens économiques mis en place pour le faire connaître. Il a aussi tout de même une personnalité incontestable. Sa façon de bouger, de se comporter, sa paranoïa, son refus de se faire photographier, le fait qu'il ne sorte jamais, qu'il ne parle pas, qu'il a débuté à l'âge de dix ans, tous ces paramètres ont constitué une partie de son histoire et de sa légende, mais de là à ne parler que de lui... »

Cette année-là, Daniel Balavoine publie ce qui restera son avant-dernier album studio. Mais, pour le moment, il répond à la sollicitation du rallye Paris-Dakar. L'amour de la vitesse, des voitures qui poussent au-delà de ses propres limites, l'Afrique, le continent perdu..., tant de paramètres qui lui offrent de vivre une nouvelle expérience. Il sait pourquoi il part. Il ne sait pas encore qu'à son retour il ne sera plus le même homme, ni le même artiste. Il vit avec grâce cette fascination nouvelle. Ce pays est porteur de la cruauté du monde. Il est aussi le berceau de la musique. Une fois de plus, Daniel veut être le vecteur d'union entre deux traits de caractère.

Il est tout de même agacé d'avoir à subir les critiques acerbes des journalistes spécialisés dans la musique qui dénoncent une collusion de l'artiste avec ce qui est considéré comme une indécente foire aux sponsors. Il leur répondra plus tard : « Si j'avais voulu me faire de la publicité, il eût été plus commode pour moi de poser en montrant mon cul place de la Concorde, plutôt que de mordre la poussière du désert pour être un concurrent parmi d'autres... » Les observateurs s'y perdent un peu. D'autant que, cette même année 1983, Daniel présente sur TF1 un conte pour enfants, *Abbacadabra*, où il chante et joue en compagnie de son amie Catherine Ferry, de Fabienne Thibeault et de... Plastic Bertrand.

Quelques mois auparavant, Daniel Balavoine a enregistré un single, *Belle*, avec Frida, du groupe Abba, et souhaite participer à la réhabilitation artistique d'un groupe qui, selon lui, valait bien mieux qu'une première place aveuglante de paillettes au concours Eurovision de la chanson. Peu compris sur le moment, Balavoine sera rejoint quelques années plus tard par toutes les plus grandes stars du rock anglo-saxon qui partageront son avis, une fois de plus éclairé, sur l'importance et la place du groupe suédois dans l'histoire de la pop mondiale.

En effet, Erasure d'abord puis Bono du groupe U2, Björk ou Axelle Red pour ne parler que d'eux, trouveront les mots pour sortir ABBA de l'ornière kitch et les replacer sur le chemin de la reconnaissance pop-rock.

Étrange année 1983. Le 19 janvier, Maurice Papon est inculpé de crimes contre l'humanité. Le 1er mars, Balavoine est heureux de fêter la commercialisation du premier *compact disc* en France. Il croit en la puissance du son numérique, et la mastérisation des disques devient à ses yeux d'une importance aussi capitale que le mixage. De même qu'il regarde l'actualité française avec toujours la même passion, son œil est inquiet. Le 6 mars, aux élections municipales, on assiste à un net recul de la gauche parlementaire et à une poussée violente du Front national. La peur de l'étranger et de l'émigré maghrébin est doublée d'une diabolisation de l'émigration comme responsable de la crise économique que la gauche n'est pas parvenue à juguler. Le président Mitterrand prépare ses électeurs à envisager un nouveau plan de rigueur, terme que l'on pensait avoir enterré avec la défaite du président Giscard d'Estaing et de son « meilleur économiste » de France, Raymond Barre. Le socialisme utopique a vécu. Le racisme se déploie à ciel ouvert et, le 3 décembre, l'arrivée à Paris d'une grande marche contre le racisme, qui rassemble soixante mille personnes, marque la banalisation du terme « Beur » pour décrire la seconde génération maghrébine. Le nombre de chômeurs dépasse en France les deux millions, alors que, le 20 mai, un article de douze chercheurs français publié dans *Science* annonce la découverte d'un nouveau virus appelé HIV, responsable du sida. Ce virus est identifié par le professeur Luc Montagnier. Daniel Balavoine est une éponge ; perméable à la souffrance du monde, il déclare alors : « J'ai besoin d'exprimer les sentiments qui vivent en moi. Je fais de la politique sentimentale. » Il revient à la chanson avec un nouvel album qui semble enfin mettre tout le monde d'accord.

Nous sommes en 1983 et Balavoine confirme le virage amorcé dans son précédent disque. Il ne cesse d'ailleurs de le répéter aux journalistes. Mais les mythes ont la vie dure et Daniel sait qu'il ne peut compter que sur lui-même et son proche entourage professionnel pour faire passer un autre message. *Loin des yeux de l'Occident* est le titre de ce septième album. Sur la pochette, il apparaît assis entre deux femmes. L'une est africaine, l'autre asiatique. Avec la même équipe de musiciens qui l'ont entouré en tournée et au Palais des Sports, il parvient à offrir une cohérence supplémentaire à sa démarche. Andy Scott au son se libère vraiment de la démarche artistique des productions de variétés d'alors. Le résultat est là : un son exceptionnel dû en grande partie à une nouvelle façon de travailler avec des bases de programmations issues de la manipulation encore peu courante des ordinateurs. Du coup, la composition se libère et épouse avec évidence le style Balavoine.

Le premier single, *Pour la femme veuve qui s'éveille*, est un vrai tube qui va pourtant briser la tradition du simple couplet/refrain/couplet/refrain/pont/refrain. Du même coup, l'approche mélodique est loin d'être facile, qui incite au voyage sonore et donne au public une chance de s'identifier grâce à l'*ad lib* et ses chœurs africains – hommage à peine déguisé au *Biko* de Peter Gabriel dont Daniel Balavoine est un inconditionnel absolu. Avec *Frappe avec ta tête*, il trouve l'équilibre parfait entre le son, la voix plus enragée et moins éthérée, et le texte qui brocarde avec efficacité les poètes, toujours les premiers bâillonnés par les dictatures. C'est du grand art. Comme l'étonnante chanson *Poisson dans la cage*, qui décrit les méfaits des drogues qui n'ont plus le sens qu'elles pouvaient avoir au temps du psychédélisme rock'n'roll, et qui fondent l'attitude du parfait *winner* des années 80, années de la frime et de la vitesse cocaïnesque. *Revolución* est un magnifique cri de tendresse, entre prière et hymne de lutte, envers les femmes et mères argentines, les « Folles de mai », qui surent dire non à l'arbitraire et à la dictature avec le seul pouvoir de la conviction et de l'émotion, sans l'arme fatale du flingue phallique à souhait. Enfin, *Les Petits Lolos* illustrent bien le goût prononcé de l'homme pour l'exclusivement féminin, avec une petite touche de virilité provocante, dans le phrasé, qui choquera quelques âmes sensibles élevées au féminisme puritain des années 80.

Daniel Balavoine atteste ainsi de son autre trait de caractère où la légèreté le dispute à l'épicurien. C'est aussi et surtout dans cet album que l'on découvre, bouleversé, la chanson *Partir avant les miens*, où l'artiste en profite pour se mesurer musicalement à des pointures mythiques (dont Patrick Moraz, aux claviers, qui travailla longtemps avec le groupe Yes). Le texte parle de lui-même. Les artistes sont parfois doués d'une étrange vision, d'un don de prémonition dont on se serait largement passé. La chanson dit tout haut ce que beaucoup pensent tout bas : la douleur de la perte, l'arrachement à la vie sont parfois tels que l'on aimerait (comme dans les chansons, les livres ou les films…) trouver les mots justes et simples pour éviter de se soumettre au travail de deuil.

Mais, en cette année 1984, Daniel Balavoine est en vie, le mouvement lui sourit. Il est enfin « enfant du rock », le 15 septembre, à la télévision sur Antenne 2. Il devient le chanteur « en état de marche »… Il est si inspiré par sa nouvelle paternité qu'il écrit un nouveau single, *Dieu que c'est beau*, dont la force rythmique et la puissance poétique sont incroyables. Entre Peter Gabriel, pour les chœurs ethniques, et Talking Heads pour le climat de l'arrangement, Balavoine trouve sa raison d'être et de créer. Le son est énorme. Le texte abrasif et métaphorique. Le public ne s'y trompe pas. C'est un tube.

Il prépare dans un état d'excitation extrême son prochain spectacle au Palais des Sports. Ses producteurs de scène, Robert Bialek et Claude Jarroir, lui donnent les moyens de ses ambitions. Si sa production discographique évolue vers le rock anglo-saxon, il se doit de proposer au public une nouvelle forme de concert.

Daniel inaugure alors une façon de travailler différente, s'agissant du son et de la structure de scène, pour s'aligner sur les productions des groupes internationaux. Ainsi met-il au point un système inédit d'éclairages à base de projecteurs mobiles, avec un spectre de couleurs indéfini, programmé sur micro-processeur. Il en dépose les droits d'exploitation pour bénéficier de son exclusivité. Comme U2, mais bien avant eux. Parallèlement, il est l'un des premiers artistes français à travailler avec une structure où les traditionnels amplis disparaissent pour laisser la place au système HF, en même temps qu'il emmène sur sa tournée un analyseur de spectre pour adapter le son idéal à chaque salle. De cette exploration va naître un double album *live* enregistré lors de son second Palais des Sports (du 21 au 30 septembre), qui reste l'empreinte la plus audacieuse de la machine scénique qui se dessine. On y retrouve principalement les tubes radiophoniques des débuts et les deux derniers albums.

Balavoine veut aller vite. Vivre vite pour être dans le mouvement perpétuel et rester dans la dynamique de création qui est alors la sienne. L'année musicale est proche de ses aspirations. Son amie France Gall est n° 1 avec son magnifique nouvel album, *Débranche*; Jean-Jacques Goldman confirme avec son troisième album, *Positif*, et les chansons *Envole-moi* et *Américain*. Un nouveau venu impressionne par la force de son univers au niveau de la production autant que de l'image : il se nomme Axel Bauer et chante *Cargo de nuit*, écho presque parfait de l'univers troublé de Fassbinder dans son adaptation du roman de Genet, *Querelle de Brest*, retranscrit par le vidéo-clip d'un certain Jean-Baptiste Mondino. Une fille dans le vent s'impose à son tour, en équilibre sur ses escarpins et affublée de ses colifichets empruntés à la gothique attitude : Jeanne Mas ne tarde pas à séduire artistiquement Daniel Balavoine qui voit en elle le renouveau de la chanson au féminin.

La chanson française est bien en train de vivre une vraie nouvelle scission entre modernes et anciens. Pour preuve, Michel Sardou relaie le combat des conservateurs et de la droite française, soudainement réanimée par la réforme d'Alain Savary sur l'enseignement privé. Le 4 mars, une manifestation réunit plus de cinq cent mille personnes à Versailles pour la défense de l'« école libre ». Le 24 juin, à Paris, une manifestation encore plus énorme (plus d'un million de participants), contre la réforme de l'enseignement privé, accueille en tête de cortège Michel Sardou, avec ses enfants, qui pose à la une de l'hebdomadaire *Paris Match* et lance sa nouvelle chanson engagée, *Les Deux Écoles*.

Daniel Balavoine est un témoin de son temps. Il assiste, épouvanté, aux élections européennes du 17 juin qui marquent la percée du Front national (10 élus) et le recul historique du PCF (11,2 %). Le 17 juillet, c'est la démission de Pierre Mauroy, remplacé le lendemain par Laurent Fabius, plus jeune Premier ministre de l'histoire de la Ve République. La gauche assume son tournant social-démocrate, emmené par la théorie présidentielle du « Ni-ni » qui choisit une voie médiane entre libéralisme sauvage et socialisme de la contrainte. Le 6 septembre, le parti communiste français quitte la majorité. Daniel Balavoine, qui a toujours entretenu des rapports complexes avec ce parti, semble se résoudre à la mort du Programme commun et à un nouveau tournant dans l'appréhension des combats à mener.

Il s'envole pour l'Écosse afin d'enregistrer son nouvel album. Il vient de s'acheter un *Fairlight* pour continuer à explorer (toujours) et progresser (encore). Forçat du son, Daniel Balavoine entraîne avec lui sa *Dream Team* : Andy Scott au son, Joe Hammer aux rythmiques et programmations, Léo Missir superviseur artistique. Enregistré en prise directe, l'album est mixé ensuite au studio du Palais des Congrès. Cette fois, l'équilibre tant recherché est trouvé. Son travail illustre parfaitement la maturité pour le coup non galvaudée de l'artiste. Balavoine sait où il veut aller avec l'obsession d'être créatif, efficace, concis. L'album est court, incisif, bouleversant. Le révolté a changé de camp. Un titre presque provocateur pour l'écorché rebelle : *Sauver l'amour*... Daniel écrit neuf chansons autour de ce concept et prône un retour à l'idée même de sentiment. Il me confie au moment où il me fait découvrir son nouveau disque : « Celui qui veut faire croire qu'il n'y a pas de fossé entre les races a tort. Je crois qu'il y a un fossé, une différence énorme d'identité, de mœurs, de culture, mais qu'il n'est pas infranchissable. Il ne faut pas l'enlever, mais le franchir, s'aimer et se respecter. Il est plus fort d'aimer quelqu'un pour ses différences que pour les points communs qu'on a avec lui... »

C'est cet amour qu'il chante avec parti pris en osant enfin dire qu'*Aimer est plus fort que d'être aimé*. Il ouvre une nouvelle ère sous le signe d'un pessimisme... positif. Il dira alors cette phrase d'une incroyable fulgurance : « Le monde n'est pas à refaire, il est à faire... » Chaque message trouve une issue conjuguée à l'espoir. Il parle de son amour, *L'Aziza*, déclaration intime pour dire aussi aux racistes conquérants : «Je ne suis pas contre Le Pen, je suis pour les Arabes!» *Petit Homme mort au combat* est une inspiration puissante venue des enfants, porteurs de nos espoirs comme de notre culpabilité.

L'Afrique, ce continent premier. Premier pour tous les musiciens, surtout lorsqu'ils sont, comme Daniel, des rythmiciens-nés. L'Afrique est le paysage mental de ce dernier disque de Balavoine. Une terre aride qu'il inonde de son inspiration compassionnelle. Daniel écrit là ses plus beaux textes : *Un enfant assis attend la pluie*, *Tous les cris les SOS* qui est devenu un classique du répertoire de la chanson hexagonale. Sans oublier la chanson-titre qui donnera son nom à l'album : *Sauver l'amour*. Un hymne si fort qu'il est inscrit dans une intemporalité indiscutable. C'est aussi la synthèse, en un morceau, de toute la démarche du producteur Balavoine au service d'une idée de la chanson.

Une fois de plus, il faut parler de l'approche sonore que va opérer le trio Balavoine-Scott-Hammer. Des rythmiques puissantes, des claviers hypnotisants, des sons samplés aux musiques du monde : Inde, Afrique… Et des chœurs proches de la texture de ceux que l'on trouve alors dans les productions Real World des studios de Peter Gabriel.

Le succès immédiat de l'album, qui sort en octobre, va rassurer un Daniel Balavoine qui se présente alors comme un artiste à l'épanouissement presque insolent. En phase avec son époque, avec ses envies, avec le public et avec l'homme privé, amoureux et futur père d'un deuxième enfant. À Michel Denisot, sur Canal Plus, qui lui pose la question : «Quel est le premier geste, le matin, quand vous vous levez?», il répond : «Ouvrir les yeux!» Tout est dit ou presque dans ce sens aigu de la repartie.

Le 23 novembre 1985, il est présent lors de la première édition des Victoires de la Musique. Au milieu de la cérémonie, Henri Salvador lance un cri d'alarme : « J'aimerais rendre hommage à une dame qui va bientôt mourir, c'est-à-dire… la chanson française. Elle a attrapé une maladie qui s'appelle l'anglo-saxonnite… et bientôt elle va ajouter, je crois, l'italiannite aiguë, ce qui va l'achever complètement… » Un peu plus tard dans la soirée, profitant d'un prix qu'il doit remettre au groupe Téléphone qu'il adore, Daniel prend la parole à son tour : « À propos de chanson française, on est assez nombreux ici à penser qu'on est bien assez grands pour se défendre… » Voilà, c'est dit.

Le 21 décembre, Balavoine est avec Coluche pour l'ouverture des Restaurants du cœur. À cette occasion, il s'exprime sur la solidarité : « La solidarité doit être sur tous les plans. Il faut soutenir toutes les idées qui feront qu'un jour les chômeurs auront à bouffer, compte tenu du fait que le plein emploi est une illusion, en tout cas pour le moment. Merci à Coluche d'avoir eu cette idée. De toute façon, ce n'est pas la première bonne idée qu'il a et ce n'est sûrement pas la dernière… » Le bonheur que l'on mérite, Daniel a de tout temps voulu le partager et l'offrir. Il sait que la notoriété est un moteur pour aimer son prochain.

Amoureux du risque, de l'aventure et des voitures, il s'engage depuis 1983 dans cette course médiatique et héroïque (pour certains, imbécile) du Paris-Dakar. Il tombe amoureux de l'Afrique, mais ce coup de foudre n'est pas à sens unique. L'Afrique aime Balavoine. Elle le lui dit avec sa force tellurique et sa détresse. Il est donc temps de rendre à ce pays ce qui lui revient. Daniel Balavoine veut profiter de son succès pour initier une aide concrète et rapide à ces pays traversés par l'immobilisme du caritatif institutionnel. Le Paris-Dakar est la voie royale pour sensibiliser le public au besoin fondamental de ce continent. L'eau c'est la vie, et Daniel, en ce début d'année 1986, part sur le rallye pour inaugurer une nouvelle phase de sensibilisation : « Un homme qui, en 1986, meurt encore de faim est une insulte à soi-même et à l'humanité toute entière. » C'est pour cela qu'il part réaliser chaque jour des reportages sur les lieux mêmes où la caravane occidentale s'arrête, afin de décrire de son œil concerné les dégâts de la famine en Afrique.

Quatre-vingt-dix radios FM ont répondu à l'appel. Derrière cette prise de conscience, Daniel Balavoine cherche à concrétiser tout de suite son action en implantant des pompes à eau stratégiques et utiles. Et puis c'est l'horreur. L'injuste coup du sort. Le destin, il paraît… L'hélicoptère de Thierry Sabine qui transporte Daniel Balavoine (qui avait une crainte absolue de l'avion…) s'écrase au sol, près de la frontière entre le Mali et le Burkina Faso. Le chanteur sans frontières est mort. En pleine action. Cette vitalité qu'il s'apprêtait à nous offrir une fois encore au Palais des Sports, au mois de septembre a explosé en plein envol d'amour… Juste avant sa rentrée parisienne, Daniel devait passer aux Francofolies de La Rochelle. Il avait décidé lui-même de sa première partie. Un groupe anglo-saxon encore inconnu qui ferait sa première date à La Rochelle, dans le bastion de la francophonie. Un groupe avec un chanteur, tout de même. Qui aurait chanté un répertoire tout neuf, et en anglais. Un chanteur nommé Balavoine…

Au zénith de son succès, Daniel Balavoine voulait déjà remettre son titre en jeu. Parce qu'il savait, lui, depuis longtemps, qu'il se devait de remplacer le besoin par l'envie. Qui d'autre ?

Chapitre 5

Andy lui a dit oui…

– *Comment avez-vous démarré dans ce métier, Andy Scott ?*

– En 1968, je suis graphiste dans un journal de mode après mes études aux Beaux-Arts, dans la même école que Charlie Watts. Lui, il avait deux ans de plus que moi, et donc on ne s'est jamais rencontrés, mais nous étions dans les mêmes murs. Je m'ennuyais pas mal en faisant tout de même un peu ce je voulais faire. À savoir de la musique. J'avais monté pas mal de groupes de lycées, comme tout le monde à l'époque… Et donc nous faisions de la musique entre copains. On jouait le samedi soir dans les bals, dans les surprises-parties, et ça marchait bien.

– *De quel instrument jouiez-vous ?*

– J'ai suivi des études de piano classiques à partir de l'âge de huit ans et j'ai tenu jusqu'à onze ans. J'avais un prof qui me tapait sur les doigts avec une règle en fer, et cela ne me plaisait pas du tout. Après cela, un copain de mes parents avait laissé en dépôt une vieille guitare espagnole qui traînait dans la maison. Et c'est ainsi que j'ai appris la guitare, plus ou moins seul, et au départ pour rigoler un peu…

Après mes études, je me retrouve donc dans ce journal de mode où je ne me sentais pas à ma place. J'étais en train de me séparer d'avec ma première femme et je me suis dit qu'il fallait en profiter pour tout changer dans ma vie ! Et dans ce journal où je végétais un peu, j'avais un copain photographe qui réalisait des pochettes de disques. Il connaissait un gars qui avait un studio de répétitions dans l'ouest de Londres.

Nous avons décidé d'aller traîner là-bas. C'était un endroit surprenant : une espèce de pièce en bois, comme un chalet avec plein d'outils de sonorisation et d'insonorisation. Et surtout avec des mecs tous chevelus et qui jouaient à fond la caisse toute la journée. Cela ressemblait au genre de vie que je rêvais d'avoir. Et c'est à ce moment-là que mon patron, sachant que je voulais quitter mon journal, m'a demandé de but en blanc si j'avais mon permis de conduire. Je lui ai dit oui, il m'a filé les clés d'une camionnette et m'a dit : « Écoute, si tu veux un peu de boulot, on va chercher des mecs à cette adresse demain, on les emmène où ils veulent aller, tu t'occupes d'eux et tu les ramènes ! »

En fait, ça a été mon premier job comme *roadie* ! Je l'ai fait pendant un an, et au fur et à mesure que je partais et vivais avec ces groupes, ils me réclamaient de plus en plus souvent comme chauffeur de camion, puis aussi comme régisseur. Certains de ces groupes avaient une vague sono – de toute façon, il n'y avait pas grand-chose qui était sonorisé à l'époque : les voix et un peu les grosses caisses, parce qu'en ce qui concerne les guitares, on jouait à fond les amplis. Et puis, un jour, on m'a montré un petit boîtier avec des boutons dessus et on m'a dit à peu près : « Si jamais le son siffle, tu tournes ce bouton-là », afin de corriger ce que l'on appellerait aujourd'hui le « larsen ». Comme cela n'a pas vraiment sifflé, je ne me suis pas risqué à toucher au boîtier. Mais j'avais mis le doigt dans l'engrenage. Nous étions à la préhistoire de la sonorisation, et j'allais être sonorisateur...

– *Vous avez donc appris votre métier sur le tas !*

– Je suis un vrai autodidacte, oui. La première console que j'ai touchée devait faire 30 centimètres carrés, avec six boutons au maximum. C'est ce que l'on appelait des « rotatives ». J'ai bossé avec des gens intéressants et différents. Je suis tombé sur un groupe qui s'appelait Wonderwill, avec un organiste, Gary Wright, qui était de fait l'organiste de Spooky Tooth. Et dans ce groupe, il y avait un guitariste qui venait de quitter Sylvie Vartan après avoir travaillé pas mal de temps avec elle en France. C'était Mick Jones… J'ai passé à peu près un an avec eux, à tourner en tant que sonorisateur et régisseur. Or, Johnny Hallyday fréquentait les mêmes studios qu'eux. Il enregistrait souvent à Londres où il connaissait pas mal de musiciens anglais. Et c'est ainsi qu'il a demandé à ce groupe d'assurer sa première partie du Palais des Sports, en 1971.

Je me suis donc retrouvé à Paris, dans une petite camionnette, avec le groupe qui jouait tous les soirs en première partie d'Hallyday. Et quand tu es à Paris pour trois semaines avec l'équipe d'Hallyday, tu as toutes tes entrées dans les restaurants, les boîtes… C'était vraiment super et Paris m'a bien plu. Puis on est partis faire une petite tournée aux États-Unis avant de rentrer à Londres. C'était en 1971 et j'avais vingt-deux ans…

– Vous revenez alors en France…

– Je reviens en France, je traîne un peu et je rencontre le chanteur de Zoo, le groupe qui, à ce moment-là, accompagnait Nicoletta. C'était un Anglais qui, je crois, s'appelait Yann. On se rencontre donc à La Bulle, rue de la Montagne-Sainte-Geneviève. C'était une boîte de nuit et qui était en fait *la* boîte parisienne de l'époque. Il me dit qu'il s'apprête à enregistrer un disque dans un studio à la campagne et me propose de passer le voir ! J'étais à Paris avec mon Austin, et me voilà parti à Pontoise, à Hérouville, où ils enregistraient avec Nicoletta. Je passe un week-end là-bas avec eux, et le patron me laisse entendre qu'il cherche quelqu'un de culture anglaise, parce qu'ils avaient eu des contacts qui se précisaient avec des groupes anglo-saxons qui souhaitaient enregistrer au studio. Ils cherchaient un ingénieur du son anglais. Ni une ni deux, je commence à extrapoler un peu sur mon passé… alors que je n'avais jamais fait de séances ! J'avais été en studio avec mes groupes, mais je ne faisais qu'observer pour tenter parfois de les aider. J'avais quelques notions, mais rien de très solide… Mais j'ai été engagé, salarié, logé et nourri au studio d'Hérouville !

J'y ai travaillé avec Dominique Blanc-Francard qui était alors l'ingénieur du son en chef du studio ; j'ai bossé pendant une petite semaine avec lui, en posant cent cinquante mille questions à l'heure, et je me suis débrouillé tant bien que mal pour les premières séances en tant qu'assistant. Des séances énormes ! Ma première séance à Hérouville, c'était avec Elton John ! Ensuite j'ai travaillé comme assistant sur au moins quatre albums avec lui, dont le légendaire *Yellow Brick Road* qui reste un monument. Là, j'ai vu des ingénieurs du son extraordinaires avec lesquels j'ai pu beaucoup apprendre. Je suis resté trois ans, jusqu'à ce que l'affaire soit cédée au patron du studio Davout, à Paris, qui a voulu alors me récupérer pour Davout. Mais, ingénieur en titre à Hérouville avec les Anglo-Saxons, je n'avais pas du tout envie de travailler à Paris… Et puis, Patrick Juvet, qui venait dans ce studio faire les maquettes d'un album, s'est présenté avec son équipe, dont un certain Daniel Balavoine…

– *C'était pour l'album* Chrysalide *?*

– Oui, en 1974. Et nous nous sommes tout de suite très bien entendus, Daniel et moi… C'était rigolo et étrange, il y avait une espèce de fluide qui passait entre nous. Il était un peu plus jeune que moi, mais pas de beaucoup. Une fois l'album de Juvet enregistré, Daniel nous a accompagnés à

Londres pour le mixage. Nous formions une petite triade à l'époque, Juvet, Daniel et moi. Trois copains différents mais qui rigolaient bien et avaient, surtout, une passion viscérale pour la musique. C'est d'ailleurs à Londres que nous avons commencé, avec Daniel, à parler de ses propres musiques. Parce que Patrick Juvet lui avait déjà permis d'enregistrer sur son album un titre à lui, *Couleurs d'Automne*, que j'aimais beaucoup… On a eu l'occasion de beaucoup discuter ensemble.

– *De quoi parliez-vous ?*

– Toujours de sa musique. Il m'a fait écouter d'autres maquettes que je trouvais très intéressantes, il avait sa propre vision de la musique et du métier en France, qu'il voulait tenter de changer un peu… Parce qu'il était très en avance. Vraiment. À l'époque, personne ou presque ne s'en est rendu compte, car il était juste un chanteur de variétés de plus. Mais, aujourd'hui, je me souviens des conversations de cette époque-là où il faisait preuve d'un caractère visionnaire. Surtout dans son approche technique, d'ailleurs. Il imaginait déjà des séquenceurs tels qu'on peut les trouver maintenant sur les ordinateurs, il pressentait le travail à la maison. Il rêvait d'un *home studio* qui puisse offrir toute liberté de création aux artistes…

– *Est-il vrai qu'il se montrait fasciné aussi par le fait que vous ne soyez pas français mais l'Anglais qui avait bossé à Hérouville avec Elton John…*

– C'est exact, oui. Par la suite, comme nous étions vraiment devenus très amis, la question de ma nationalité n'avait plus de sens. Mais, au départ, le fait que je sois l'Anglais au contact d'une partie de la pop anglaise a certainement joué sur sa première impression.

– *Parce que ç'a été chez lui une obsession.*

– Bien sûr. Mais il avait monté lui-même tellement de groupes, lorsqu'il était jeune, qu'il était pétri par cette fascination-là. Il pouvait te jouer des heures de reprises de chansons anglaises. Il était vraiment obnubilé par cette musique… La musique anglaise, pas américaine.

– *Et donc, vous avez beaucoup parlé de sa musique…*

– Oui et, de retour à Paris, nous avons trouvé des petits moyens pour réaliser des maquettes. Nous squattions l'appartement de Bernard, le frère de Daniel, qui était médecin et se trouvait très peu souvent chez lui : un petit deux-pièces dans le XIIIe avec un *live box*, un magnétophone à lampes… Tant bien que mal, en tapant sur des bottins téléphoniques pour faire la grosse caisse, en jouant de la guitare à deux, nous avons dû finaliser six ou sept chansons comme ça. Dans le groupe de Patrick Juvet, sa productrice de l'époque, Florence Aboulker, connaissait très bien les gens des disques Barclay, en particulier Léo Missir avec qui elle nous a obtenu un rendez-vous. Léo a flashé tout de suite sur les maquettes et il nous a filé un contrat extraordinaire. Imaginez un peu : nous étions inconnus et nous avions carte blanche pour enregistrer un premier album ! Pas de directeur artistique pour nous dire ce que nous devions faire, pas de restrictions horaires pour le studio du moment que nous bossions la nuit. C'est-à-dire que nous avions le studio Hoche à notre disposition de minuit à huit heures et demie du matin si nous le voulions. On montait tout le matériel de la cave de chez Barclay, on se pointait tous les soirs à 21 heures et on jouait comme des fous jusqu'à 2 heures du matin… On répétait les morceaux avec les musiciens et chacun apportait ses idées. Daniel apportait la chanson maquettée à la guitare ou au piano, et on travaillait tous ensemble avec les musiciens pour donner un sens aux chansons. C'était vraiment un travail en osmose. Dans un premier temps, nous avons monté un petit groupe pour le studio avec les musiciens de Juvet, et on a fait ainsi le premier album, *De vous à elle en passant par moi*, avec Léo qui nous rendait visite de temps en temps.

Nous avions les mains libres, c'était une chance extraordinaire que Léo nous avait donnée là. Car, à l'époque, n'importe quel artiste de chez Barclay ou d'un autre label avait son directeur artistique personnel qui se substituait souvent à lui pour imposer sa propre vision... Le langage musical et technique des artistes était souvent très restreint.

– *Comment jugez-vous cet album ?*

– Très naïf !

– *C'est peut-être l'album le plus inspiré des groupes anglais de l'époque !*

– Oui. Tout à fait. On se le disait souvent. Et Daniel encore plus ! Là, on va faire les chœurs à la façon du groupe *Queen* ; là, on va essayer de trouver une ambiance à la Supertramp... Il avait toutes ces références qui étaient bien définies par des groupes existants, qui étaient aussi ses idoles. Nous avons essayé de manier cela à notre façon, parce que nous étions très naïfs. Lui, il commençait ses armes dans la musique proprement dite en tant que compositeur, et moi c'était la première fois que je faisais réellement de la réalisation. Mais j'avais vu bosser des gens comme Tony Visconti, avec qui j'avais compris ce qu'était un vrai directeur artistique, un réalisateur de disques, ce qui en France n'était pas très courant. C'était le musicien supplémentaire, avec une vue d'ensemble globale, un son qui doit faire la différence. Daniel m'a spontanément offert cette place et je me voyais bien là-dedans, dans cette histoire-là qu'il m'avait dessinée. Mais il fallait quand même passer par des essais, et surtout par des erreurs. En plus, c'était l'époque où tout le monde fumait des joints à longueur de journée ! Nous n'étions pas très clairs et on s'amusait bien ! En revanche, je pense que mon jugement était un petit peu limité et déformé par ce que nous fumions… Je me rappelle les mixages que nous réalisions après avoir fumé je ne sais combien de joints… Le lendemain soir, on revenait pour les écouter et on était consterné par le résultat !

– A-t-il été blessé par l'accueil quasi indifférent réservé à ce premier album ?

– Non. Je ne crois pas. En tout cas, cela ne s'est pas senti. Il paraissait seulement un peu déçu. Il se rendait bien compte, aussi, qu'on avait une grosse opportunité de démarrer quelque chose et que cela n'allait pas forcément marcher du premier coup ! Il fallait qu'on fasse le travail sur nous-mêmes avant de vraiment savoir où nous voulions aller, en définitive. Il fallait qu'on se rode ! Par la suite, il aurait bien réenregistré, avec la maîtrise de la technique que l'on avait acquise, quelques-unes des chansons qu'il aimait bien sur cet album. Tous les artistes connaissent ça : des chansons avec lesquelles on démarre, auxquelles on attache beaucoup d'importance, mais qui sont malheureusement ratées pour le grand public. D'ailleurs, cela marche aussi dans l'autre sens ! Quand Daniel a écrit *Je ne suis pas un héros* pour Johnny Hallyday, il a été extrêmement déçu par sa réalisation. Il pensait que le titre ne valait plus rien. Il était fou de rage. Pour lui, la réalisation et l'intention dans l'interprétation étaient pour 50 % dans la réussite d'une chanson. Il savait qu'il ferait tôt ou tard sa propre version pour bien faire comprendre au public quelle était la force du titre et surtout son sens profond. La maquette, d'ailleurs, nous l'avions réalisée, lui et moi, dans un petit studio, à Boulogne…

– *Après, il y a eu* Les Aventures de Simon et Gunther… *! C'était incroyable d'enregistrer un album-concept pour l'époque…*

– Daniel avait déjà tout son disque dans la tête. Il avait des idées très arrêtées et savait précisément ce qu'il voulait pour les arrangements et la couleur globale du disque… On a juste fait des répétitions un peu poussées à la cave, à Neuilly, chez Barclay, avec l'équipe des musiciens, pour définir les rythmiques, et on a été obligés de changer quelques musiciens : on a pris le batteur Jean-Claude Batailley, qui est resté avec nous pendant un bout de temps, et pour le clavier – parce qu'il nous fallait un vrai pianiste, Daniel ne se sentant pas de jouer ses propres parties de clavier; son premier instrument, c'était la guitare, il se débrouillait bien au piano, mais son exigence posait aussi ses propres limites –, on a engagé un Bordelais, Jean-Claude Daguerre, qui jouait avec Sylvie Vartan, je crois… Et puis, surtout, il y avait toutes les parties où l'on devait imaginer et créer les orchestrations de cordes… Nous avons fait les séances à Hoche dans la journée avec de grandes formations de cordes. Pour moi, c'était une première, parce que je n'avais jamais fait d'enregistrement de cordes. Là, je me trouvais avec quarante cordes d'un coup! C'était un défi…

– *C'est lui qui voulait ça ?*

– Oui. Cela rentrait dans son fantasme de musicien… Je crois qu'il avait été très marqué par le *live* de *Deep purple* avec le Philharmonique de Londres, enregistré à l'Albert Hall… Le mélange d'un groupe de rock et d'un orchestre à cordes classique, cela l'avait totalement fasciné. Il trouvait cette prise de risque encore plus rock. Ce disque est vraiment très particulier. Très germanique dans l'esprit… Un peu pompier aussi dans le son, avec ces arrangements ultra-lyriques… Et Léo Missir commençait déjà à se faire taper un peu sur les doigts par Eddie Barclay : « Qu'est-ce que c'est que cette histoire ? Il faut laisser tomber ! » Le courant n'est jamais passé entre Daniel et Barclay. Je ne dirais pas qu'ils se détestaient, mais Barclay ne l'aimait pas du tout. Cela se sentait. Il y avait un océan entre ces deux-là. Cette fois, on avait plus ou moins été prévenus qu'on était en sursis pour l'album suivant. Il ne fallait pas qu'on loupe le prochain !

Donc, déjà par souci d'économie, nous avons déménagé des studios de Barclay pour aller chez Guy Boyer qui habitait dans une petite rue à Boulogne, et qui avait un studio incroyable. Boyer, qui était clavier, connaissait bien la musique et les exigences de l'enregistrement. Il avait monté un petit studio qui ne coûtait pas très cher, et il y croyait parce qu'en plus il était loueur d'instruments de musique. Toutes les chansons étaient en place, à l'exception du *Chanteur* dont Daniel et moi ne savions que faire, aussi bien au niveau de l'arrangement que du texte qu'il n'arrivait pas à écrire. On a réussi à trouver les clés de cette chanson au studio, directement, sans passer par les répétitions, c'est dire ! Je pense qu'on a dû enregistrer une rythmique de base (basse, batterie, guitare). Et comme il y avait dans le studio tous les instruments que Boyer louait, on pouvait utiliser tout le stock et tenter des innovations de couleurs d'arrangements. On avait trouvé entre autres ce Mellotron avec lequel est jouée la fameuse intro de cuivres du *Chanteur*. Mais nous l'avions fait sans savoir, pour rigoler, et surtout parce qu'on séchait sur ce titre. C'était Hervé [Limeretz] qui était assis au Mellotron pendant une séance… On cherchait une idée ou un son, mais il n'était pas question qu'il joue de cet instrument pour la chanson. Quand tu démarres la bande pour enregistrer, il y a toujours une amorce où tu entends les gens discuter un peu, un musicien se mettre en place ou s'accorder. Or Hervé était en train de jouer spontanément du Mellotron, et lorsqu'on a découvert après coup le son et l'harmonie du truc sur la bande, on s'est dit que c'était peut-être une bonne intro.

Daniel avait du mal avec cette chanson, parce qu'il ne trouvait pas l'idée qui lui ferait oublier son yaourt franglais en guise de texte. Nous avions pour habitude d'aller manger au coin de la rue dans un petit restaurant un délicieux couscous… Le soir de la dernière séance sur *Le Chanteur*, Daniel nous a proposé d'y aller sans lui. Il venait d'avoir une idée. Il était fébrile et voulait aller au bout de cette idée. Il s'est installé au bout de la console, avec son carnet sur lequel il gribouillait parfois… Nous sommes partis dîner, et même pas une heure plus tard, il nous a rejoints en secouant devant tout le monde un minuscule bout de papier en disant : « Ça y est ! Je l'ai ! »

– Il sentait qu'il tenait la chanson ?

– Ah non. Il n'était pas plus excité que cela. Il était juste heureux d'en avoir fini avec ce titre. Pour lui, contrairement à ce que l'on pourrait penser, les textes n'étaient pas la priorité. Son premier souci a toujours été la musique. Et toutes ses maquettes étaient chantées, en guise de paroles, avec des espèces d'onomatopées à la sonorité anglaise, qui ne voulaient rien dire. Il se mettait réellement à écrire quand il avait les mises à plat achevées de ce qu'on avait enregistré. Il mettait son casque pour écouter, puis commençait à écrire. Daniel écrivait ses textes toujours au dernier moment, inspiré par la musique et les arrangements. Pour *Le Chanteur*, il ne trouvait pas d'idée, parce que l'arrangement lui-même ne lui parlait pas. Il faut dire que c'était devenu un peu la chanson bonus de l'album ! Il voulait juste trouver une idée pour finir son disque. Mais lorsqu'on a écouté le texte, j'ai été impressionné par la force du propos. Et j'ai trouvé que c'était trop fort pour mettre la chanson à la fin du disque.

– *Quelle était votre chanson la plus forte, a priori, sur ce disque ?*

– *Les Oiseaux* ou *Lucie*... Mais, pour *Le Chanteur*, si Daniel n'était pas plus excité que cela, il a quand même senti qu'il avait trouvé une vraie idée. Et ce texte nous a poussés à retravailler les arrangements pour donner du corps et du sens à la chanson. Mais, jusqu'au mixage, nous n'étions pas plus convaincus que cela... Par contre, Léo Missir, qui était venu ce soir-là, un peu inquiet pour l'avenir du disque, a sursauté à la première écoute. Il nous a dit aussitôt que, cette fois, nous avions *le* titre. Il en était sûr. Il était comme fou !

– *Peut-on dire que cet album avait quand même une sonorité très Supertramp ?*

– Oui c'était en plein dedans.

– *Est-ce que la voix de Daniel vous a impressionné ?*

– Oui, parce qu'il était capable de faire n'importe quoi avec cette voix. Il avait cette capacité vocale qui pouvait emmener une chanson là où il le voulait. Il était toujours d'une extrême précision, et quand on enregistrait ses prises de voix, je ne l'ai jamais repris sur la justesse. Il ne chantait jamais faux. En plus, il pouvait faire un truc hyperlyrique en contralto, ou envoyer un rock à déchirer comme il voulait... J'étais impressionné, bien sûr.

– *Le succès arrive enfin. Mais, entre-temps, il y a l'épisode* Starmania...

– Oui, mais étrangement, au moment où il rencontre le succès avec son propre répertoire, il est un peu détourné de ses objectifs par l'aventure *Starmania* et sa rencontre avec Michel Berger. Je crois que nous sommes revenus vraiment à son exigence artistique et à son besoin continuel de rechercher et d'innover avec l'album *Vendeurs de larmes*. Les deux autres albums, *Face amour, face amère* et *Un autre monde*, sont pour moi comme une parenthèse dans notre complicité artistique. J'étais toujours avec lui, mais Daniel s'était immergé dans le son de cette nouvelle chanson française.

– *Pourquoi ?*

– Pour moi, Michel Berger et lui n'avaient pas le même langage musical. Il ne me l'a jamais dit franchement, mais je sais que cela l'ennuyait un peu que je n'aime pas beaucoup la musique de Michel Berger. Il ne comprenait pas comment je pouvais ne pas l'aimer. En tant que compositeur, déjà. Car en tant qu'interprète je n'étais pas sensible à son univers. Je trouvais cela bien trop mièvre pour Daniel, y compris *Starmania*. Mais lui, il s'est investi à fond là-dedans, et il est vrai que je me suis un peu mis en retrait, par rapport à sa carrière, durant cette période. Je me suis rendu compte que ça lui plaisait de faire partie de cette écurie Berger, avec tout ce que cela comportait : la scène parce qu'il aimait ça, mais aussi le succès, ce plaisir d'appartenir enfin à une famille musicale synonyme de renouveau. Tout cela m'était indifférent.

Mais il y avait quand même, dans ces deux albums, des chansons incroyables comme *Lipstick polychrome*… J'adorais cette chanson ! Le plaisir de bosser avec Daniel portait aussi sur le travail que nous étions capables de faire sur les chœurs ! Lui, il avait toutes les harmonies dans sa tête. Dès qu'on faisait une voix quelconque, je voyais très bien qu'il allait arrêter la bande et me dire, dès la première version finie : « Tiens, tu me l'envoies encore, je vais faire une deuxième voix ! »

– C'est-à-dire qu'il voulait aussi composer un peu avec la voix ?

– Il faut rappeler qu'entre sa période groupes et le début du Balavoine en solo, il a surtout fait des chœurs en studio, et pour beaucoup d'artistes. Avec son frère il montait des groupes de chœurs et ils étaient connus sur la place de Paris, dans tous les studios, pour être d'excellents choristes avec un vrai son, une couleur innovante. Daniel était très fort, et dans le groupe Clin d'Œil, aussi, il y avait des musiciens avec de belles voix, notamment le bassiste Bernard Serré dont la voix se mélangeait très bien avec celle de Daniel. Donc, on réalisait vraiment des parties de chœurs superbes. Et *Lipstick* était une de ces chansons très West Coast américaine, à la guitare sèche très *laid back*, avec des chœurs magnifiques.

– Et Dancing samedi *?*

– Oui, ça c'était vraiment marrant, parce que Daniel était toujours soucieux de tous les nouveaux courants musicaux qui arrivaient, comme le disco... Les musiciens se demandaient ce que cette musique allait changer et si elle serait aussi importante que le rock, ce que beaucoup pensaient à ce moment-là... Daniel était aussi un artiste qui avait fait du bal, ce que raconte la chanson, et il avait le fantasme du groupe... Goldman a dit un jour qu'il aurait adoré être musicien dans son propre groupe : c'est-à-dire qu'il aurait bien aimé être musicien en jouant ses propres musiques, mais pas plus que cela ! Or Balavoine et Goldman ont fait exactement le même parcours : Jean-Jacques à Paris, Daniel à Biarritz et à Pau. Ils ont fait des groupes et des bals...

– La notoriété et la reconnaissance qui arrivent avec Le Chanteur *l'ont-elles changé à ce moment-là ?*

– Je crois que ça l'a affermi un peu. C'était quand même, au départ, un garçon relativement timide. Quelqu'un qui n'osait pas trop aborder les autres, toujours un peu en retrait. Je pense que la notoriété l'a poussé hors de lui-même pour devenir une sorte de porte-parole des luttes contre les injustices. Il n'avait jamais sa langue dans sa poche, mais je n'imaginais pas qu'il puisse autant l'utiliser comme personnage public. Encore que…, c'était quand même toujours le premier à gueuler. Je me rappelle le raffut que son intervention contre Mitterrand a provoqué… Moi, la politique ne m'intéressait pas, je n'y connaissais rien, en plus je n'étais même pas chez moi, je n'avais pas le droit de vote, donc…

– *Comment avez-vous jugé cette intervention ?*

– Cela ne m'a pas étonné, parce qu'au fur et à mesure qu'il s'affirmait dans son métier, sa langue se déliait. Et puis, même en privé, il était toujours le porte-drapeau des pauvres gens. Il se voyait bien un peu en Don Quichotte ! Je sais très bien comment cette émission s'est passée, d'ailleurs ! Il a été invité au Journal télévisé et comme personne ne s'occupait de lui, que l'on n'était pas fichu de lui poser une question, il s'est laissé déborder par son indignation… Et quand il commençait à sortir de ses gonds, on ne pouvait plus l'arrêter ! Même si la résonance de cette sortie a été très positive pour lui, il n'y avait rien de prémédité là-dedans. C'était une intervention spontanée, sincère. Très sincère.

– *Ensuite, lorsque vous enregistrez* Vendeurs de larmes, *vous décidez de changer d'horizon et de partir…*

– On part à Ibiza. D'ailleurs, on change d'équipe. Joe Hammer est quelqu'un que je connais alors depuis des années comme Américain, comme copain et comme batteur [*rires*] ! Daniel et lui s'étaient déjà rencontrés sur l'enregistrement d'un album avec Alain Bashung, l'album *Roman-Photos* enregistré en 1979, que j'avais coréalisé avec Jacqueline

Herenschmidt, laquelle était aussi l'ex-épouse de Léo Missir. Joe a fait l'album en tant que batteur et Daniel en tant que choriste. Nous avions gardé Hervé Limeretz et Jean-Paul Batailley, qui étaient les seuls rescapés. Il y avait aussi Yves Chouard, un guitariste avec lequel Daniel avait bossé dans sa période groupe. Et Christian Padovan, qui était pour nous le meilleur bassiste de rock d'Europe, et disponible sur la place de Paris. Et aux claviers il y avait aussi Philippe Patron... Une équipe extraordinaire ! On a vécu ensemble, le temps de l'enregistrement, dans un magnifique studio à Ibiza.

– *Par quels artistes était-il fréquenté à l'époque, ce studio ?*

– Par personne. C'est moi qui l'ai trouvé. Et je ne me souviens même plus comment. Mais c'était un endroit extraordinaire. Cela dit, il nous est arrivé de drôles de bricoles alors que nous en étions au mixage... Les musiciens étaient partis. Il ne restait que Joe, Léo, Daniel et moi... Un après-midi, nous voyons arriver un assistant, très agité, qui nous explique qu'il y a un problème ! La veille au soir, le propriétaire du studio, un Allemand un peu fantasque, avait dit à Daniel qu'il s'en allait à Barcelone pour une semaine. Et quelques heures plus tard on revoit arriver l'assistant, mais cette fois accompagné de policiers. On sort du studio, il y avait des camions de déménagement à l'entrée et des huissiers qui venaient saisir le matériel ! Tout devait être saisi ! Nous étions exactement au milieu des mixages, donc à peine à la moitié de l'album... On nous a expliqué que le patron avait des ardoises partout, en particulier auprès des commerçants du village qui alimentaient le studio : le boucher, le charcutier, l'épicier, etc. Il était criblé de dettes ! Son studio était vendu clés en main, à l'époque, par la société 3M ; heureusement, je connaissais quelqu'un d'assez haut placé chez 3M, qui venait justement de se faire muter en

Espagne... J'arrive à le joindre et lui explique le problème. Il était au courant de la saisie, mais ne savait pas que j'étais là avec Daniel Balavoine. Il m'a alors proposé un défi : terminer l'album sous quarante-huit heures ! Il s'arrangeait pour suspendre les procédures, mais ne pouvait prolonger le délai au-delà de deux jours. Évidemment, nous pouvions emporter les bandes pour aller mixer ailleurs, mais nous voulions absolument finir le disque dans ce studio. Alors nous sommes restés à la console pendant quarante-huit heures non-stop. Nous avons mixé les cinq derniers titres à la file, et lorsque enfin nous sommes sortis avec les masters sous le bras, les huissiers sont entrés dans l'instant... Deux heures plus tard, il n'y avait plus rien dans le studio. En prime, nous avons assisté au défilé des commerçants locaux qui venaient prendre, qui un tableau, qui un poste de télévision, qui une table en guise de paiement de leurs factures ! C'était hallucinant ! Nous, on était cassés, épuisés, lessivés... Nous avons fini l'album dans ces conditions rocambolesques... et il s'est révélé être quand même un très bon album.

– Un an plus tard, Daniel me dit : « L'album de 1982 marquait en même temps la fin du cycle précédent comme l'ouverture vers le nouveau. »

– Tout à fait.

– Vous aviez conscience de cela ?

– Oui, avec le changement d'équipe, on passait à la vitesse supérieure et on s'approchait beaucoup plus de là où on voulait en venir. À cette époque-là, je pense que j'étais en passe de devenir plus français qu'anglais. J'ai décidé de rester ici et de travailler presque exclusivement en France, avec des Français. Là, le *challenge* rejoignait plus celui de Daniel, avec l'envie et la possibilité de renouveler un peu ce qui se passait dans la variété d'alors, laquelle, il faut bien le dire, n'était pas exceptionnellement intéressante. Cela stagnait un peu. Et surtout parce que, après avoir fait les deux Olympia, qui étaient bien, mais un peu gentillets, la scène devenait aussi un autre défi artistique.

– *La scène, c'était donc important pour vous aussi!*

– C'est Daniel qui m'a poussé. Il m'a clairement dit qu'il ne comprenait pas pourquoi je n'étais pas avec eux sur scène, alors que j'étais parfaitement capable de le faire, vu que j'avais fait de la scène avant de travailler en studio. Il voulait que ceux qui avaient été à la base du son du disque soient là pour la transcription scénique. La dernière fois que j'avais fait de la scène comme sonorisateur, c'était avec Patrick Juvet. Mais Daniel a insisté : « Viens avec nous. En plus, on se marre, parce qu'on est entre copains! » Cet aspect-là était très important pour lui. Le côté famille, potes sur la route, dans une vie décalée et forcément rock'n'roll! Donc, j'ai repris le travail de scène à l'Olympia. Et j'ai été très agréablement surpris de constater que le matériel avait bien évolué...

– *Comment était-il, le Balavoine de l'Olympia?*

– Quelqu'un d'un peu gauche... Comme pour ses premières émissions de télévision où il n'osait pas regarder les caméras, où on voyait qu'il tremblait toujours un peu. Parce qu'il faut le dire, ça lui coûtait de s'exhiber! Ce n'était pas dans sa nature profonde. Et il n'était pas à l'aise. Il l'est devenu par la suite, pour le premier Palais des Sports. Avec les moyens que nous avions, là, il se sentait chez lui! Aucun problème! Mais les premières scènes, il était (pardonnez-moi l'expression) un peu coincé, avec « un balai dans le cul »! Au départ, Daniel était vraiment un homme de studio qui pouvait passer des heures à chercher un son, une idée. On était très Monsieur Bricolage, en studio [*rires*] ! Le déficit en matériel nous poussait à inventer. Comme pour l'intro de *Viens danser*, où il y a des sons joués à l'envers : eh bien, c'est tout bêtement un Revox qui tournait pendant le mixage ; ça tournait pour faire un délai (une réverbération) vocal. Nous avions une sorte de play-back, mais joué à l'envers…

– *Le vrai virage a lieu avec l'album* Loin des yeux de l'Occident. *Vous partez enregistrer en Écosse et c'est le début de l'immersion dans le monde du synthétiseur…*

– Oui, complètement. Je me rappelle très bien que lorsque Daniel m'a fait écouter les premières maquettes de cet album-là, dans sa voiture, au parking du Parc des Princes, après un match de foot, il était très fier. Il venait de s'acheter un « sinclaviers » qui lui offrait de nouvelles possibilités : les samplings. Joe Hammer était à fond dans l'univers des boîtes à rythmes, et donc la nouvelle technologie l'excitait énormément.

– *Le groupe anglais Talking Heads avait beaucoup apporté sur ce plan-là. Je crois qu'il avait aussi ouvert une brèche…*

– Parfaitement. Je me rappelle même avoir été obligé de me coller aux traductions des morceaux de Talking Heads, parce que Daniel voulait savoir exactement ce qu'ils racontaient… Il voulait absolument savoir quel était leur univers.

– *Pourquoi avoir choisi l'Écosse pour enregistrer ?*

– Je ne sais plus comment nous sommes arrivés en Écosse… Probablement parce que Joe Hammer et moi voulions aller à la pêche, tout bêtement ! Nous étions alors dans notre grande époque « pêcheurs », et on s'est dit : on va en profiter pour aller à la pêche au saumon ! En tout cas, nous avons cherché un studio et sommes tombés sur les

Highland Recording Studios, à Inverness. Mais on a enregistré aussi dans une petite ville d'Angleterre, à Dorking, au studio Strawberry, qui était entre autres celui des XTC. On a fait les rythmiques à Dorking, on est partis faire les voix en Écosse, donc l'écriture des textes pour Daniel – les paysages écossais étaient de nature à l'inspirer... –, et on est revenus mixer à Strawberry.

– D'où vient l'idée d'avoir appelé Patrick Moraz pour les claviers additionnels ?

– Patrick Moraz était un voisin du studio Strawberry, mais je le connaissais déjà. À mon époque *roadies*, j'avais travaillé avec un groupe qui s'appelait Men Horse Airline, dont le manager était aussi celui de Supertramp. Patrick Moraz faisait partie de ce groupe en tant que claviers, et j'avais fait deux ou trois concerts avec eux dans des boîtes de nuit... Quand on a cherché quelqu'un pour faire les claviers un peu importants dans ce disque, les responsables du studio ont dû nous suggérer d'appeler Moraz qui vivait à dix minutes de là. Et il a fait de l'excellent travail. Il avait beaucoup de respect pour la musique de Daniel, lequel, se sentant respecté par un musicien qui avait joué avec Yes, était d'autant plus motivé. C'était une période intense, très chargée émotionnellement... Un des très grands souvenirs de cet album, ce sont les séances de percussions de *La Femme veuve qui s'éveille*. Nous nous sommes tous regardés et je me souviens d'avoir pensé que nous venions d'enregistrer un titre qui allait rester longtemps ! Ce n'était pas trop mon genre d'avoir ce genre de *feeling*, mais là, c'était énorme !

– Cet album vous a aussi conduit à innover sur scène...

– Oui, Daniel a même mis au point le système des « Téléscams ». C'était les premiers faisceaux électroniques avec le miroir. Il a investi de l'argent dans la conception et l'élaboration de ces effets spéciaux électroniques, et nous avons eu la primeur de ces éclairages au Palais des Sports. C'était une grande innovation ! Les faisceaux qui bougeaient tout seuls…

– L'autre grande idée était qu'il ne voulait pas de fil qui traîne sur scène !

– Oui, c'était vraiment notre idée à tous deux, parce qu'on était partis dans une option de *cleanearie* qui était vraiment propre aux années 80… En plus, les micros HF, à cette époque, étaient encore un matériel balbutiant. J'avais même fait des capteurs de batterie, c'est-à-dire qu'il n'y avait aucun micro sur la batterie ! Tous les micros étaient dans les caisses, tous les amplis et les retours étaient sous la scène, et comme je ne pouvais pas ne pas mettre des micros d'ambiance sur la batterie, j'ai été obligé de faire fabriquer un grand cerceau tubulaire qui partait derrière Joe Hammer, le batteur, comme une pièce de décor qui arrivait devant lui, avec juste les deux capsules qui dépassaient, dans lesquelles étaient planqués les micros d'ambiance.

– C'est là, sur cette série au Palais des Sports, que Daniel s'est vraiment trouvé, artistiquement mais aussi scéniquement parlant ?

– C'était aussi un pari. Pour le premier Palais des Sports, nous étions en concurrence avec les Rolling Stones et Simon & Garfunkel qui passaient aux mêmes dates à Paris. C'est là que Daniel a balancé une version de *Honky Tonk Women* pour remercier les gens d'être venus le voir plutôt que les Stones.

Daniel était vraiment quelqu'un d'étonnant. Passionnant et passionné, il utilisait surtout l'argent qu'il gagnait pour ses ambitions artistiques. Il n'avait pas des goûts de luxe. Il s'était acheté un pavillon à Colombes… En dehors de la musique, sa seule passion était pour les bagnoles, mais là, on ne pouvait plus l'arrêter ! Il a acheté une Jaguar, une Porsche, une Mercedes... Une vraie surprise pour moi, parce qu'au tout début de notre amitié je lui servais de chauffeur : il détestait conduire, comme il détestait la voiture...

– *Tous les disques de Balavoine sont ainsi crédités : « Réalisé par Daniel Balavoine et Andy Scott »...*

– Oui, parce que Daniel l'a toujours voulu ainsi. J'ai toujours eu mon cachet d'ingénieur du son sans être pour autant rétribué comme coréalisateur sur les albums de Daniel. C'est pour dire que je n'étais pas là pour le fric. J'aurais trouvé sympa qu'on me rende mon dû, mais je ne montais pas au créneau pour ces affaires-là ! Le problème s'était installé à l'époque de Barclay : Léo Missir avait essayé de m'obtenir des points, mais Barclay refusait toujours. Comme il salariait des directeurs artistiques, il ne comprenait pas que l'on puisse accorder des droits à une tierce personne en dehors de la maison. Daniel a donc voulu qu'au moins on reconnaisse mon travail.

– *Nous arrivons au dernier album,* Sauver l'amour. *Avec l'utilisation de ce fameux Fairlight... Daniel n'aura malheureusement pas eu beaucoup de temps pour le populariser, mais on lui doit quand même la médiatisation de cet instrument...*

– On se l'est rodé ensemble...

– *Mais il en a parlé partout ! Pour un chanteur, c'était aussi un fait nouveau, incroyable... Jusque-là, on n'imaginait pas un chanteur parler de son matériel d'enregistrement ou de ses instruments...*

– Daniel a été le premier à l'utiliser en France. Avec Joe Hammer, nous nous étions rendu compte qu'avec le matériel de l'époque, il était difficile d'aller plus loin. Le Fairlight est un clavier qui inclut un ordinateur. Et qui donne la possibilité d'utiliser n'importe quel son pour faire jouer des parties de musique. Il sample n'importe quel son que l'on peut travailler par la suite pour le jouer au clavier; ou le « séquencer », ou même le jouer en temps réel… Les possibilités étaient infinies pour l'époque…

– *Est-ce que cela a vraiment libéré la composition de Daniel ?*
– Oui, bien sûr.

– *Il a composé son album* Sauver l'amour *avec ce Fairlight ?*
– Oui. Avec Joe Hammer, qui était quand même une pièce maîtresse à cette époque-là, nous avions des idées, mais Daniel était le seul à savoir vraiment utiliser cet instrument novateur. Aujourd'hui, d'ailleurs, Joe Hammer vit en Australie où il représente le Fairlight au niveau mondial. C'est une jolie histoire.

– *C'est à Colombes, chez Daniel, que vous vous retrouvez donc pour travailler au nouveau disque…*
– Oui. Dans la salle de répétitions, la salle de musique de Daniel… Daniel compose, Joe et moi lui donnons notre avis au fur et à mesure des titres qui naissent. Puis nous sommes partis tous les trois en Écosse… Finalement, il s'est avéré que nous avions quand même besoin d'un guitariste pour parfaire le travail. Entre-temps, nous avions enregistré en Suisse un album avec l'ex-copine de Daniel, Catherine Ferry, qui avait fait un petit succès à l'Eurovision en 1976… Daniel a toujours suivi Catherine et souhaitait vraiment qu'elle parvienne à rencontrer le public avec ses chansons. Même s'il vivait avec Coco depuis l'enregistrement à Ibiza, il adorait Catherine, il se sentait redevable et avait accepté de lui produire un album.

Ce travail a été très important dans la mesure où il nous a permis de roder toutes nos idées, celles qui allaient être sur *Sauver l'amour*. Comme nous avions besoin d'un guitariste pour l'enregistrement, on nous a conseillé un Anglais, John Woolloff, qui habitait Genève et faisait des séances pour beaucoup d'artistes. Cela a fusé tout de suite entre nous. Ce John qui avait fait des parties de guitare dans l'album de Catherine, s'est donc retrouvé avec nous en Écosse. On s'est aperçu par la même occasion que nous avions également besoin de quelqu'un qui jouerait un peu mieux les claviers que Daniel pour les parties non programmées. L'année précédente, j'avais fait Bercy avec Julien Clerc qui avait un jeune clavier anglais dans son équipe, Matt Clifford; j'avais beaucoup aimé sa façon de jouer, mais aussi le personnage. Je l'ai contacté, il est venu me voir à Paris, et Daniel l'a engagé pour cet album. C'est là que nous nous sommes rendu compte que nous avions vraiment la base d'un nouveau groupe…

– Du fameux groupe !

– Du fameux groupe que Daniel avait projeté de monter pour faire un disque en anglais. Il avait même pris contact avec un auteur qui s'appelait Peter Hammill, pour lui balancer des textes… Je crois qu'il faisait partie d'un groupe qui s'appelait Van De Graaf.

– Vous repartez donc en Écosse…

– … On s'y installe, même. Nous avons eu quelques petites galères de matériel, et même perdu des sons suite à une panne technique – des sons que l'on avait travaillés pendant des semaines et des semaines… C'était très dur d'avoir à tout refaire et de réaliser que nous étions au service de la technologie, et non le contraire. Et puis, il faut le dire, il y a eu aussi quelques petites tensions pendant l'enregistrement… Ce n'était pas une ambiance tout à fait zen. Même entre nous. Il y a eu des moments difficiles. Ce n'était une question d'ego, c'était difficile à cerner… On n'a jamais su pourquoi, mais cela s'est arrangé ! Nous n'avions pas vraiment de différences d'opinion, mais on a eu quand même quelques discussions acharnées.

– Toi et lui ?

– Oui. Mais pas seulement. Tout le monde était tendu. Cela se passait surtout entre Joe et Daniel. Je me demande toujours si on ne se retrouvait pas dans une sorte de lutte entre un Français et deux Anglo-Saxons. Daniel, qui voulait vraiment que l'on appréhende son travail à l'anglo-saxonne, était peut-être gêné de passer pour le Français de la bande. Et puis Joe était un peu nerveux pendant cet album, parce que c'était un gros consommateur d'herbe et qu'il n'avait pas trouvé ce qu'il lui fallait pour travailler… Joe fumait autant de joints que d'autres consomment des cigarettes, mais il jouait parfaitement bien et restait tout à fait lucide. C'était sa façon d'être.

Et puis il y a eu de magnifiques moments, comme la prise du chorus de guitare sur le titre *Sauver l'amour* ; John l'a exécuté en une seule prise comme s'il était sur scène. C'est aussi ce qui fait la magie et l'énergie de cette chanson. Je pense d'ailleurs que l'intérêt de cet album vient de là. Parce qu'il y a la rigueur des séquences programmées d'un côté, et la liberté de jeu des musiciens de l'autre.

– Une autre particularité de cet album, c'est qu'il a été mixé à Paris…

– Oui. D'ailleurs, le studio s'appelle aujourd'hui « studio Daniel-Balavoine ». On a fait le mixage au Palais des Congrès dans une sorte de magie de l'évidence. Nous savions que le disque était fort.

– *Qu'aurait-il fait, à votre avis, s'il était encore là aujourd'hui ? Pensez-vous qu'il aurait été plutôt vers la musique électronique ?*

– Non.

– *Le rock'n'roll ?*

– Non... Je pense qu'il aurait continué dans son droit chemin, mais en appuyant de plus en plus sur les partis pris qui étaient les siens. Il aurait fait de la pop au sens noble du terme, comme il le faisait déjà. Mais il ne serait jamais allé jusqu'à la musique dite électronique.

– *Il n'aurait pas pu être une sorte de Moby à la française ?*

– Je ne pense pas, non... Encore que... Ce n'est pas si impossible que ça, finalement ! Même s'il était fasciné par la technologie numérique, je ne suis pas sûr qu'il aurait été sensible à la musique électronique au point de ne plus faire que ça. À la base, il ne faut jamais perdre de vue l'essentiel : Daniel a été extrêmement marqué par les groupes pop-rock des années 60. Ses grandes idoles, avant Peter Gabriel et autres Talking Heads, étaient les groupes de « free rock » ou « rock progressif »...

– *Genre Led Zeppelin...*

– Parfaitement ; mais aussi des groupes plus basiques comme Deep Purple, Queen, Yes, Supertramp, Genesis... Ça pouvait aller jusqu'au hard-rock. C'était un garçon extrêmement fidèle à ses racines. Il n'aurait jamais fait de concessions.

– *Daniel me disait qu'il était intrigué par la manière de Jean-Jacques Goldman de « faire des tubes », ce concept de musique utilitaire que Goldman avait développé à l'époque en interview. En même temps, ils avaient cette culture rock, cette même culture de groupe de rock progressif…*

– Jean-Jacques était tout de même plus branché et sensible à la soul que Daniel, mais ils se seraient forcément rapprochés. De par leurs personnalités, l'efficacité de leur travail…

– Qu'est-ce Daniel vous aura laissé comme plus belle trace ?

– Une incroyable satisfaction d'avoir vécu tout cela ! J'ai été extrêmement triste à sa disparition, mais, maintenant, je peux me remplir et m'émerveiller de tous ces souvenirs. C'était un grand monsieur ! Et un grand ami ! Si j'ai pu mener la carrière que je mène depuis sa disparition, c'est en grande partie parce que j'ai fait toutes ces choses avec lui. Mais, au-delà de cette dimension professionnelle et de notre complicité artistique, je garde surtout cette très solide amitié. Elle durait depuis le premier jour où nous nous sommes vus. On s'est pris l'un pour l'autre d'une amitié presque unique dans une vie… Daniel, je l'ai vu en larmes, à trois heures du matin, frappant à ma porte parce qu'il avait une peine de cœur… Je l'hébergeais pendant une semaine, nous parlions de tout et de rien. Nous rigolions énormément, parce que Daniel était aussi l'homme qui aimait les femmes, la bonne bouffe, et se marrer. Un véritable épicurien !

– N'avez-vous pas eu envie, après sa disparition, de le faire découvrir aux artistes anglo-saxons ?

– Non, mais pour la raison toute bête que je n'en fréquente plus. Et je n'aurais pas eu le courage ni l'énergie de démarcher pour cela.

– Il n'y a pas eu de maquette de ce fameux groupe ?

– Non, il n'y a jamais rien eu… J'ai longtemps gardé des affaires de Daniel, surtout des cassettes, des cahiers de textes manuscrits… J'ai pensé que tout cela devait revenir à ses enfants, à Jérémie dont j'ai fait la connaissance il n'y a pas si longtemps, qui est majeur maintenant, et à sa sœur… Dans les cassettes, il n'y avait rien que je ne connaisse déjà ou qui n'ait déjà été édité. Daniel ne travaillait pas beaucoup à l'avance, ce n'était pas le genre à avoir un tiroir plein de chansons inédites. Avec l'album qui venait de sortir, il avait épuisé son stock d'inédits et il n'avait pas encore eu le temps de commencer à imaginer la suite.

– Dernière question : quelle est votre chanson préférée ? S'il fallait n'en retenir qu'une…

De toutes, s'il fallait n'en retenir qu'une, ce serait *Lipstick polychrome*. Je le pense vraiment. Je me rappelle très bien l'enregistrement de cette chanson. On avait tous la banane !… C'est une belle chanson ! Très relax. Et qui, en plus, est un joli message, avec l'idée d'avoir placé toutes ces langues étrangères… Lorsque je l'entends à la radio, j'ai ce souvenir-là de Daniel. Le souvenir d'un instant précis. L'image d'un homme heureux.

Chapitre 6

Mitterrand, l'Afrique et les anciens combattants, un déjeuner de mai 1985

Je me souviens de lui. Il est toujours là, ou jamais bien loin.

Nous sommes en ce début d'année 1985, au mois de mai exactement. Geneviève Salama, l'attachée de presse de Daniel, cherche à me joindre. Je sais qu'elle sait. Nous sommes quelques-uns à nous étonner de l'absence de Daniel Balavoine pour le 45 tours *Chanteurs sans frontières* qui réunit tout de même tous les artistes concernés par le destin tragique de l'Afrique, et plus précisément par la famine qui sévit en Éthiopie. Daniel ne pouvait être au rendez-vous de la séance d'enregistrement. La date fixée qui permettait de réunir le plus grand nombre d'artistes tombait au beau milieu des vacances de Balavoine à l'île de la Réunion. Il aurait bien évidemment été associé à cette entreprise encore nouvelle pour l'industrie musicale française : parvenir à réunir trente-six artistes sur une même cause en oubliant pour une fois les ego et la place de chacun sur l'échiquier économique de la chanson hexagonale. Un disque réalisé à l'initiative de Renaud et Valérie Lagrange, qui se retrouve dès le 19 avril 1985 dans les bacs des disquaires sous label Pathé-Marconi. À peine deux mois plus tard, le disque est numéro un du Top 50 avec, à la clé, un score tout à fait historique : plus d'un million cinq cent mille exemplaires vendus ! À la fin de l'été, la barre symbolique des deux millions est dépassée. Daniel Balavoine se réjouit de cette action et surtout de son résultat.

En effet, depuis la déconvenue de Mai 1968, le chanteur a vite compris que c'est la chanson qui va lui permettre d'aller à l'essentiel : une trajectoire rapide, sentimentale et efficace. Il le dira plus tard : « La chanson est le vecteur qui est le plus apte à traduire ses états d'âme, puisqu'elle allie dans la même énergie émotionnelle le fond et la forme... » Dans ce paradoxe qu'il estime pour lui-même violent, Daniel Balavoine va trouver l'énergie de créer. Car, pour lui, créer c'est résister. C'est aussi et surtout convaincre. Le charme essentiel de Balavoine fut de s'affirmer comme un être concerné, persuasif, bousculant les convenances pour vivre, comme l'écrivait le poète portugais Fernando Pessoa, son « intranquillité » naturelle. *Le Chanteur* est, à ce titre, une chanson exemplaire. Une sorte de caricature émouvante, écrasante de vérité, du boulot de chanteur. Artiste, c'est autre chose. Chanteur, c'est un état. Un truc de dingue où il faudrait avoir la tête et les jambes pour entrer dans l'histoire de la chanson.

Daniel Balavoine a eu cette chance de connaître des fortunes diverses avec ses albums suivant la sortie de son deuxième opus, *Le Chanteur*. De vrais disques à chaque fois, avec une idée nouvelle par album, des recherches perpétuelles sur le son, la production... Et des chansons qui, globalement, passent beaucoup à la radio. Parfois, le public semble le vouloir pour incarner une sorte de porte-parole d'un rêve de gauche dans une variété de droite incarnée par Michel Sardou. Mais, chez Daniel Balavoine, on va très vite le comprendre, la chanson n'est pas un coup... pour que tout le monde en parle. La chanson est un cri. Lavilliers ajoutera quelques années plus tard : « Un cri qui vient de l'intérieur. » Bien vu ! Ces deux-là auraient eu des choses à se dire. Dès lors, Daniel Balavoine est l'artiste qui veut mettre sa réussite artistique au service de l'humain.

Alter-mondialiste avant l'heure, ses chansons portent le vœu pieu d'un Occident qui paierait sa dette aux pays les plus pauvres. Chanter pour résister et surtout penser autrement. Daniel Balavoine veut vivre vite. Intensément. Avec la rage de l'espoir. Avec, aussi, un constant souci d'être au plus près de la vérité. Sa lucidité me fascinait. Elle confinait à une sorte de vision de l'avenir. Il n'avait pas eu peur d'écrire, en plein succès, *Partir avant les miens*. Intuition intime devenue universelle.

En 1985, nous nous sommes donc retrouvés, rue Marbeuf, dans un restaurant où l'on mangeait bien. Daniel aimait bien manger. Il parlait souvent de ses problèmes de poids. Il avait fait rire beaucoup de gens en soulignant : « Comme je le dis toujours, c'est pendant la carrière de mes deux derniers albums que je faisais le plus de poids, et, paradoxalement, ce sont ceux-là que j'ai le plus vendus. Donc, ça veut dire que mon talent est plus lourd que mon poids et pèse plus lourd dans la balance, ce qui me rassure d'ailleurs… » Bon vivant, franchement gourmand, il trouvait qu'une bonne bouffe était un bon moyen de partager des idées et surtout un beau prétexte à parler politique. C'était donc un déjeuner citoyen ou presque…

Je me souviens qu'il m'avait signalé avec une conviction enflammée un documentaire de la BBC réalisé par Mike Burke, *Famine in Ethiopia*, où il est précisément question de culpabiliser les Occidentaux qui restent passifs devant ce génocide dit naturel… et inéluctable. Daniel m'explique alors sa vision de l'Afrique, qu'il a déjà traversée par deux fois. Il parlait vite, très vite. Il savait déjà ce qu'on pouvait lui reprocher, lui qui avait si bien parlé de notre indifférence dans son dernier album, *Loin des yeux de l'Occident*. Il savait que le Paris-Dakar n'était pas considéré comme le meilleur moyen, pour certains bien-pensants, de délivrer un message de compassion et d'alerte sur le devenir de ce continent. Mais lui, dès sa première participation à la course, il avait vu des enfants mourir de faim. Il avait pris comme une claque personnelle cette misère endémique qu'il avait traversée avec nos objectifs d'Européens cyniques. Il avait enchaîné sans hésiter, au point que je pris des notes, lors de ce déjeuner qui n'avait pas pour objet d'être un entretien : « Eh bien moi, je dis que si je retourne en Afrique, je veux me sentir utile et profiter de l'ultra-médiatisation de ce Paris-Dakar pour offrir aux peuples harassés par le soleil et la faim une lueur d'espoir… » Pour lui, c'était comme pour sa musique : il fallait clairement afficher ses prétentions au risque de passer pour un mec prétentieux. Juste et justement.

Ensuite, il m'a parlé de son nouveau disque. Un album qu'il voulait concis, et peut-être encore plus proche de son idée de fédérer. Il pensait que diviser ou provoquer par des idées jamais formulées ou des attitudes par trop frontales, brouillait son discours. Il n'en savait pas plus pour le moment. Les textes de son disque, il n'y pensait pas encore. Comme toujours. De toutes façons, c'était la musique qui occupait son attention. Et plus encore l'achat récent de son Fairlight, la « Rolls des ordinateurs », comme il me dira plus tard, dont il essayait de comprendre toutes les subtilités, les gammes infinies de possibilités créatives, aidé en cela par ses deux complices Andy Scott et Joe Hammer. Ce synthétiseur numérique était chez lui, dans sa maison de Colombes. Il me convia à venir le voir travailler pour mieux comprendre sa démarche nouvelle de compositeur.

Et puis nous avons parlé de la situation politique en France. Il notait tout ce qui le passionnait. Le lancement, le 25 janvier, du Plan informatique pour tous. Cela tombe bien, lui qui est un pur autodidacte, mais pressent dans l'avenir informatique une nouvelle révolution aussi importante que celle apportée par la découverte de l'imprimerie. Nous parlons aussi un peu de l'affaire Grégory. Le 29 mars, Bernard Laroche est abattu d'un coup de fusil par Jean-Marie Villemin qui lui impute l'assassinat de son fils

Grégory. Pas de quoi faire une chanson, me dit-il en substance. Lui, ce qui le passionne, c'est l'avenir de la gauche : les relations houleuses entre Michel Rocard et François Mitterrand qui pousse son challenger à la démission sur la question du mode de scrutin proportionnel.

Daniel Balavoine aimait vraiment François Mitterrand et ce sentiment personnel l'agaçait parfois profondément. Ces deux-là entretenaient des rapports pas simples. Passionnés mais parfois antagoniques. Il n'aimait pas lorsque Mitterrand ne semblait être préoccupé que par la trace qu'il laisserait dans l'histoire de France. Mais, dans le même temps, il était fasciné par les manœuvres florentines du président. Une amitié et un respect paradoxaux. Déçu par le socialisme réaliste de Mitterrand, la vision d'une gauche moderne sociale et rocardienne était pour lui logique, mais il aimait aussi voir dans le président Mitterrand cette capacité à anticiper les événements ou même à les provoquer. À un an des élections législatives, il était sûr que la gauche parlementaire perdrait la majorité. Il ne pensait pas que le président avait favorisé la montée de l'extrême droite aux dépens de son allié historique, le parti communiste français. L'adoption du scrutin proportionnel pour les élections législatives prévues en juin était une réforme juste, même si elle était jugée dangereuse et, au bout du compte, profitable au parti socialiste pour limiter sa déroute.

Daniel Balavoine voyait déjà que la cohabitation Mitterrand/Chirac aboutirait logiquement à la réélection du « Tonton flingueur » en 1988. Car oui, il pensait que la cohabitation aurait bien lieu : « Parce que, cette fois, il s'agirait du retour de la droite que les Français connaissent bien ; contrairement à ce qui s'était passé en 1978, avec le spectre d'un gouvernement de gauche pour la première fois au pouvoir et cohabitant avec Giscard d'Estaing... » C'était juste et bien pensé. Il était aussi convaincu que Mitterrand se représenterait à la présidentielle de 1988. Et si l'on se replace dans le contexte politique et social de l'année 1985, nul ne pouvait alors parier sur une telle éventualité. Pas plus les analystes politiques que le commun des mortels. On parle alors de la fin de la parenthèse socialiste et d'un président au tapis. Tout cela marque évidemment la culture politique et citoyenne de Daniel Balavoine. Mais surtout sa juste capacité d'analyse et son talent pour le petit jeu de la prévision politique…

Nous avons aussi parlé beaucoup de sa conviction qu'il faudrait passer à l'action concrète en éduquant les enfants. Il expliquait précisément de ce que deviendrait « Action École », avant même d'en être investi. Il parlait encore de l'Afrique, de son envie de rappeler au monde que le continent premier l'était aussi dans la musique et surtout dans la musique pop de demain. L'arrivée de Philippe Constantin, passionné de toutes les musiques africaines, comme directeur général de Barclay, le consolidait un peu plus dans son envie d'opérer des métissages dans sa propre création. Il fallait encore et toujours que la musique française soit forte, portée par des personnalités ambitieuses. Il était enfin nécessaire de créer une sorte de lobby artistique afin que la France puisse être à l'heure de la concurrence internationale en créant ses propres réseaux de télévisions privées. « S'il faut remettre la pression sur Tonton, je le ferai… Il me connaît bien, maintenant ! » Et, le 31 juillet de cette année-là, le gouvernement français autorisa effectivement la création de chaînes privées de télévision.

Daniel Balavoine connaissait donc bien François Mitterrand. Oui, c'est un fait, depuis ce 19 mars 1980 où, excédé de ne pas pouvoir placer une idée, une question, alors qu'il était l'invité du premier secrétaire du parti socialiste, il avait dû quitter le plateau pour être enfin rappelé par le futur candidat à l'élection présidentielle. Ce fut son coup d'éclat non prémédité et qui, bizarrement, allait dans le sens (au moins dans le discours) de ce que serait la campagne du candidat socialiste : plus de transparence du pouvoir, le plein emploi, une politique pour la jeunesse incarnée par des ministres en phase avec cette même jeunesse. On ne retiendra alors que l'insolence de la manière et la vérité brute du propos, sans réaliser que cet affront aux règles de l'establishment servit singulièrement le futur président. Daniel Balavoine le dira avec tout l'humour qui le caractérisait quelques années plus tard : « Avant cette histoire-là, j'avais déjà vendu pratiquement cinq cent mille albums, et en tout cas, dans l'année qui avait précédé, facilement plus d'un million de 45 tours. Moi, je crois que c'est plutôt à lui que ça a rendu service… »

C'est aussi pour cela qu'il faut relire l'intégralité du propos de Daniel Balavoine : afin de mieux saisir l'« épidermique » qu'il fut. Ce jour-là, dans le journal de la mi-journée d'Antenne 2, présenté par Patrick Lecocq, on ne parle que du passé de Georges Marchais pendant la Seconde Guerre mondiale, visiblement enrôlé au STO alors qu'il est le secrétaire général charismatique du parti communiste français, prêt à solliciter les suffrages pour participer à un gouvernement de gauche. En quelques secondes, Daniel Balavoine va, selon ses propres termes, « réagir d'abord, puis réfléchir ensuite ». Sa façon donc de réagir l'aspirait dans le sens de la hauteur, et son argumentation était le minimum syndical qu'il pouvait offrir au futur président pour lui faire réaliser le poids des désillusions futures…

François Mitterrand : Permettez. Je voudrais dire que limiter…

Daniel Balavoine : Non, je n'aurai pas le temps. Je le sais déjà, que je n'ai pas le temps. J'ai juste le temps de me mettre en colère…

François Mitterrand : Vous voulez commencer maintenant ?

Daniel Balavoine : Non, c'est le système de l'information française qui est fait comme ça. J'aurai le temps, une minute, de m'énerver, juste de m'énerver et de paraître un petit merdeux, un petit jeune de banlieue qui fout la pagaille partout…

François Mitterrand : Non, non, non…

Daniel Balavoine : … je préfère m'en aller tout de suite. Si j'avais su que je n'aurais rien à dire, j'aurais dormi beaucoup plus tard.

[*Daniel se lève et s'en va. François Mitterrand lui demande de revenir…*]

Daniel Balavoine : Je voudrais dire une chose importante…

François Mitterrand : Mais je vous en prie…

Daniel Balavoine : … c'est que vous avez parlé pendant dix minutes au moins de l'affaire Georges Marchais, dont tout le monde se fout strictement. Je vous signale que la jeunesse française se fout strictement de ce que M. Marchais faisait pendant la guerre, ça lui est complètement égal. Ça intéresserait plus la jeunesse de savoir ce qui se passe et comment le parti communiste encaisse de l'argent pour le dépenser après, notamment à la mairie de Bagnolet. Ça intéresserait mieux de savoir comment Gaston Defferre dirige sa mairie socialiste, qui n'est pas un modèle de société, à Marseille. Ça intéresserait plus les jeunes Français de savoir comment M. Raymond Barre, qui est arrivé il y a cinq ans, ou quatre ans, ou je ne sais plus combien de temps, a dit que les salaires ne seraient pas diminués, mais qui a augmenté les cotisations de sécurité sociale. C'est beaucoup plus intéressant que tout ce que vous racontez ! Georges Marchais, on s'en fout de Georges Marchais ! Il faut le savoir, ça !

Le problème de la drogue, la façon dont le traitent les ministres français, on s'en fout ! Il n'y a jamais eu un « jeune » ministre de la Jeunesse, en France, il n'y en a jamais eu, c'est tous des vieux ! Regardez M. Soisson ! Enfin, vous n'allez pas me dire que c'est un homme représentatif de la jeunesse ! Regardez comment je suis habillé, ils sont plus souvent habillés comme moi, les jeunes, que comme M. Soisson ! Il faut quand même pas rêver ! Tout ça, ce sont des bêtises. J'ai encore pris plein de notes au fur et à mesure que vous parliez. On a vu tout à l'heure des gens qui disaient : on paie 700 francs par mois pour se loger. Moi, je voudrais savoir qui encaisse de l'argent pour louer des poubelles pareilles. C'est ça que je voudrais qu'on me dise ! C'est pas de savoir comment on peut faire pour le changer, je voudrais savoir qui ose, tous les mois, demander 700 francs à des travailleurs immigrés pour vivre dans des poubelles et dans des taudis. C'est ça que je voudrais qu'on m'explique, parce que moi, je ne le sais pas.

La seule chose que je peux vous dire, monsieur Mitterrand... je profite de vous avoir en face de moi parce que je suis fier d'être là, je peux vous le dire. On ne s'en aperçoit peut-être pas, mais vous ne pouvez pas imaginer ce que c'est, pour un jeune, d'avoir la possibilité de parler une minute ! C'est pour ça que j'avais peur de ne pas pouvoir parler. J'ai peut-être du culot de faire ça, je suis obligé de le faire comme ça parce que je dois faire vite. Ce que je peux vous dire, c'est que la jeunesse se désespère, elle est profondément désespérée parce qu'elle n'a plus d'appuis, elle ne croit plus en la politique française, et moi je pense qu'elle a, en règle générale, en résumant un peu, bien raison. Ce que je peux vous dire, c'est que le désespoir est mobilisateur, et que lorsqu'il devient mobilisateur, il est dangereux, et que ça entraîne le terrorisme, la bande à Baader et des choses comme ça. Et ça, il faut que les grandes personnes qui dirigent le monde soient prévenues que les jeunes vont finir par virer du mauvais côté, parce qu'ils n'auront plus d'autres solutions. Voilà ! et je vous remercie de m'avoir laissé parler !

Derrière cette belle colère ouverte sur le monde, Patrick Lecocq se justifiera devant Daniel Balavoine en essayant de le convaincre que le journal d'Antenne 2 donne régulièrement la parole aux jeunes. Face à cette lance à incendie d'accusations bouleversées, François Mitterrand réagira avec une certaine placidité :

François Mitterrand : Ce qui m'intéresse beaucoup, c'est cette façon de réagir et de s'exprimer… Il est responsable de ses paroles. C'est un citoyen comme un autre. Mais typique, et quand je dis typique, c'est qu'à mon sens il représente des centaines de milliers de jeunes…

Patrick Lecocq renchérit : Mais il semble que Daniel Balavoine rejette tous les hommes politiques, qu'ils soient de droite ou de gauche…

François Mitterrand conclura par un : Pourquoi pas, puisqu'il est dit que tout homme politique puisse être mis en question !

Daniel Balavoine était en colère lorsqu'on lui reprochait d'être le porte-parole d'une certaine démobilisation de la jeunesse. C'était l'un des griefs développés à son encontre par le parti communiste français. Surtout lorsque le chanteur mettait en cause le manque de transparence sur les moyens que le Parti utilisait pour renflouer ses caisses. Alors que, sentimentalement, Balavoine se sentait solidaire des électeurs du parti de la classe ouvrière. Il n'aimait pas que l'on ait pu confondre ses emportements avec un discours poujadiste. Avec le fameux « Tous pourris ! » qui ne cessera de faire le lit du Front national…

Lors de ce même déjeuner, il me racontera que même le conseiller du président Mitterrand, Jacques Attali, l'avait jugé incorrect et l'accusait, en s'étant opposé si violemment au futur candidat du parti socialiste, de faire le jeu de la droite au pouvoir. Pourtant, Daniel fera la campagne de François Mitterrand. À sa place, comme le chanteur qui vient chauffer les meetings du candidat. Daniel m'avait dit en souriant, au moment du dessert : « C'est même pire qu'une première partie. Alibi dont tout le monde se fiche éperdument, voilà comment je m'appelais, pendant la campagne… » Mais il avait aussi sincèrement prévenu : « Si Giscard est réélu, je déménage ! »

Le 10 mai 1981, la réponse des électeurs fut sans équivoque. Ils voulaient changer la vie en changeant de politique. Tout du moins, ils y croyaient. Balavoine restera un allié objectif de la nouvelle majorité au pouvoir. Même s'il ne lui facilite pas la tâche, le 24 octobre 1983, où, invité de l'émission *Sept sur sept*, il fait à nouveau exploser sa rage en répondant aux questions d'actualité de Jean-Louis Burgat. Depuis le 20 janvier, le monde de la diplomatie internationale a en mémoire le discours de François Mitterrand à Bonn : « Les missiles sont à l'Est et les pacifistes à l'Ouest. » Le président français approuve le déploiement à l'Ouest des missiles Pershing américains. Devant les manifestations pacifistes et les tout derniers événements dramatiques du Liban où, le matin même de l'émission, deux camions-suicides ont tué cinquante-huit soldats des troupes françaises, Daniel Balavoine laisse à nouveau déborder une rage cinglante et intime à la fois puisque son frère, engagé au Liban, n'a pu donner signe de vie depuis l'attentat meurtrier du matin.

Daniel Balavoine : J'en vois beaucoup qui prétendent vouloir dire des choses, et puis qui ne les disent jamais. Mais peu importe. Ce que je sais, c'est qu'effectivement, ça leur facilite la tâche, lorsqu'ils ont envie d'avoir des scoops ou des moments percutants, d'avoir des gens comme moi qui sont des gens… moi, je définis ça… je ne dirai pas francs et honnêtes… mais qui n'ont rien à cacher, et conscients des privilèges qu'ils ont. Le privilège en question étant, à trente ans, d'avoir droit à la parole, d'avoir la possibilité de s'exprimer où on veut, quand on veut… sur le Liban et sur…

Jean-Louis Burgat : D'abord, il faut tout de suite nous préciser que vous êtes concerné directement par ce qui vient de se passer…

Daniel Balavoine : Oui, oui, enfin je ne veux pas faire pleurer dans les chaumières, mais je veux dire : on parlait tout à l'heure des adultes qui ne vont pas aux manifestations pacifistes, et je crois qu'il y a une juste raison à ça, c'est qu'ils ont eu leur guerre, et qu'ils croient que nous n'en avons pas. On entend souvent les adultes dire : Oui, ça se voit que vous n'avez pas connu la guerre, il vous faudrait une bonne guerre. Moi, je leur dis maintenant bien en face : on l'a, la guerre ! Ma mère a connu trois guerres, finalement, puisqu'elle est née pendant la première ; elle a eu la Deuxième Guerre mondiale et ce matin elle a eu la guerre, la vraie, parce que mon frère est au Liban, et ma mère, à 7 heures du matin, a su qu'il y avait des soldats là-bas qui étaient morts… Bon, elle ne savait pas sur qui c'était tombé, et jusqu'à midi elle s'est rongé les sangs pour savoir si mon frère était dans le tas, ou pas. Alors je voudrais dire devant tout le monde que j'emmerde les anciens combattants, que je n'en ai rien à foutre de tout ça, qu'on a autre chose à foutre que de s'occuper des anciennes guerres, qu'on n'a plus le temps de manifester pour ça, et que les jours de commémoration qu'il y a pour les anciennes guerres, on ferait mieux, ces jours-là, de manifester pour les guerres qu'il y a actuellement. Et que, si mon frère pouvait m'entendre, je lui dirais de revenir, parce qu'on lui dit qu'il va là-bas pour la paix, et ça, ce sont des mensonges ! Il va là-bas pour les enfoirés des pouvoirs qui ont créé les guerres, où qu'elles soient, pour des idéologies et des religions, et que tout ça, c'est de la saloperie ! Tout ça, c'est de la merde ! Il faut le dire maintenant aux gens, il faut qu'on nous change la vie, on voudrait apprendre à nos enfants autre chose que ce qu'on nous a appris, et maintenant je le dis tout haut et fort, et tout en emmerdant ceux qui croient que j'ai les idées courtes. Parce qu'on peut me donner des heures d'émission et, si on veut des idées, j'en donnerai, et sur un peu tout ! Et je suis prêt à recevoir surtout celles des autres pour montrer s'ils en ont autant que moi...

Une fois de plus, on n'entendra que la sentence lapidaire : « J'emmerde les anciens combattants », lesquels ne tarderont pas à réagir en appelant au boycott de ses concerts ou en essayant de faire pression sur Michel Drucker pour qu'il tente d'obtenir des excuses publiques du chanteur dans son émission du samedi soir suivant : *Champs-Élysées*, où il est l'invité principal. Balavoine, après avoir chanté avec une conviction presque démesurée *Frappe avec ta tête*, est emmené doucement par l'interview de Michel Drucker sur le terrain de l'engagement des chanteurs et de la liberté d'expression :

Daniel Balavoine : Ce que je fais, c'est que je parle, je réponds aux questions qu'on me pose. C'est tout. C'est ce que je dis toujours : si on ne veut pas mon avis sur la guerre ou sur quoi que ce soit, il suffit de ne pas me le demander. C'est très, très simple !

Michel Drucker : Je crois que vous êtes toujours concerné. Vous vous sentez davantage concerné par ce qui se passe dans le monde, et toute l'actualité – qui n'est pas toujours gaie, loin de là, surtout l'actualité récente – non seulement vous touche, mais semble vous bouleverser.

Daniel Balavoine : Alors je voudrais dire ceci : j'ai bien regardé, vraiment, très sincèrement, et ce que j'ai dit ce jour-là était exclusivement et très clairement adressé à ceux qui souhaitent à la jeunesse actuelle, comme ils disent, une « bonne guerre », pour qu'elle leur apprenne à vivre. Alors, si ceux-là ont pris ces propos pour eux, je leur dis encore ce soir : ils ont eu bien raison, je ne changerai rien à ces propos…

Michel Drucker : Peut-être la forme, quand même…

Daniel Balavoine : Peut-être que je les changerais dans la manière, d'abord ne serait-ce que pour faire plaisir à ma mère qui trouve que je dis beaucoup trop de gros mots…

Michel Drucker : Elle n'a pas tort, d'ailleurs…

Daniel Balavoine : Cela dit, pour les autres – quand je dis « les autres », je parle des déportés, ou des gens qui se sont battus, qui ont résisté pour leur liberté, voire pour la nôtre –, je suis sûr que ces gens-là ne peuvent pas souhaiter à leurs enfants d'endurer ce qu'ils ont enduré eux-mêmes. Alors si, ce jour-là, ma manière de m'exprimer a fait qu'ils se sont sentis visés par mes propos, ça, je le regrette. Je ne dis pas que je m'excuse, je dis mieux : je suis navré, parce que ce n'était pas le but.

[…] Je maintiens qu'il faut mépriser, vraiment mépriser fortement les gens qui nous souhaitent la souffrance et la guerre, et qu'il faut continuer à se battre pour la paix ; c'est ce que je ferai, d'ailleurs… Se battre pour la paix, c'est se battre pour la vie, et la nature fera le reste ! Et je vous remercie, et je ne recommencerai plus ! Ou alors plus poliment. Voilà !

Michel Drucker : Très bien ! [*Applaudissements du public.*]

On ne pouvait être plus clair, et, cette fois, Daniel Balavoine avait longuement mûri l'intervention qu'il devait développer en direct. J'étais devant mon téléviseur, peut-être un peu plus concerné que d'autres. Car c'est à l'occasion de cette émission que je devais pour la première fois rencontrer Daniel Balavoine. Non pas pour parler de ses emportements récents lors de l'émission *Sept sur sept*, ou dans ses chroniques quotidiennes à la radio 95.2, qu'il venait de tenir pendant tout le mois d'octobre. Non, simplement pour parler de son nouveau disque, *Loin des yeux de l'Occident*. C'était pendant les répétitions de *Champs-Élysées* et j'avais compris que le lendemain, en direct, Daniel Balavoine serait amené à s'expliquer sur sa sortie lapidaire à propos des anciens combattants, avec pour mission d'apaiser l'histoire et la perception pas toujours aimable des journalistes spécialisés auprès desquels il passe alors pour le « Montand du pauvre de la nouvelle génération » ! Lui, si orgueilleux, ne voulait en aucun cas, ne pouvait surtout pas faire machine arrière et prodiguer un quelconque chapelet d'excuses. Il devait donc se préparer à ne rien renier sur le fond et à demander pardon pour la forme employée. C'est ce qu'il fera, et avec une certaine maestria. La veille, pour les répétitions de l'émission, lors de notre première rencontre, Daniel Balavoine est encore dans sa réflexion. C'est en tout cas dans des circonstances tendues que je devais enfin faire connaissance avec celui qui nous proposait « d'en chier pour la paix, et non pour la guerre » !

Chapitre 7

À *Champs-Élysées*, notre première rencontre, un soir de novembre 1983

C'est un grand soir. J'ai rendez-vous avec Daniel Balavoine. C'est la première fois. J'attends ce moment depuis si longtemps ! Mon premier article sur lui datait du mois de septembre 1983 pour la revue *Numéros 1*. Il était très naïf dans le ton comme dans le style, mais avait le mérite d'avoir beaucoup insisté sur la parution de son album *Les Aventures de Simon et Gunther...* Balavoine avait lu ce papier et avait eu envie que l'on se rencontre. Là, l'occasion était simple : un entretien pour la promotion de son nouvel album studio, *Loin des yeux de l'Occident*, qui lui vaudrait la une du magazine (en janvier 1984).

Rendez-vous fut pris dans les coulisses de l'émission de Michel Drucker, *Champs-Élysées*, où Balavoine répétait pour le direct du samedi. Le direct et en direct : c'était sa volonté. Imposer le *live* à la télévision après des décennies de play-back dans les émissions les plus populaires. Mais la nouveauté était surtout de parvenir à imposer ses propres musiciens avec sa propre équipe pour le son. Là, tout devenait moins simple. Il fallait aussi faire travailler les musiciens employés par la télévision et ne pas mettre au chômage les techniciens de la SFP. Le combat était de taille pour Balavoine. Au moment où j'entre sur le plateau de l'émission, Daniel et ses musiciens viennent de reprendre le final en percussions de *Pour la femme veuve qui s'éveille*. Le son n'est pas encore à la hauteur des ambitions de Daniel. Michel Drucker s'approche de lui et écoute le chanteur lui expliquer avec bonhomie que son souci est d'offrir aux téléspectateurs le son qu'ils ont eu sur le disque : « Il faut que les techniciens se rendent compte : nous passons maintenant des mois sur l'enregistrement d'un album, et particulièrement pour le son… Alors, on ne peut pas gâcher ce travail en trois télévisions ! »

C'est clair, net et précis, et Michel Drucker lui donne alors raison. Oui à une collaboration entre ses équipes et celle de Daniel. On sent le profond respect qui anime l'animateur-producteur qui fait déjà partie de l'histoire de notre télévision. Il sait aussi que Balavoine, en défendant son travail, défend celui de toute cette nouvelle génération qui arrive avec d'autres aspirations, de nouvelles ambitions et une nouvelle vision de la promotion. Michel Drucker connaît bien l'évolution du métier de la chanson. Jean-Jacques Goldman, Francis Cabrel, Renaud, Téléphone, voilà des artistes qui maintenant décident eux-mêmes et n'ont plus de pygmalions pour vérifier le bon plan de caméra, la bonne lumière ou le nombre de filtres pour lisser le visage, afin que la prestation de son (ou sa) protégé(e) soit conforme à l'idéal que l'on peut se faire d'un artiste de variétés…

Daniel Balavoine vient de me voir arriver. Première poignée de mains. Chaleureuse. Franche. Le regard plisse avec le sourire. Je le suis dans sa loge. Il parle encore du souci qui le perturbe aujourd'hui : le son en télévision… et de l'intervention qu'il veut minutieusement préparer, comme un droit de réponse à *Sept sur sept* : « Cette fois, je vais me la répéter ! » Il en parle avec Jean-Patrick Teyssaire, son attaché de presse pour cet album. Nous nous installons dans sa loge. Avant de brancher mon magnétophone, nous parlons de mon journal. Il me dit que c'est bien que la presse pour jeunes prenne un virage vers davantage de contenu. Il sait que nous lui offrons huit pages pour s'exprimer. Il me dit, presque goguenard : « Son gros avantage est qu'elle est la seule à parler des Rolling Stones en même temps que de Chamfort et de pleins d'autres... »

Daniel aimait beaucoup parler, échanger, débattre. Je lui racontai qu'adolescent, j'avais été bouleversé par son album, *Les Aventures de Simon et Gunther*... Je lui parlai de ce disque comme de son premier. Il m'expliqua qu'il avait déjà enregistré un premier album, *De vous à elle en passant par moi*, qui ne correspondait pas à l'idée qu'il se faisait lui-même de la musique. Mais Balavoine n'occultait rien. Ni sa vie de balloche, ni ses premiers bides. Je le séduisis en lui disant que l'album *Le Chanteur* était un disque riche d'une âme anglo-saxonne avec des textes français et... de gauche. Il sourit. Puis éclata de rire. Il pensait que j'aurais dû écrire cela pour *Rock & Folk*. C'était bien son obsession : il voulait à la fois être reconnu des critiques rock et poursuivre ses visites à Michel Drucker pour la télévision.

Nous parlons plus d'une heure. On se promet, après l'entretien, de se revoir pour le Printemps de Bourges, en avril. Il a d'autres nouveautés à m'annoncer. Elles concernent la scène. Daniel m'explique qu'il va innover et en surprendre plus d'un. Il ne peut pas m'en dire plus. On se dit au revoir. Je quitte le pavillon Gabriel avec les mêmes étoiles qui illuminent les Champs-Élysées pour Noël. J'ai dans ma besace ma première interview de Daniel Balavoine :

– Vendeurs de larmes *fut enregistré à Ibiza... Le tout nouveau* Loin des yeux de l'Occident, *en Écosse. Pourquoi cette apparente volonté d'enregistrer vos chansons hors de France ?*

– C'est en premier lieu l'envie de voyager ! J'ai toujours enregistré à Paris et j'en ai un peu marre ! La vie parisienne, surtout celle des enregistrements parisiens, ne me convient plus… Mine de rien, et les gens doivent le savoir, on travaille dur en studio, et beaucoup l'ignorent. On sort des séances vers 3 ou 4 heures du matin, et là, Paris est triste, remuant, plein de bruits… La nuit, dans ces moments-là, n'est pas passionnante, parce que l'on est trop fatigué. Tandis qu'à Ibiza, par exemple, la nature et le calme t'accueillent et te déstressent. Je ne suis pas un fou furieux de l'écologie, mais la qualité de la vie, dans ces moments-là, est importante. Je trouve aussi que changer de cadre, voyager, c'est bien… C'est même important. La France possède de très bons studios d'enregistrement… bien que l'on ait trouvé aux studios de Strawberry (studios de XTC) une dynamique exceptionnelle et un son très particulier reconnu dans le monde entier. Police, Jerry Rafferty, Phil Collins, Cliff Richard, les Moody Blues y ont travaillé.

En fait, nous n'allions pas enregistrer en Angleterre pour faire genre, mais nous avons choisi ce studio de Strawberry pour sa réputation, son confort de travail et ses capacités techniques. L'idée était aussi de partir avec mes musiciens. C'était même carrément excitant, car nous n'avons pas travaillé avec des musiciens basés là-bas, à part Patrick Moraz qui joue avec Yes et les Moody Blues (venu nous aider pour un titre, *Partir avant les miens*), et un saxophoniste de jazz anglais, Ron Aspery. Je ne voulais pas prendre de sax rock'n'roll, puisque tous les chorus dans tous les disques sont identiques. J'ai voulu m'écarter de cela. Voilà ! Alors, Ibiza ou l'Écosse, c'est uniquement pour le changement de cadre… la tranquillité. Et, élément non négligeable, là-bas je suis inconnu ! Quand j'en ai marre de travailler, je peux aller me promener en ville (Strawberry est à côté de Londres : une petite ville provinciale). Et puis… c'est en Écosse, au bord du Loch Ness, que l'on a écrit les textes. Fantastique et très inspirant !

– *À ce propos, comment écrivez-vous vos textes ?*

– Seulement après avoir écrit toutes les musiques et toutes les rythmiques. Pour écrire, j'ai besoin d'être seul. Cette fois-ci, ce n'était pas tout à fait le cas. Les textes, pour moi, c'est toujours une galère, une tâche qui m'emmerde un peu… Comme à l'école, lorsqu'il fallait rendre les compositions, les rédactions. Alors, et c'est paradoxal, si je préfère être seul pour l'écriture propre, j'aime aussi avoir beaucoup de monde autour de moi pour leur demander leur avis sur… un bout de phrase. Voilà donc comment ça se passe. Je suis en studio avec toutes les musiques déjà enregistrées que j'écoute très fort. C'est très stimulant. Enfin… pour moi ! Je ne me vois pas seul devant mon piano, jouant au poète maudit, au mec qui s'arrache les cheveux pour pondre son texte. Au départ, j'ai toujours des idées de textes pour chaque mélodie, mais ça n'est jamais très évident. Dans ces moments-là, j'ai besoin de curieux autour de moi. Il m'arrive aussi de sortir du studio, de regarder la télé, puis de retourner aux studios pour un moment. J'écris comme cela un texte par après-midi, que j'enregistre le soir. Il faut compter ainsi une dizaine de jours pour « les voix ». Quand je travaille en studio, je me lève vers 10-11 heures. Je vais me balader, puis je déjeune. Vers 14 heures, je vais au studio et, normalement, j'en sors vers 18 ou 20 heures avec un texte achevé. Je le chante un peu avant de dîner, puis je l'enregistre et… c'est terminé.

– *Avec* Loin des yeux de l'Occident, *qui s'inscrit dans la même évolution que l'album précédent, vous publiez un disque cohérent, sans longueurs, presque parfait, si j'ose dire. N'avez-vous pas un peu peur d'être parvenu au sommet de vos possibilités ?*

– Ces deux albums font incontestablement partie d'un nouveau cycle. L'album *Vendeurs de larmes*, en 1982, marquait en même temps la fin du cycle précédent comme l'ouverture vers le nouveau. Avec *Loin des yeux de l'Occident*, je suis déjà effectivement dans le nouveau cycle. C'est un nouveau départ, en somme. La plupart des morceaux de cet album ont été faits avec des computeurs et des programmations. C'est une nouvelle façon de travailler pour moi, qui m'ouvre plein de portes et libère la composition des contraintes traditionnelles. *La Femme veuve qui s'éveille* et *Supporter* sont vraiment, dans leur conception rythmique, la base même de l'album que j'enregistrerai l'année prochaine. Avec beaucoup de percussions africaines (mais construite à la manière européenne). Je citerai comme référence les albums de Peter Gabriel, qui est de loin l'artiste que j'admire le plus au monde.

Partant de là, je ne me fais pas de souci pour la suite. Cela me donne de sacrées ambitions pour être encore meilleur. Et puis, on peut toujours rêver : une fois parvenu à un certain stade dans son pays, il est peut-être possible d'envisager une carrière hors de France, sans orgueil ni prétention ! Voyez-vous, je préférerais recommencer à zéro à l'étranger plutôt que de ramer ici pour rester dans les dix premiers… Cela dit, j'ai aussi une opinion très précise sur ce disque. Je ne pense pas qu'il soit parfait, comme vous me le dites gentiment, mais je lui reconnais des qualités dont je ne suis pas seul responsable, loin de là. Les musiciens ont fantastiquement bien joué. Plein de gens sont venus écouter l'enregistrement en Angleterre et sont restés « sur le cul ». Ils ont trouvé qu'en France, on savait enfin écrire de la musique et la jouer. C'était comme une découverte pour eux ! Une deuxième chose que je tiens à dire c'est que, quoi qu'il arrive dans la perception de mes albums, je suis seul responsable du résultat. Ce que je reproche à l'album de l'an dernier ? Son côté touffu, dispersé, alors qu'il est superbement bien joué.

– *Pourquoi ?*

– Je ne connaissais pas encore bien mes musiciens. Entre-temps, nous avons fait ensemble le Palais des Sports et quatre-vingts dates de tournée. J'ai eu le temps de bien connaître mes musiciens. À présent, ils sont en symbiose avec moi dans un relatif carcan : ma conception des chansons qu'ils ont à jouer. Ce n'est pas pour autant un pensum pour eux, mais, une fois le cadre bien dessiné, j'attends d'eux tout le talent qu'ils ont et qu'ils savent apporter en valeur ajoutée à mes chansons. J'attends qu'ils s'expriment avec leurs personnalités, qui sont très fortes. C'est pour cette raison que ce disque est meilleur que le précédent. Il est plus personnel, parce que moins marqué par des zones d'influences.

Toutes les conventions du disque sont parties de moi. Les musiciens sont venus se greffer là-dessus avec beaucoup moins de frustrations. C'est un peu paradoxal, mais réel ! Ils se sentent plus stimulés. Du coup, ils ont quelque chose à prouver : en premier lieu, qu'ils sont compris et qu'ils sont capables de le faire. Et, dans un deuxième temps, qu'ils peuvent apporter un plus, et Dieu sait s'ils l'ont apporté, ce supplément d'âme !

L'autre qualité de ce nouveau disque ? Je le dis avec orgueil : la qualité technique. Sans parler des mélodies ou des textes, cet album possède une dynamique, une puissance énorme. Un spectre du son très large, des graves jusqu'aux aigus. Au niveau des voix, le travail technique fourni par Andy Scott et Joe Hammer est énorme. C'est un travail de dentelles. J'aime vraiment ce disque, parce qu'il sonne gros. C'est peut-être difficile pour le public, qui a l'oreille profane, de saisir piste par piste tous les éléments qui font l'album. Mais, finalement, ce n'est pas très important, car le climat général, le travail technique individuel de chaque instrument, de chaque élément de ce disque, est perçu automatiquement. Et je le dis fièrement : en France, je ne crois pas qu'il y ait de disque aussi travaillé, aussi soigné techniquement. Dans la variété, c'est sûr. Dans le rock, personne à ma connaissance ne fait encore le poids…

– Andy Scott, j'aimerais que vous le présentiez…

– Andy est avant tout un grand ami. Un mec exceptionnellement disponible. Il est anglais, et ceci explique peut-être cela [*rires*]. Ce n'est pas un fonctionnaire de la musique. Même chose pour Patrick Moraz chez qui j'ai enregistré *Partir avant les miens*, dans son studio artisanal. J'étais là, moi, petit Français inconnu, avec Moraz, l'un des dix plus grands claviers du monde, et j'ai rencontré en lui une disponibilité énorme. On a mis trois jours entiers pour enregistrer ce titre qui est pourtant construit avec des sons simples. Cette disponibilité, l'attention qu'ils m'ont portée, avec Andy, m'ont poussé au-delà de mes propres limites, et leur perfectionnisme tend à me rendre modeste et orgueilleux à la fois. On arrive à se dire : «Je ne fais pas de la musique trop nulle, puisqu'elle branche des gens comme eux!»

Incontestablement, cet album est le premier que je peux faire écouter à des artistes comme Christopher Cross (même si ce n'est pas sa musique que je préfère) que je vais voir en décembre, ou Peter Gabriel avec qui je me suis entretenu. Cela donne peut-être des possibilités de travail, et donc une certaine transposition possible de mes chansons pour le marché anglophone. En tout cas, c'est un disque digne de comparaison et qui peut supporter la confrontation.

– Ne craignez-vous pas une certaine incompréhension en France, voire une certaine méfiance, qui peut sembler naturelle, de la part des rock critics *?*

– Je me suis tellement battu contre leur indifférence qu'aujourd'hui je ne fais plus attention à cela. Souvenez-vous ! À l'époque où je sévissais avec des groupes avant d'entamer mon parcours en solo, les journaux rock spécialisés m'accordaient une demi-page (nous n'étions pas pires que les groupes d'aujourd'hui). Je me suis aussi rendu compte que ce sont toujours les mêmes qui écrivent dans ces journaux-là. Pendant ce temps, moi j'ai évolué et progressé. Eux en sont toujours au même point.

De toute façon, je sais mieux qu'eux ce que je fais comme ce que j'écris. Les *rock critics* ? À d'autres ! Ils ne sont même pas musiciens. Ils ne jouent ni ne vivent avec des musiciens. Ils n'y connaissent rien ! C'est important que le public le sache. Quand j'entends les mecs qui jouent avec moi, je sais que je ne fais pas de la variété. Cela n'a rien à voir avec la musique de Michel Sardou. Lui fait de la variété, point. Si, aujourd'hui, faire de la variété, c'est produire des disques dans le genre de ceux de Police ou Supertramp, alors là je suis d'accord effectivement pour dire que je fais de la variété !

– Cet album est aussi l'occasion pour vous d'évoquer des thèmes très forts : la drogue, la condition féminine dans le monde... l'Argentine, les Folles de Mai... Pourquoi ces thèmes en 1983 ?

– L'âge me tombe sur le dos, sans doute ! [*rires*] Je n'ai pas vraiment changé les thèmes que j'aborde. C'est la façon de les dire, d'exprimer mes opinions, mes sentiments. Je suis plus concis qu'à mes débuts. J'ai créé des situations un peu singulières pour en parler : la liberté à travers la vie de Miguel Angel Estrela[1], même si je ne cite jamais son nom

1. Grand pianiste classique argentin qui fut emprisonné pour ses idées par la dictature militaire, en Uruguay, entre 1977 et 1980, et pour la libération duquel de nombreux artistes et hommes politiques français (dont François Mitterrand) se mobilisèrent.

dans la chanson. Si j'écris plus précisément, c'est que l'inspiration est elle-même plus précise dans ma tête.

– *Croyez-vous qu'un chanteur puisse être un catalyseur d'idées ? Qu'il soit là pour faire prendre conscience de la perte des idées... ?*

– Je n'en sais rien ! Un chanteur peut être conscient des problèmes qui l'environnent, et ce peut être déjà une bonne raison de les dénoncer. Comprenez bien, je ne dis pas au public : « Prenez conscience de » mais simplement : « Je suis conscient de... » Si cela peut aider les gens, tant mieux. Si ça ne leur plaît pas... tant pis !

En 1977, j'ai enregistré un disque français sur l'un des sujets les plus graves qui aient été traités : la séparation des familles par le mur de Berlin. Les textes étaient soutenus par une musique élaborée, diversifiée (valse, tango). Je me suis fait insulter à cause de cela ! Comme Alain Chamfort qui a « osé » évoquer la disparition d'Alain Colas avec son bateau *Manureva* sur un tempo disco. Les gens ont été choqués ! Et ils applaudissent les Anglo-Saxons qui ne se préoccupent justement pas de cela. Seule l'harmonie de la forme et du fond compte pour eux.

– *Ne craignez-vous pas que le public de* Mon fils, ma bataille *soit décontenancé par ce dernier album ?*

– Je ne crois pas ! *Mon fils, ma bataille* est une chanson qui a trois ans ! Entre-temps il y a eu quand même *Vendeurs de larmes*. J'ai vendu moins de 45 tours en 1982, mais davantage d'albums ! Je commence à avoir un public qui achète des albums. *Mon fils, ma bataille* est une chanson comme une autre. Je ne crois pas qu'il faille s'arrêter aux chansons : nous vivons dans un pays où, malheureusement, les sujets sont rock ou pas rock. Cela ne veut pas dire que je renie cette chanson-là, même si ce n'est pas celle que je préfère dans mon répertoire. Je l'aime bien. Je suis content qu'elle ait bien marché. C'est l'essentiel, et puis cela m'a permis d'enregistrer l'album suivant dans les meilleures conditions possibles. C'est une chanson populaire, et ce n'est pas idiot d'être populaire. La force des groupes comme Police ou les Beatles est qu'ils ne vendent pas seulement leurs disques aux rockers. Moi aussi, j'ai envie de voir devant moi des mecs qui vont aux concerts de Peter Gabriel. Bien sûr que j'ai envie de les choper, ces mecs-là, et je les choperai peut-être avec Peter lui-même, d'ailleurs ! J'irai les chercher, et mon dernier album sert à cela aussi, comme la scène saura être là aussi pour leur prouver que je suis au point. Je veux attirer les mecs qui ont toujours dit : « C'est français, donc c'est nul ! »

– *Ne croyez-vous pas que vous vous êtes fait piéger chaque fois que l'on vous a invité à la télé ou à la radio ? Je suppose que ça signifie pour eux que Balavoine a sûrement toujours quelque chose à dire pour faire grimper l'audience...*

– J'ai compris – à retardement. En fait, on me fait venir pour que je dise tout haut ce qu'ils ne peuvent ou n'osent pas dire eux-mêmes. Je le déclare sans honte : j'ai été très naïf ! Je me suis fait piéger une belle fois... et je me suis promis qu'on ne m'y reprendrait plus. Du moins je ne veux plus le faire de la même manière. Je continuerai à l'ouvrir avec les gens qui m'aiment bien, pas avec ceux qui méprisent les artistes et leur veulent du mal. Avant d'être chanteur, je veux être un homme normal.

– *Être chanteur, c'est aussi une sacrée opportunité, non ?*

– C'est bien ce que je pense. Il est aussi probable que tout le monde ne le pense pas, dans ce métier. Je peux vous certifier que ce ne sera plus moi qui irai faire le clown pour dire ce que les autres taisent. J'irai encore parler à la télévision, certes, mais quand c'est moi qui choisirai le moment d'y aller, et non plus quand ces messieurs l'auront décidé. Le problème sera ainsi résolu. Je poserai mes conditions ; ce sera : « Est-ce que vous voulez parler de ceci ou de cela ? Oui ou non ? » Point. Le côté : « Veuillez vous asseoir juste à côté de la "peau de banane" que l'on va glisser sous vos pas dès que vous vous lèverez », c'est fini ! Je préviens : ce sera plus grave encore, car ce que je dirai sera fait plus intelligemment, plus posément et aussi plus sérieusement.

– Est-ce bien d'être un peu craint ?

– Je ne suis pas craint. C'est plutôt moi qui crains les autres. C'est ce qui me rend dangereux, d'ailleurs. Lorsqu'on est sur la défensive, on est plus dangereux ; pas lorsqu'on attaque. Jusqu'à présent, j'attaquais très fort. Dorénavant, je serai davantage replié sur moi-même et mes idées, mais quand je parlerai, ce sera de manière tout à fait claire, ciblée et posée. Je ne veux pas être pris uniquement pour un journaliste. Je veux être un chanteur et un homme à la fois. Un homme avec ses emportements, ses excès, mais, dans tous les cas, un homme épris de liberté et d'espoir. Je veux que l'on puisse me laisser communiquer cet espoir. Je ne veux pas que l'on donne de moi une image négative, celle du mec légèrement destructeur. Si je suis oppressé par les événements du monde, par l'actualité toujours plus sombre, cela ne doit pas être traduit en négatif. Quand je me mets en colère, cela peut paraître négatif, alors que c'est une saine colère positive. C'est cela que je dois apprendre. Voilà ! La boucle est bouclée…

– Croyez-vous qu'il soit possible de réaliser un bon disque sans écouter ce que font les autres, d'où qu'ils viennent ?

– Pour les autres artistes, peut-être ! Mais sûrement pas pour moi ! Je passe mon temps à écouter de la musique. La personnalité d'un artiste, ce n'est pas d'ignorer la musique des autres, mais le contraire. Par contre, quand je dois traduire en musique tous ces sons, je dois le faire seul. C'est une démarche que je considère comme saine d'écouter ce que font tous les gens que j'admire. J'ai besoin d'admirer le travail des autres. Je me dis sciemment : «Je vais composer comme Peter Gabriel», et je m'enferme en studio en pensant à lui. Seul. C'est tellement subjectif qu'il n'y a que moi qui puisse dire : je viens de composer comme lui, sans pour autant le copier. Comment vous expliquer? C'est du pur Balavoine, mais c'est un peu aussi comme si c'était Peter qui m'offrait cette composition. Je ressens quelque part un point qui nous relie : le point de départ de la création, dans la conception du morceau que je ne reconnais qu'à l'arrivée. C'est en fait un stimulant.

– Le Palais des Sports n'a-t-il pas été la «dernière pierre» qui vous a consacré «chanteur pop»?

– Si l'on parle comme les Anglais, on dit «chanteur pop», en effet. Quand Roger Daltrey a quitté les Who, il a dit : «J'arrête parce que j'en ai marre de faire du rock. Je voudrais faire de la pop music!» Pour eux, ça a une consonance très respectable. La pop music est une musique de consommation mélodique qui a la chance d'être basée sur le rock'n'roll. Évidemment, la scène aide en cela, et le choix du Palais des Sports a été déterminant. Il faut dire que c'est mon travail, mon métier de faire les bons choix. À moi de prouver que je suis digne d'être un chanteur pop. À ce propos, je voudrais dire que, contrairement à ce que l'on peut croire, le public français est sûrement le mieux préparé à recevoir des musiques élaborées. Je dis cela très sérieusement. En discutant avec Peter Gabriel, j'ai appris une chose fondamentale : il n'est pas connu aux États-Unis; il y est respecté, mais pas considéré comme une valeur commerciale. Il y a trois pays qui l'accueillent avec délire : l'Italie, l'Espagne et la France. L'Angleterre et l'Allemagne ne viennent qu'après. Malheureusement, nous sommes entourés ici de gens qui ne reconnaissent pas leur chance d'être cernés par les pays latins. Cette facilité que l'on a de pouvoir mélanger la musique anglo-saxonne avec les musiques africaines et latines est un vrai *plus*. Si rien ne change rapidement, à cause justement de ces personnes qui n'ont ni le courage ni la fierté de reconnaître ce que nous sommes, nous verrons les Anglo-Saxons venir faire chez nous notre musique avec des moyens bien plus importants que les nôtres. Ce n'est pas pour rien que les Peter Gabriel tendent l'oreille vers nous. Une partie du public français est extrêmement en avance. Les groupes Genesis et Yes marchaient fort en France alors qu'ils n'étaient connus nulle part ailleurs. La France les a accueillis mieux que tout le monde. Il est donc évident que nous ne sommes pas si nuls, et que si l'on veut bien nous faire confiance, nous avons un potentiel très concurrentiel. On a besoin de fierté, d'orgueil bien placé, de prétention désintéressée, si l'on veut résister. J'ai entendu des interviews de Sting où il dit : « Police, c'est le meilleur groupe de la terre, en ce moment ! » sans que cela gêne qui que se soit ! Eh bien, aujourd'hui, je dis : « Mes copains et moi, nous sommes formidables ! » On n'est peut-être pas des génies, mais on a du talent et on mérite d'être connus et reconnus…

– Quel est votre bilan de cette fin d'année 1983, musicalement parlant ?

– Tout ce que je viens de vous dire, en fait. 1983, c'est l'année où je me suis enfin décomplexé. Je suis mieux qu'un bon à rien : je suis libéré. J'arrive à aborder des sujets sur des musiques et selon des angles différents. La chanson *Poisson dans la cage*, sur la drogue, j'en ai fait volontairement une fable pour enfant. Au lieu de crier comme un donneur de leçons des poncifs du genre : « Cocaïne = HLM. » C'est aux enfants que nous devons dire de ne pas se droguer. C'est à eux qu'il faut s'adresser sur ce sujet. Les autres, j'ai envie de dire qu'ils sont déjà « raides »... Je suis aussi moins naïf; j'ai pris un bon coup derrière la tête avec tous les prolongements politiques de mes interventions, et j'ai pas mal de questionnements sur mon statut d'artiste soi-disant engagé. J'ai eu du baume au cœur avec la musique et tout ce qui relève de l'artistique pur. J'ai vieilli, mais je vieillis bien. Je suis en train de devenir beaucoup plus posé et, sans être un autre mec, je suis en train de faire montre de beaucoup plus de stabilité. Voilà ! C'est tout.

Chapitre 8

Ce fils de la scène et de la sueur

Daniel Balavoine aimait la scène. C'était pour lui le moyen de montrer, que dis-je, de prouver au public et aux journalistes qu'il n'était pas un chanteur de variétés. Son obsession était bien là : payer comptant avec la sueur visible à l'œil nu, la sueur de ceux qui ne s'économisent pas. Ce fut souvent le cas, comme s'il pensait vivre chaque concert comme un dernier match. Il assimilait ses concerts à des combats de boxe. Le final était toujours le dernier round. Comme Johnny Hallyday. Mais, surtout, comme ses idoles de la légende du rock'n'roll des années 70.

Le spectacle au Palais des Congrès de Paris pour présenter la comédie musicale *Starmania*, du 10 avril au 3 mai 1979, fut une étape décisive dans sa carrière scénique. Après des années de bal, Daniel Balavoine allait connaître un autre aspect de la vie en collectivité avec, cette fois, un casting d'artistes inconnus et très connus.

Les liaisons dangereuses et particulièrement électriques entre Diane Dufresne et Daniel ont souvent effrayé Michel Berger qui couvait d'un œil si attentif celui qu'il considérait comme son protégé et aussi peut-être comme le meilleur *performer* de la troupe. Michel Berger avait ses raisons. Daniel chantait parfaitement bien, sans jamais poser de problèmes de justesse avec sa voix. Il avait investi son rôle, y compris physiquement, en donnant à Johnny Rockfort une vraie gueule et une réelle démarche. Physique à contre-emploi devenant le rôle idéal... Et puis il y avait ce morceau de bravoure vocale doublé chaque soir d'une grande émotion.

C'est à Daniel que revenait cette incroyable difficulté de réussir à chaque représentation le défi d'emmener *S.O.S. d'un Terrien en détresse* dans les plus hautes et basses tonalités, en une seule montée harmonique hallucinante. Balavoine a donc son grand air à lui dans un opéra rock au lyrisme contenu. La difficulté de l'exercice, doublée de la puissance émotionnelle du texte, ont fait à cet instant le Daniel Balavoine scénique que l'on a connu et vite reconnu.

Un premier Olympia du 31 janvier au 2 février 1980. La presse n'est pas encore unanime, mais elle souligne le caractère singulier d'un chanteur en devenir. L'année suivante, du 10 au 15 mars 1981, il est à nouveau à l'affiche de l'Olympia. Ambiance chinoise pour le décor et surtout les costumes. Daniel avait intégré un petit bout d'un discours de Mao Tsé-toung dans l'instrumental *Un autre monde* pour souligner que les utopies sont parfois portées par les plus fervents porte-parole, de ceux qui finissent par soumettre l'humanité pour parvenir à leurs fins. Comme si utopies et dictatures étaient deux mots qui vont toujours bien ensemble. C'est dans cette ambiance néo-asiatique que Balavoine fait ses premiers pas sur les planches. En scène et en coulisses comme dans la salle, tout le monde porte des vêtements d'inspiration chinoise confectionnés par Marithé et François Girbaud, qui resteront fidèles jusqu'au bout à Daniel en trouvant toujours des matières souples et amples pour alléger la silhouette d'un chanteur qui changeait sans cesse de corpulence.

Là encore, Balavoine innove en ouvrant son spectacle avec son instrumental d'*Un autre monde*, dévoilant un décor (l'appareil photo de la pochette de son dernier disque) au format géant, censé figer pour l'éternité le public présent soir après soir, des lumières presque techno et une prise de son de très grande qualité, puisque assurée par Andy Scott qui avait pour mission d'amplifier tous les partis pris du son de chacun des disques.

Deux années plus tard, en 1982, Daniel Balavoine affrontera son envie d'être enfin reconnu au temple du rock français, le Palais des Sports de Paris, résidence secondaire du *King* français, Johnny Hallyday. Pour l'occasion, il invite à déjeuner Jean-Michel Boris, le directeur artistique de l'Olympia, pour le prévenir en personne qu'il ne fera pas sa rentrée chez lui. « C'était bien la première fois qu'un artiste avait l'élégance de m'informer par lui-même de cette décision. C'est assez rare pour être souligné... » Cette première édition du Palais des Sports va se faire dans un contexte très concurrentiel, par conséquent loin de toute raison économique. Au mois de juin, à l'époque, la capitale française accueille toujours les grands noms de la pop anglo-saxonne pour investir les hippodromes qui la ceinturent. Bercy n'existe pas encore et le Stade de France n'est même pas dans les cartons de projets des gouvernants. Alors les promoteurs locaux achètent les spectacles aux mois de juin et septembre en croisant les doigts pour qu'il ne pleuve pas. Cette année-là, les Rolling Stones et Simon & Garfunkel sont invités dans la même semaine que Daniel Balavoine qui tente de vaincre son pari au Palais de Sports. C'est ainsi, et c'est aussi tout un symbole pour celui qui parfois voulait rivaliser avec les tenants de la pop et du rock anglo-saxon qu'il voyait toujours en première division. Il gagnera son défi en chantant en rappel, beau joueur et rageur à la fois, un *Honky Tonk Woman* avec l'envie de dire à son public, et surtout aux médias encore sceptiques : « Non mais, il serait temps que vous nous regardiez et écoutiez autrement ! » Le combat de toute une vie se jouait là en ce rappel prémédité...

Cela fait trois ans que Balavoine a rencontré son équipe de producteurs de scène. Robert Bialek et Claude Jarroir ont tout de suite compris et porté les ambitions de l'artiste. Ils seront les deux électrons libres qui vont offrir au chanteur les moyens de ses ambitions. Sans eux, il est certain que le destin scénique de Daniel eût été différent.

Robert Bialek est resté discret après la disparition du chanteur. Le chagrin, bien sûr, et aussi le traumatisme de ne pas avoir été au bout de leurs rêves respectifs ont poussé Bialek à prendre de la distance avec la mémoire souvent écorchée de Daniel. Le producteur de scène orphelin continuera sa route avec le risque de la scène comme credo : Michel Fugain, les Pow Wow y adhéreront un temps. Aujourd'hui, Cali, Tryo, Loïc Lantoine, Les Ogres de Barback ou Les Blaireaux ont croisé sa route, surtout en tant qu'accompagnateur éditorial. Curieusement, nous ne nous sommes pas rencontrés, ni même (je crois) croisés dans les années où Balavoine fut notre relais possible. Mais c'est ainsi, et c'est l'une des certitudes de ce métier dont les héros servent parfois de trait d'union entre des hommes de l'ombre.

Si nos routes se sont enfin rejointes presque dix ans après la disparition de Daniel, celui-ci y était sûrement pour quelque chose. On peut croire à ces choses-là. Le rapport au monde qu'entretenait Balavoine a inspiré bien des acteurs des musiques actuelles. Et en janvier 2001, Robert Bialek a accepté mon invitation à parler, pour Canal Jimmy, de ses années Balavoine à lui. Par amitié, c'est vrai, mais aussi pour être écouté par un disciple de Balavoine, en quelque sorte, qui n'aurait nullement envie ou besoin de trahir ce qui lui reste de vérité. Une vérité, rappelons-le quand même, qui n'appartient qu'à lui et au public qui savait l'écouter et ne pas seulement l'entendre. Les années

Bialek racontent de fait, avec une incroyable précision les envies et défis que la bête de scène Balavoine s'était fixés... Robert Bialek a pour l'occasion accepté de préciser, ou parfois d'approfondir, son témoignage à la lumière de cette fin d'année 2005.

– Bonsoir! Il disait : «Je m'emporte pour ce qui m'importe.» Il est tombé pour l'amour. Ce soir, le héros des Idoles du Samedi, *c'est Daniel Balavoine! Avec un personnage exceptionnel : Robert Bialek. Bonsoir, Robert Bialek!*

– Bonsoir, Didier.

– Je suis ravi de vous recevoir dans le cadre de cette émission. Homme de spectacle, producteur de scène, éditeur, conseil pour des artistes aussi différents que Tryo ou d'autres, aujourd'hui, mais évidemment l'homme de l'ombre incontournable que vous étiez pour Daniel Balavoine. Un des hommes de l'ombre en ce qui concerne le spectacle. Et si je dis que je suis ravi de vous recevoir, c'est que, depuis sa disparition, vous n'avez jamais voulu vous exprimer sur Daniel.

– C'est tout à fait exact. Je voudrais juste rectifier d'emblée une petite chose : nous étions deux à partager l'ombre de Daniel. Il y avait à mes côtés Claude Jarroir qui était un ami, un vrai de vrai; on avait décidé de monter cette structure de production pour soutenir et pour accompagner les spectacles de Daniel; il est absolument partie prenante à toute l'aventure qui nous a occupés.

– Daniel Balavoine : né le 5 février 1952 à Alençon, enfance et adolescence dans le Sud-Ouest; il va grandir entre Pau et Dax où il va être pensionnaire chez les curés, d'ailleurs – ce qui ne manque pas de sel quand on connaît la manière dont, émotionnellement, va se développer le caractère de Daniel. Et

puis, en 1968, il est au lycée à Pau. Il est très investi dans les luttes estudiantines en province, et au début des années 70 il « monte », comme on dit, à la capitale, à Paris, pour faire le chanteur. Parce qu'entre-temps, il a hésité pendant ses années d'adolescence entre une carrière politique et faire le chanteur…

– Mais, quelque part, il l'a aussi faite, la carrière politique. Il l'a faite sans qu'elle ait une étiquette particulière. Mais la manière dont il a conduit tout son voyage – y compris par sa façon de faire ses spectacles et de s'adresser au public – était, je dirais, très politique ; elle lui était propre et elle a fait véritablement sa différence. Donc, dans ses prises de position, dans ses emballements, il était politique. Et, aujourd'hui, avec le recul du temps, je m'aperçois combien, dans le monde de la musique, dans le paysage de la création, manque cet esprit d'engagement politique qui complète indirectement un projet musical.

– Daniel, c'est pour commencer un chanteur de bal…

– Complètement !

– Comme Jean-Jacques Goldman, comme pas mal d'artistes, finalement.

– Absolument ! Ils se font les dents ! Ils font leurs armes dans ce contexte qui est aussi un univers extrêmement dur, qui nécessite une capacité physique très forte, mais ça leur permet aussi de se roder, de se chercher et probablement, au bout du compte, de se trouver. Aujourd'hui, il y a moins cette école-là, mais, à l'époque, elle était un passage indispensable pour avoir la première approche avec le public.

– De ces années de bal il va évidemment retirer l'ambition d'être un artiste de scène, et cela va parcourir toute sa carrière, malheureusement trop courte, son fantasme du groupe – puisque

sa première tentative discographique il l'a faite en compagnie d'un groupe, je ne sais pas si vous vous en souvenez... ?

– Présence, en ce qui concerne les tout débuts, puis le groupe Clin d'Œil, ensuite, pour l'accompagner dans son passage en solo...

– Pour lui, il était très important d'être un chanteur, certes, d'être « devant », et ainsi le porte-parole d'idées et d'une démarche musicale, mais, en même temps, il avait cette volonté de ne pas se présenter tout seul ! À l'anglo-saxonne !

– Absolument ! Et ce sera d'autant plus amplifié après, c'est-à-dire au moment où, à la sortie de *Starmania*, il décide d'organiser sa propre destinée. Il va le faire avec un ensemble de musiciens, mais au lieu de les considérer d'une manière individuelle, il va fixer le cadre, et c'est le groupe Clin d'Œil qui est omniprésent dans toutes ses interviews et dans tous ses passages en médias. Donc, c'est vraiment un bloc. Cela peut paraître anodin aujourd'hui, mais, pour l'époque, c'était assez gonflé et rare.

– Robert Bialek, pour en venir à vous, quel a été votre premier contact avec Daniel Balavoine ?

– C'est très paradoxal ; en fait, j'ai rencontré Daniel la toute première fois au mois de juin 1978, c'est-à-dire quelques semaines après la fin de *Starmania*. Je n'ai strictement aucun point de repère en ce qui le concerne. C'est-à-dire que je ne sais pas du tout ce qu'il a fait précédemment, j'ai même zappé la période *Starmania*. Cela faisait deux ans que je vivais à Paris et j'étais préoccupé par plein d'autres sujets, notamment d'autres artistes pour lesquels je travaillais : Renaud, Maxime Le Forestier ou Guy Bedos. Daniel Balavoine, pour moi, était loin de mon univers, d'une certaine manière, puisque j'étais vraiment préoccupé par d'autres sujets. Et c'est un ami qui m'appelle et qui me dit : Ce serait bien que tu rencontres ce garçon, parce qu'il est en train de composer son équipe, il est en train de chercher des gens pour le soutenir… Et donc il organise ce rendez-vous, nous nous rencontrons, et il n'aura fallu qu'un seul et unique rendez-vous pour que l'on évalue l'un et l'autre ce qu'on avait à faire ensemble, et quel était vraiment le parcours que l'on avait envie de réaliser. Cela va très, très vite, ensuite. Extrêmement vite, puisque là, nous sommes le 14 juin 1978…

– Ah, une bonne mémoire !

– Absolument. C'est une très grande date pour moi, ce 14 juin 1978. Première rencontre dans un studio parisien. Et le 24 novembre de la même année, c'est-à-dire quelques mois après – six mois exactement –, Daniel monte sur scène pour faire son premier spectacle avec Clin d'Œil, qu'il met également en première partie. Tout cela dans un très beau théâtre à l'ancienne, à Lille, au Théâtre Sébastopol où l'on avait trouvé un organisateur bienveillant pour accueillir cette première. C'est un moment très fort et très touchant… Mais très dur aussi, parce que, d'une certaine manière, Daniel était, il n'y a pas à le cacher, quelqu'un d'extrêmement inquiet, sous ses apparences grande gueule et frondeur. Cela cachait chez lui une certaine forme d'anxiété. Et quelques heures avant de monter sur scène, il avait des problèmes… je dirais des problèmes de santé qu'il a fallu résoudre, des problèmes… pas très graves, mais qui étaient liés justement à cette angoisse…

– Au stress, ou plus simplement au trac ?

– Au stress, absolument. Et puis on l'a accompagné jusqu'à la salle. Il est monté sur scène avec ses musiciens qui portaient tous des salopettes, c'était assez mignon et très kitsch pour l'époque. Il y avait des petits cœurs qui clignotaient dans tous les sens. Et ce qui était formidable, c'était de voir Daniel se métamorphoser en cours de spectacle, c'est-à-dire prenant ses marques progressivement et faisant un premier spectacle assez approximatif mais où toute sa puissance d'homme de scène était déjà présente. Il n'y avait pas grand monde, c'était vraiment une petite soirée entre amis, très singulière au niveau de l'ambiance... Un peu comme dans les salles d'attente des services d'accouchement, dans les cliniques. Il y avait tous les potes de Paris qui étaient venus, évidemment, le soutenir. J'aime toujours rappeler que, rien que pour ces moments précieux et privilégiés, le métier que nous faisons mérite sa raison d'être...

– *Qu'est-ce que Daniel vous disait sur la promotion ?*

– À ce moment-là, en fait, cette promo qu'il faisait probablement à contrecœur, mais qui était un passage obligé, annonçait d'une certaine manière son premier Olympia au printemps 1980. J'avais trouvé un complice idéal qui était Jean-Michel Boris, directeur adulé, qui cherchait justement pour l'Olympia, après le décès de Bruno Coquatrix, un prolongement et aussi un « relookage ». Il avait donc accepté de jouer le jeu avec nous et avec Daniel. Nous avions programmé d'emblée trois jours à l'Olympia, ce qui était limite prétentieux, car contre toute logique économique. Jean-Michel s'était arrangé pour nous filer une garantie, ce qui nous a permis de monter le spectacle. C'était ainsi que ça se passait. Sur l'ambition, mais aussi beaucoup sur la confiance. Il faut savoir que l'entreprise spectacle que l'on a créée, pour et grâce à Daniel, prenait des risques démesurés par rapport à la réalité des ventes de disques, mais aussi par rapport aux recettes que nous pouvions tirer de la vente des billets. Cela a duré jusqu'au deuxième Palais des Sports où la notoriété de Daniel commençait vraiment à faire la différence. Nous avions tablé sur dix ans avant d'atteindre un premier sommet. Chose qui n'est plus envisageable aujourd'hui.

Ainsi les spectacles et les tournées vont se succéder à un rythme effréné. Un premier Olympia en tête d'affiche au printemps 1980. Puis il est à nouveau en vedette pour un deuxième Olympia au printemps 1981. Il fait une première semaine au Palais des Sports en juin 1982 ! Complet ! En septembre 1984, il fait une deuxième semaine dans ce même Palais des Sports. Également complet. Cela veut dire qu'en l'espace de six ans, l'activité scénique hors normes et hors contexte, ne reposant sur aucune logique professionnelle, sauf celle de la qualité des spectacles, a entraîné sa maison de disques à emboîter le pas et à fournir les moyens de réaliser autant d'albums qu'il y avait de rendez-vous scéniques. Nous imposions donc indirectement un chemin à l'envers. C'est probablement une des innovations du moment, dans le métier. Ce n'était plus le disque qui fixait le calendrier, c'était la scène ! Aujourd'hui, c'est chose courante.

– C'est une idée importante. Je pense que Daniel Balavoine, en fait, éprouve, dès le démarrage de sa carrière, cette souffrance d'être stigmatisé comme chanteur de variétés.

– Absolument.

– Or, et on le voit mieux encore aujourd'hui, les groupes de rock partent d'abord sur scène, trouvent leur crédibilité et leur public sans le filtre réducteur des médias, et ensuite, s'il y a des succès discographiques, c'est bien. Donc, j'imagine que cela devait être aussi l'obsession, pour vous qui travailliez au quotidien avec lui : non, tu n'es pas un chanteur de variétés ! Or, certaines

chansons comme Mon fils, ma bataille, *par exemple, étaient des chansons purement de variétés.*

– Complètement. Mais, jusqu'à la fin, il y a eu cette ambiguïté et elle ne nous a jamais quittés. Quand, par exemple, Daniel accepte de faire un duo avec Frida, la chanteuse d'Abba, ou quand il participe à *Abbacadabra*, ce disque produit par les frères Boublil sur les succès d'Abba, tout de suite après le deuxième Palais des Sports et avant d'entamer, d'une certaine manière, la dernière ligne droite, celle qu'on s'était fixée tous ensemble et qui devait nous amener au troisième Palais des Sports en septembre 1986. Il y avait quand même de quoi être déstabilisé. Nous avions l'impression que ce genre d'initiative nous cassait un peu le travail, d'autant plus que sort dans la foulée *Loin des yeux de l'Occident*, l'album de la maturité et, pour moi, définitivement, l'album majeur de Daniel ! C'est l'album dans lequel Daniel trouve aussi son « son ». Et probablement que la petite révolution qui se prépare dans l'industrie du disque va le motiver encore davantage. Le CD est le nouveau format en perspective sur le marché, qui est censé balayer le vinyle. Daniel ne s'y trompe pas et avec son entourage, notamment Andy Scott et Joe Hammer, il achète le premier synthé assisté par ordinateur, le Fairlight, sur lequel il va composer pratiquement tout l'album. Là encore, il est pleinement dans son époque.

– Il est vraiment, là, dans cette volonté de travailler à l'anglo-saxonne...

– Oui, mais très tôt déjà. On ne savait pas très bien ce que cela voulait dire, de travailler comme les Anglais, mais on sentait bien que ce qui nous parvenait de leurs pratiques du métier, c'étaient vraiment des approches différentes. Dès les années 1980-1981, lorsqu'on s'est mis au boulot ensemble, nous avons nous aussi véritablement bousculé un certain nombre de pratiques. Et là, nous étions profondément «rock», entre guillemets, nous étions aussi profondément pop, hors des schémas de la variété dominante. Jean-Jacques Goldman l'avait également bien compris. Peut-être que mon souci du détail vient de cette période. Nous ne laissions rien passer. Tout était réfléchi, et pas nécessairement dans un souci de rentabilité. Les prix des places, la communication, le choix des salles, tout était extrêmement soigné, et l'humain comptait beaucoup dans nos décisions.

Sur scène aussi, cela planchait pas mal. Daniel nous avait demandé une scène esthétiquement impeccable où aucun câble ne devait être visible par le spectateur. Il fallait composer avec tout cela, mais nous avions une équipe technique d'enfer. Côté business, Daniel était loin d'être naïf. Mais on avait signé un pacte à trois. Je pense qu'il était aussi unique et décalé. Nous n'avons jamais signé de contrat. Le seul acte sur lequel nous nous sommes engagés, c'était ce fameux pacte, celui de l'amitié à la vie, à la mort. Pas besoin d'avocat ni d'homme d'affaires en tout genre. Notre règle commune était : ne pas se tromper mutuellement, ne pas se mentir, et faire, quoi qu'il arrive, ce que l'on avait décidé de faire. Cela s'est vérifié jusqu'au dernier jour, jusqu'au moment où, malheureusement, il a disparu et où nous nous sommes retrouvés avec nos rêves inachevés.

On a eu des chauds et des froids, lui et moi, mais on avait l'intelligence de laisser nos rancunes de côté. Depuis sa disparition, je n'ai jamais souhaité m'exprimer publiquement, à l'exception d'une seule fois dans un *prime time* avec Jean-Pierre Foucault qui m'a laissé un goût relativement amer; mais je savais qu'avec vous, on pouvait parler de choses, je dirais, liées au fonctionnement à la fois de Daniel et du métier tel qu'il se pratiquait à l'époque.

Aujourd'hui, toutes ces innovations peuvent paraître dérisoires, mais, pour l'époque, elles étaient fondamentales et elles nous ont coûté beaucoup – et je ne parle pas nécessairement finances. Nous n'avons jamais eu la reconnaissance que nous méritions de la part de la maison de disques, et je le dis sans amertume. Maintenant, il y a quasiment deux nouvelles générations qui découvrent les chansons de Daniel – et c'est aussi une des raisons pour lesquelles je suis là : pour transmettre, au travers d'un exemple, un certain nombre de valeurs qui animaient cet artiste, mais aussi toute une équipe qui l'accompagnait. Il galvanisait. Sa force absolue était de galvaniser son entourage. Il galvanisait les musiciens, il *nous* galvanisait. On a pris des risques insensés, contre toute logique commerciale, et je me rappellerai toujours l'entreprise de démolition de la maison Barclay, qui a tout fait pour nous amener à annuler le premier Palais des Sports. On a résisté pendant une année, et on a gagné.

– *Tout le monde dit à l'époque qu'il s'agit bien d'une folie...*

– Folie totale ! Nous sommes au mois de juin, qui est par tradition le mois qui n'est pas consacré aux spectacles en salle. C'est le mois des fêtes en plein air...

– *Avec, à la clé, la concurrence... des Rolling Stones !*

– Dans la même semaine, plusieurs mois après qu'on a eu signé le contrat du Palais des Sports, nous apprendrons par RTL – qui était également partenaire avec nous (merci, Monique Le Marcis !) – que dans la même semaine nous aurons droit à la visite de Simon & Garfunkel pour deux représentations à Auteuil, ainsi qu'à deux autres des Rolling Stones, également à Auteuil. Quand on sait que l'année d'avant, David Bowie, au même lieu, avait réuni cent à cent vingt mille personnes, il y avait franchement de quoi avoir les jetons ! Mais, d'une certaine manière, nous, on s'est dit : c'est génial ! Les Anglais contre les Français, c'est une partie à XV, on y va !

– *C'était le grand combat de Daniel !*

– Exactement. Et le nôtre en tant que jeunes producteurs. Et là, il y avait toujours quelqu'un de chez Barclay pour nous appeler d'une manière régulière afin de nous « offrir » des informations sur les locations faramineuses de Simon & Garfunkel et des Rolling Stones. En échange, nous leur donnions les nôtres qui n'étaient pas mal non plus. Et c'était génial. Ils repartaient la queue entre les jambes... Voilà !

– *Et, tout à coup, on sent Daniel Balavoine taraudé par une ambition supplémentaire. Même si c'est un bon vivant qui aime rigoler et fait ce métier avec beaucoup de plaisir, il dit : « Là, maintenant, on arrête de rigoler ! Les artistes français étaient en 2ᵉ division, il faut les faire monter en 1ʳᵉ ! » Et il va tout faire pour cela, du point de vue de ses spectacles comme de ses disques.*

– Oui... je ne pense pas qu'il ait eu véritablement envie de rivaliser avec les Anglo-Saxons au sens premier du terme. Je crois qu'il avait envie de donner... envie de s'offrir les moyens de ce qu'il voulait donner. Il avait un niveau d'exigence comparable à celui des Anglo-Saxons, mais pas le sens de la rivalité... Et puis, on était en France, quand même, pas sur un plan mondial !

– *Il balance malgré tout beaucoup sur la presse rock française qui ne le reconnaît pas... C'est vrai que Balavoine est ignoré de cette presse-là. Et il n'aime pas cela... Ça l'énerve, et il tape !*

– Il cogne effectivement, mais il vit quand même... Quand on regarde bien son parcours médiatique, ce ne sera qu'en 1983, après avoir fait deux Olympia et un Palais des Sports en trois ans, que, tout d'un coup, les médias s'ouvriront véritablement à lui. Michel Drucker (qui l'aimait beaucoup) l'accueille pour la première fois dans une émission où il est la vedette ; Jean-Louis Burgat l'accueille dans un premier *Sept sur sept*, l'émission d'actualité de référence ; et, finalement, *Les Enfants du rock*. Est-ce l'artiste que les médias accueillent, ou l'homme fort en gueule ? Ce sera toujours les deux.

– *Après son intervention au JT d'Antenne 2, il fait* Sept sur sept *et il s'emporte à nouveau pour descendre en flèche les anciens combattants. Ce qui va lui valoir d'énormes problèmes : toutes les ligues d'anciens combattants vont se retourner contre lui. Il y aura d'ailleurs quelques concerts épiques...*

– Il ne s'est pas emporté ce soir-là. Il a poussé un cri d'alarme ! Daniel était hypersensible, c'était quelqu'un qui souffrait sans le montrer. Et qui se cachait, justement, derrière tout un tas de paramètres. Mais il souffrait énormément de la misère des autres... Tout lui importait. Franchement, avec le recul, une partie de la France lui a fait un mauvais procès, très injuste. Parce que, quelque part, il n'avait pas tort. Le conflit libanais était relativement abstrait pour ceux que la France envoyait au front... et pour la majorité des citoyens français, d'ailleurs. Un conflit extérieur de plus pour cacher la misère intérieure !

– *En 1980, lorsque Balavoine est face à Mitterrand, celui-ci n'est même pas encore candidat à la présidentielle de 1981, ce qui change un peu la tonalité du débat...*

– Oui... C'est Jacques Attali, grand ami de Michel [Berger] et de France [Gall], qui fut l'artisan de la rencontre avec François Mitterrand, lequel, effectivement, n'était pas encore candidat... Encore aujourd'hui, peu de médias le précisent, alors que cela a son importance. Il n'était même pas candidat à la candidature. Il était premier secrétaire du parti socialiste et avait déjà Chevènement dans les pattes, il ne faut pas l'oublier, tout comme Jospin à la présidentielle de 2002…

– *Tiens, tiens !*

– Absolument, il était déjà là ! Et Rocard était aussi à la porte et attendait de savoir s'il allait être candidat, lui aussi, ou pas. Donc, Daniel, tout cela l'énervait. Pourquoi ? Parce qu'à un certain moment, il y avait en France des affaires, et des affaires pour le moins nébuleuses ! Il y avait aussi deux millions de chômeurs… et la politique politicienne risquait de faire échouer l'alternance tant attendue. Daniel allait à la rencontre d'une certaine jeunesse, mais il n'était pas le porte-parole de *la* jeunesse, ce qu'on a essayé de faire croire. Un peu comme si tous les autres n'étaient pas concernés. Non, je dirais : Daniel était un porte-parole d'une certaine franchise, d'une certaine vision, d'une certaine réalité.

– *D'une absence de langue de bois et aussi d'une vision politique, d'un rapport au politique… Je me souviens d'un déjeuner avec lui, quelques mois avant la « cohabitation ». Il me disait : « Moi je veux transmettre, aux jeunes générations et aux gens qui m'écoutent, au moins l'envie de s'intéresser au politique, et au minimum d'aller voter. Qu'ils votent pour qui ils veulent, ça n'est pas mon problème, mais au moins qu'ils s'intéressent aux faits de société ! »*

– Oui, je crois que Daniel n'aurait jamais été l'homme d'un parti. Je ne le pense pas, en tout cas…

– *Il a chanté pour quelques fêtes du PS, quand même…*

– C'est vrai. En 1981. Il participait à l'ouverture des meetings de François Mitterrand en donnant un spectacle qui était de courte durée, de 20 à 25 minutes – c'était juste

À l'âge de six ans, en 1958.

Durant l'été 1962,
en compagnie du concierge
de la Résidence Bristol,
à Biarritz.

Avec son frère Yves,
à Biarritz, été 1962.

Avec ses frères et sœurs, le jour du mariage de Marie-Françoise (qui le tient par les bras).
De g. à dr. : Bernard, Guy, Claire, Marie-Françoise, Daniel et Yves, 18 février 1963.

D.R.

Avec sa mère, début 1980.

D.R.

Rencontre et confrontation avec François Mitterrand, alors Premier secrétaire du PS, sur le plateau du journal télévisé d'Antenne 2, 19 mars 1980.

Octobre 1985

Avec Léo Missir, son directeur artistique, septembre 1979.

Avec France Gall et Michel Berger en 1979, au moment des répétitions de l'opéra rock *Starmania*.

Avec Coluche, pour le lancement des Restos du Cœur, 14 décembre 1985.

© Noubel/Stills – Gamma

À la Courneuve, le 16 octobre 1985, lors du concert collectif « Chanteurs sans frontières » ; ci-dessous, le même jour, en duo avec Jean-Jacques Goldman.

© Claude Gassian

© Claude Gassian

En septembre 1984, au Palais des Sports.

1984

© Francis Vernhet

© Francis Vernhet

© Claude Gassian

© Franck Stromme – Gamma

Durant le tournage du clip « L'Aziza », en novembre 1985.

En Afrique, début janvier 1986, pour l'opération Pari du Coeur.

© P. Guichard – Gamma

Avril 1984 : tournage en Afrique du clip « Pour la femme veuve ».

Avec Thierry Sabine, le 1er janvier 1986, en Algérie, pendant le Paris-Dakar.
Quelques jours plus tard, Sabine lui proposera un baptême de l'air en hélicoptère...

un faire-valoir musical... D'ailleurs, il y a une belle anecdote à ce sujet... Un soir, c'était à Nancy, il y avait un chahut permanent dans la salle. Daniel s'aperçoit que les militants n'ont strictement aucun respect pour son travail et celui de ses musiciens. Les « Mitterrand ! Mitterrand ! Mitterrand ! » fusaient de partout. Au bout d'un moment, il en a franchement marre, il s'interrompt et s'adresse au public : « Mitterrand, c'est tout à l'heure, Balavoine c'est maintenant ! » Et il est parti ! À la fin de la soirée, il est rentré de Nancy en avion avec Mitterrand, et je pense qu'ils se sont expliqués. Mais Daniel n'a plus fait aucun meeting. Bon, c'est du Balavoine, ça ! Du 100 % brut de pomme !

– En 1984, sur Antenne 2, c'est un document exceptionnel : Les Enfants du rock *lui consacrent enfin un portrait : « Balavoine, un chanteur en marche ».*

– C'est lui qui dira à un moment donné, dans ce portrait : « Je suis un chanteur en ordre de marche. » Cette émission, c'est un aboutissement quand on se souvient combien la ligne éditoriale des *Enfants du rock* était sectaire. Mais Daniel avait envie de cette vitrine-là. Il faut se rappeler que Canal Plus vient alors de naître, que c'est aussi la naissance du Top 50, et que *Les Enfants du rock*, c'est le pied de nez aux émissions de variétés classiques. Et Daniel se disait qu'il n'y avait pas de raison qu'il n'en fasse pas partie. Son entourage, qui s'occupait admirablement de sa promotion, a eu un mal fou à convaincre Antoine de Caunes. Je pense que les producteurs des *Enfants du rock* ont trouvé un biais relativement subtil pour l'accueillir. De Caunes était pourtant favorable à Daniel, ils se voyaient même de temps en temps, mais il ne comprenait pas pourquoi il était tellement obsédé par son émission, d'autant plus qu'il rappelait souvent, à juste titre, qu'elle n'avait aucune incidence sur les ventes de disques ou le remplissage des salles. Pour

Daniel, c'était juste une question d'image, de reconnaissance, de légitimité artistique. Il a eu ses vingt-cinq minutes sans animateur, où les questions étaient posées indirectement. Et j'ai trouvé Daniel assez juste.

La seule chose avec laquelle je n'ai pas été d'accord, c'est quand il a jeté les disques, à la fin. Surtout les disques qu'il n'aimait pas... Je n'ai pas aimé ça, car un disque, quel qu'il soit, est un acte créatif. Qu'on aime ou pas, c'est une autre question. Mais cette émission a aussi été pour moi la raison d'un premier désaccord sur notre pacte. En effet, pour la première fois, Daniel a affirmé qu'il était seul à payer l'ensemble des frais de ses spectacles. J'ai trouvé qu'il avait perdu une partie de son discernement, sans compter que cela nous mettait légèrement en porte-à-faux avec le métier. Mais nous nous sommes expliqués assez vite...

– *C'est un moment très polémique...*

– Il y avait de quoi en ce qui nous concernait, Claude et moi. Parce que notre pacte était : on fait les choses ensemble, on le fait au plus haut niveau, et cela ne regarde que nous. Je me rappellerai toujours la conversation que j'ai eue au téléphone avec Daniel pour l'informer qu'on avait libéré une série de dates au Palais des Sports, la première fois... Daniel était à Biarritz et je lui annonçais en fait ce qui était le rêve de sa vie. Sans parler de la symbolique, puisque c'était alors la salle fétiche de Johnny Hallyday. Il nous a dit : « Écoutez, les gars, c'est super, je suis avec vous, je ferai tout ce que vous me demanderez, on va se défoncer, mais débrouillez-vous comme vous voulez, n'attendez pas de ma part que je paie l'addition ! » C'était normal, cela faisait partie de notre trip, à Claude et à moi. Alors on a assuré. C'est pour cette raison que dans *Les Enfants du rock*, il a jeté une ambiguïté sur ce pacte, mais qui a été rectifiée après. Entre nous...

– Évidemment, il faut évoquer sa disparition qui arrive à un moment d'autant plus terrible qu'il vient de sortir un album dont le succès est immédiat, avec ce tube incroyable, L'Aziza, *qui réalise la synthèse parfaite entre le chanteur qui veut du sens et un son qui est enfin celui qu'il recherchait.*

– Absolument.

– C'est là que Daniel commence à dire qu'il va démarrer une aventure anglophone… Au moment où ça y est : il a obtenu tout ce qu'il voulait. Il casse un peu le joujou pour se lancer dans une autre aventure…

– Oui, ça a été un autre point de désaccord entre lui et moi… Pour la petite histoire, quand même, il sort *Sauver l'amour* au moment où, pour la première fois à la télévision, sur Canal Plus, on autorise la diffusion de films classés X ! Il y a une sorte d'incroyable décalage avec l'histoire, mais c'est comme ça… Daniel est dans *sa* vérité. C'est *L'Aziza…* Ce moment évident où l'harmonie est enfin là ! C'est aussi l'amour qu'il porte à Corinne… Il est au sommet de son art, il y a trois semaines de Palais des Sports programmées en 1986, plus une magnifique tournée derrière. Pour nous, c'est l'aboutissement de toutes ces années de travail, de prises de risques… De tout ce voyage émotionnel et innovant.

Mais c'est aussi le moment, effectivement, où il nous annonce clairement qu'il va mettre la clef sous la porte pour recommencer en Angleterre une aventure à zéro, avec un contrat de débutant, comme il dit, et une partie de son équipe : Joe Hammer, Hervé Limeretz, Andy Scott, évidemment, qui en était la clé… J'avoue avoir été fou de rage, parce que je savais qu'on n'était pas allés au bout de nos envies, et aussi à quel point on avait œuvré pour en arriver là… En même temps, je n'y croyais pas trop ! Sincèrement. Je savais bien qu'il allait partir, qu'il allait faire ce voyage en

Angleterre, mais je pensais qu'à l'issue du nouveau Palais des Sports, il allait réaliser par lui-même qu'il ne pouvait pas faire la nique au public. Je me réconfortais un petit peu, en secret, avec cette idée ; il n'empêche que ça m'énervait. Mais, bon, ça faisait partie de sa liberté et de ses contradictions, et nous vivions avec !

– Il part sur le Paris-Dakar et disparaît brutalement. Dans son album précédent, il y avait cette chanson qui s'appelait Partir avant les miens… *On a beaucoup brodé autour de cette chanson où il disait souhaiter disparaître avant les siens pour ne pas avoir à souffrir de la mort de ses proches…*

– Daniel avait la hantise de la mort, et pas uniquement de la sienne. Elle était très présente dans son quotidien. Mais pas de façon apparente pour ceux qui n'avaient pas cette relation de travail, d'intimité et de proximité que nous pouvions avoir avec lui. Je me rappelle avoir eu quand même quelques conversations avec lui à ce sujet, parce que cela nous effleurait, parce qu'on avait des moments de temps libre dans le « Tour bus », et la mort était omniprésente dans son univers. Les histoires, les chansons prémonitoires, moi je n'y crois pas beaucoup. Je crois qu'il a écrit cette chanson-là en raison de l'amour profond qu'il portait à sa mère et à ses tout proches…

Mais, plutôt que de prémonition, je voudrais parler d'une préoccupation commune. Le jour où nous nous sommes rencontrés, en allant le retrouver, j'ai traversé les Champs-Élysées. Sa maison de disques faisait alors la promotion d'un single. Et sur un grand panneau était affiché en grosses lettres le titre de ce single : *Le français est une langue qui résonne.* Avec ce titre, Daniel me donnait la réplique de ce qu'est encore aujourd'hui mon engagement personnel. Tout au long de son parcours, il aura prouvé que le français est une langue qui résonne. Tout à l'heure, nous évoquions son insistance à passer aux *Enfants du rock*. La raison en est là. Ce n'était pas une priorité d'image, mais de son. Il était convaincu, et il voulait le montrer, que le français est une langue qui peut résonner. Je trouve cela magnifique ! Et c'est une conclusion que j'aime, car elle respire l'espoir et la vie. Notre rencontre, notre travail, l'équipe, nos folies, tout cela reste une magnifique aventure ! Peut-être servira-t-elle en partie de leçon ? Une leçon de vie qui prouve à quel point la conviction peut l'emporter sur la raison. On ne pourra jamais dire que notre aventure fut raisonnable. Ce n'est pas vrai. Cette aventure était folle et nous y avons cru jusqu'à un certain mois de janvier. Cette croyance dans la conviction, c'est tout l'héritage que Daniel m'a laissé, et je l'en remercie parce qu'elle m'aide à tenir debout. Pour finir, j'attribuerai juste une qualité supplémentaire à Daniel : il était tout sauf un tricheur.

Chapitre 9

Un jour de répétitions au Zénith de Paris en mars 1984…

C'était une fin d'après-midi. J'avais à nouveau rendez-vous avec Daniel Balavoine pour assister en première exclusivité aux répétitions de son nouveau spectacle. J'étais fier de ce privilège, d'autant que je savais qu'il était le théâtre de nouveaux dispositifs technologiques qui méritaient d'être encore mis au point avant de pouvoir passer pour un spectacle accompli. C'était aussi l'occasion de faire un bilan sur l'accueil de son album *Loin des yeux de l'Occident*, juste avant le départ pour sa nouvelle tournée.

Daniel Balavoine m'accueille avec encore davantage de chaleur que lors de notre premier rendez-vous. Il me demande si j'ai un peu de temps. Il a envie de me faire partager un filage quasi complet du spectacle. Je suis assis presque tout seul dans cette salle géante et vide du Zénith.

Balavoine est concentré, sérieusement aminci. Un jean moulant, des tennis blanches, une veste en tweed anglais légèrement cintrée sur une chemise bordeaux. Daniel est amoureux, cela se voit. Il irradie. Il me montre non sans fierté l'ensemble du parc des micros, tous équipés en HF. Je suis frappé par la structure du décor, un système de stores technos où la lumière réfléchie et leur positionnement ouvrent des perspectives high-tech au spectacle qui tend à ressembler davantage à un véritable show.

Nous parlons musique avant qu'il ne retourne sur scène pour les dernières mises au point. Il est heureux. Le groupe Yes est numéro 1 du Top 50 avec *Owner Of The Lonely Heart*, une chanson FM qui s'éloigne fort du rock progressif des années 70. Le succès et le phénomène Renaud semblent le ravir au moment précis où nous parlons de ses répétitions dans ce Zénith flambant neuf. La Chetron sauvage a rempli quatre semaines d'affilée la salle dans sa plus grande jauge, avec un succès discographique sans précédent. C'est un succès qui rassure, comme celui impressionnant de Jean-Jacques Goldman que Balavoine ne connaît pas bien encore. Nous parlons aussi du pari un peu fou que lance Sheila en annonçant sa première scène au Zénith pour cinq semaines en février de l'année suivante. Il me dit, l'air joueur, que même les artistes changent, puisque le monde change...

Andy Scott est prêt derrière sa console. Il attend que Daniel termine sa conversation avec moi. Geneviève Salama, sa petite sœur et néanmoins attachée de presse, me demande d'écourter la discussion, car je dois ensuite mener l'interview pour mon journal sur le lancement de sa tournée. Elle a raison. Je laisse Daniel remonter sur la scène. Il fait quelques essais avec son HF en chantant, à la manière de Bernard Menez, le refrain de la chanson *Les Petits Lolos*. Un peu moins d'une heure plus tard, je viens de réaliser, stupéfait, que le spectacle que Daniel Balavoine va proposer au public français est du jamais vu. Une sorte de concept entre rock, techno et world music tout à fait étonnant et franchement innovant.

Daniel voit bien dans mon regard que je suis encore émerveillé par le parti pris musical de son spectacle. Tous les morceaux sont revus et sérieusement corrigés. *Lucie* est réarrangée rythmiquement et trouve une tonalité extrême-orientale. *Dieu que c'est beau* a encore pris une texture plus électronique avec des claviers proches des sons d'Ultravox. C'est ensuite la séquence la plus « peter-gabriellienne » du spectacle où, dans une ambiance électro world, Balavoine revisite *Revolución* et *Pour la femme veuve qui s'éveille*, dont le final est un hommage appuyé au *Biko* bouleversant de Peter Gabriel, percussif et chtonien, encore plus réussi que sur le disque. Le final du spectacle est conçu comme une mise à mort du tour de chant de variété. Pour voir soudain se lever un Balavoine résolument rock'n'roll dès les premières mesures de son tube fondateur, *Le Chanteur*, rénové d'une puissance tragique et désespérée.

Ce sont ces instants que *Les Enfants du rock* vont capter lors de sa tournée pour la télévision et qui montreront un Balavoine suant, essoufflé et encore suffisamment concentré pour dire au téléspectateur : « Les gens sont là, on les entend encore, c'est fantastique ! Non, ça a marché. Nous, ce que l'on veut, c'est que les gens soient sensibles à la musique que l'on joue, et de la manière que l'on y croit et que l'on a de s'investir ; ces gens-là ne réagissent pas comme devant un chanteur qui fait de la guimauve. Parce que le chanteur ne fait pas de la guimauve ! Les musiciens n'en font pas non plus, ils en ont témoigné ce soir. J'espère que cela s'entendra et que cela se verra, que les gens qui regardent d'habitude les émissions de télé comme celle-là sont conscients que la musique que l'on fait, c'est de la vraie musique rock française, et que ce n'est pas de la musique rock anglo-saxonne avec des mots en français. Voilà ! C'est à nous, c'est latin ! Salut, je vais changer de petite culotte ! Merci bien ! »

Pour l'heure, je retrouve Daniel Balavoine qui ne quitte plus sa bouteille d'eau et qui attend mes questions.

– *Après l'accueil chaleureux du public pour ton dernier album, peux-tu dresser un premier bilan ?*

– Certaines personnes de mon entourage étaient inquiètes quant à son accueil, parce que cela reste un album différent des autres et bien moins « facile », entre guillemets. Moi, j'étais confiant. Apparemment, cela ressemble aussi pour moi à un « déplacement » du public. J'avais envie de frapper à certaines portes. J'ai appris la façon d'y frapper en assumant pleinement ma musique.

– Je viens d'assister au premier filage de ton spectacle. J'aimerais que tu me parles des deux axes qui l'articulent dans la forme : le décor dépouillé, les éclairages.

– Je te parlerai d'abord des éclairages dont dépend la structure de scène. C'est le point de départ. Comment aller à la rencontre des autres, du public aujourd'hui ? Et pourquoi ? Nous vivons depuis un certain temps au rythme des escalades. Nous en sommes à celui qui aura le plus de projecteurs sur scène, par exemple, ce qui ne veut plus rien dire. Je me suis posé la question : « Bagarre ou pas bagarre des projos ? », puis m'est venue une autre idée : « Que faire pour que mon spectacle soit original ? » Et la réponse est arrivée : « Faire l'inverse de ce que les autres proposent ! Stopper la surenchère ! »

Au Palais des Sports, j'avais 850 projecteurs. Cette année, j'en aurai moins d'une centaine. Le grand problème des éclairages, ce sont les angles. Pourquoi met-on 200, 300, 400 projecteurs ? Pour multiplier les angles et les couleurs. En réduisant leur nombre, il fallait trouver des projecteurs qui changent ces angles et éventuellement les couleurs. On a trouvé quelqu'un en France qui a inventé un procédé (différent de celui des Américains) de projecteurs mobiles. Ce n'est plus le projecteur qui bouge, mais un miroir placé au bout du faisceau lumineux. Jusqu'à présent, ce dispositif n'était utilisé que pour les grandes poursuites. Il l'a adapté maintenant à des projecteurs de tailles normales. Il a aussi inventé un procédé fabuleux : au lieu d'avoir un certain nombre de couleurs définies par projecteur, on a un spectre de couleurs indéfinies. À partir de là, tu mets tout sur ordinateur par le moyen d'un microprocesseur. Le grand avantage ? En plus du déplacement des faisceaux lumineux, tu peux changer de couleurs à volonté. Un autre procédé unique au monde. J'ai fait comme le groupe Genesis : j'ai acheté l'exclusivité du système et de l'appareil jusqu'au prochain Palais des Sports.

– *Et le décor ? J'ai noté qu'il est très* clean *: pas un fil, pas un ampli ni une caisse de matériel ne traîne. Tout semble caché…*

– La structure de scène est tributaire des éclairages. Comme tout est programmé sur ordinateur, cela demande une dimension de scène identique chaque soir. On a donc construit une scène sur la scène. C'est pour cela que tout est parfaitement structuré et que, petite ou grande salle à ma disposition, le résultat final est le même. Les stores, je les avais déjà utilisés en fond de scène pour le premier Palais des Sports. Pour ce spectacle, il y en a deux en front de scène, deux en angle, et à nouveau deux en fond de scène. Cela offre une perspective fantastique. En plus, ils peuvent s'ouvrir et se transformer en fonction des faisceaux lumineux. Nous en avons profité pour tout camoufler, puisqu'il y a eu obligation de construire cette scène. Il n'y aura donc aucun ampli sur le plateau. La batterie n'a pas de micros (ils sont à l'intérieur des caisses, sauf pour les cymbales). Au lieu de huit à dix micros éparpillés sur scène, il n'y en aura aucun de visible. C'est spectaculaire ! Chose rare en France, le bassiste (Christian Padovan) et le guitariste (Alain Pezner) sont équipés en micros HF accrochés à leurs têtes par un casque. Les instruments sont eux aussi branchés en HF. Les musiciens peuvent donc se déplacer partout, jouer comme ils le sentent, puisqu'ils ne sont plus reliés à leur fil d'amplis. D'où une grande disponibilité physique de chacun.

– Crains-tu certaines salles de spectacles de province moins équipées pour recevoir de la musique ?

– Cela commence à aller beaucoup mieux. Le plus gros problème est toujours celui de l'acoustique. Il y a très peu de salles en France à bénéficier d'une acoustique parfaite. En revanche, les appareils actuels sont suffisamment sophistiqués pour combler cette lacune. Un analyseur de spectre décrypte le son pour chaque salle. Il donne les courbes des graves et des aigus dans chaque endroit. Le système de notre console de son, totalement numérisé par un ordinateur, permet d'appliquer nos conventions de son à chaque salle. Les artistes peuvent donc maintenant pallier ce problème de l'acoustique. Il suffit de s'en donner la peine. Cela prend du temps, mais cela nous intéresse... ! Après mon passage au Palais des Sports, pas mal de gens sont venus espionner nos méthodes de travail.

– Tu répètes au Zénith : c'est bien ? Tu ne regrettes pas le Palais des Sports ?

– Le Zénith a le mérite de pouvoir accueillir 6 500 personnes. On peut y faire du rock sans être emmerdé. Ce n'est pas une structure parfaite, c'est un lieu provisoire, soi-disant, en attendant celle qui est annoncée porte de Bagnolet. Mais lorsque l'on sait que le Palais des Sports était lui aussi une structure provisoire, on se fait un peu de mouron ! Cela dit, le Zénith est une belle salle qui représente un effort fantastique des pouvoirs publics. Pour une fois que les sphères du pouvoir s'occupent d'une telle entreprise, on ne peut que les complimenter. Pourtant, même si le Zénith est une salle fantastique, je préfère encore le Palais des Sports, pour le moment. J'ai envie d'y retourner. C'est là que j'ai fait les premiers cartons de ma carrière...

Chapitre 10

Balavoine/Lahaye, font-ils le même métier ?

Janvier 1984 : « Quand j'entends les mecs qui jouent avec moi, je sais que je ne fais pas de la variété. Ce n'est pas la musique de Michel Sardou ; lui, fait de la variété, point. Si c'est en faire dans le genre Police ou Supertramp, alors là je suis d'accord. »

(Daniel Balavoine, « Portrait *Numéros 1* »)

Juin 1984 : « Ce que je vais te dire va te paraître prétentieux, mais je ne me vois pas dans la même catégorie que les chanteurs dits de variétés. J'ai davantage d'affinités avec Julien Clerc ou Michel Sardou ou Léo Ferré. Je suis à la fois paillettes et trip. Ma démarche n'est pas du tout celle d'un C. Jérôme ou d'un Frédéric François. Ils sont respectables, mais mon propos est ailleurs. Je ne veux pas m'abriter derrière des tubes. Je ne veux pas les aligner les uns après les autres. J'ai envie de chanter des choses qui étonnent, qui vont bien. Je suis plus proche de Léo Ferré. J'espère que le public me suivra dans cette direction... »

(Jean-Luc Lahaye, « Portrait *Numéros 1* »)

Ces deux déclarations dans le même journal nous avaient poussés, avec Christian Page, mon rédacteur en chef, à réfléchir plus profondément à cette fracture qui semblait se dessiner dans le petit monde de la chanson qui lui aussi, précisément, était en pleine mutation. Le Top 50 créé en 1984 en était l'illustration parfaite, puisqu'il semblait alors créé pour balayer les idoles des années 60 et consacrer la nouvelle génération issue de la fin de la décennie précédente, emmenée de façon incontestable – et agaçante pour beaucoup – par Jean-Jacques Goldman, Renaud, Francis Cabrel, Michel Berger ou France Gall, outre l'immarcescible Johnny Hallyday et l'inoxydable Michel Sardou. Mais le premier classement du Top 50 des « petits clous » le 4 novembre 1984 souffle un vent glacial lorsque, tout à coup, apparaît un duo venu apparemment de nulle part, Peter et Sloane, qui font alors passer Stone et Charden pour un vrai groupe glam pop…

La confusion règne dans l'approche d'une nouvelle émergence forte en matière de chanson. Frédéric François est toujours là, classé en novembre 1984 à la quatrième place du Top avec *Mon cœur te dit je t'aime*. Il voisine avec France Gall (*Hong Kong star*), le groupe Téléphone (*Un autre monde*) ou la jeune Douchka qui enchante les enfants avec *Mickey, Donald et moi*. Jeanne Mas impose son style de prêtresse néo-gothique entre pop italienne (*Rimini sound*) et chanson française nouvelle vague. Elle séduit profondément Daniel Balavoine qui, comme Michel Berger, voit en elle la rénovation de la chanson féminine. Elle incarne bizarrement l'après-Véronique Sanson, alors que les stylistiques des deux chanteuses ne peuvent se confondre. Elle sera même « la nouvelle Barbara » sous la plume enthousiaste du créateur des Victoires de la Musique et journaliste au *Monde*, Claude Fléouter.

La chanson milite pour sa reconnaissance culturelle officielle par le ministre Jack Lang. Michel Berger est très préoccupé, à l'époque, par l'avenir de la chanson face à la mutation des nouveaux supports (le disc-compact) et l'émergence de nouveaux médias qui semblent se détourner d'une partie de leurs fondations en diffusant plus facilement le dernier tube à la mode du Top 50 plutôt que de s'intéresser à l'univers d'un artiste qui se dessine désormais dans une même culture, celle de l'album. Il est le patron de son propre label, Apache, et provoque inconsciemment le débat, suite à sa chanson *Le Prince des villes*, pour laquelle il tourne un vidéo-clip où il est mis en scène comme une star du rock, faisant alors ricaner les tenants absolutistes de la cause du rock. Michel Berger pressent le mépris généralisé des médias « sérieux » pour sa confrérie, dont Jean-Jacques Goldman sera une « victime » emblématique.

La presse rock est toujours aussi frileuse dès qu'il s'agit de parler des nouveaux cadors de la chanson hexagonale. *Best*, *Rock & Folk*, *Rock News* se font l'écho de l'émergence d'un Axel Bauer, d'Étienne Daho, du groupe Indochine ou des Rita Mitsouko. Ils ne parleront jamais de Daniel Balavoine, lui préférant largement un Alain Bashung ou un Charlélie Couture, un Johnny Hallyday de retour de Memphis pour *Les Enfants du rock*, ou une Lio en rupture de guêpière. La presse chanson, elle, fait son travail, comme en témoigne le mensuel *Paroles et Musique*, créé en 1980 et devenu le relais essentiel de la chanson française. Jean-Jacques Goldman y est écouté et entendu par ses créateurs et son équipe, alors que les *rock critics* sont peu soucieux de comprendre qu'une bonne chanson (qui porte un sens) peut être redoutablement populaire. Et ce n'est rien d'affirmer que Daniel Balavoine était profondément blessé d'être rejeté par cette presse rock. Il l'avait dit et répété : « C'est le rock qui m'a donné envie de faire mon métier », ou encore : « Le rock, c'est la sueur et peu importe la manière dont on transpire. Ce qui compte, c'est de transpirer... »

En cet été 1984, il me semblait opportun de transcender ce débat. Il fut alors décidé de confronter deux chanteurs qui avaient en apparence le même discours, mais dont l'identité artistique était délibérément différente, en leur posant séparément les mêmes questions sur le rapport qu'ils entretenaient avec leur métier. Daniel Balavoine et Jean-Luc Lahaye, donc. Le « chanteur » et le futur « papa-chanteur » face à face.

Ce dernier, l'un des plus gros vendeurs de disques de l'époque, fut difficile à convaincre. Il ne voyait pas l'intérêt d'une telle opposition de principe, se disant lui-même très admiratif du répertoire de Balavoine. Il acceptera finalement l'idée de cette rencontre, sans toutefois aller jusqu'à la confrontation, préférant répondre aux questions par écrit.

Daniel, lui, était parti au quart de tour sur cette idée qui lui apparaissait comme le meilleur argumentaire possible pour faire avancer le débat. Il avait mis un point d'honneur à prendre du temps pour répondre à ces questions et m'avait donné rendez-vous, pour l'occasion, dans sa maison de Colombes. Il m'y accueillit avec son lumineux sourire, me fit d'abord visiter sa fameuse pièce de musique, me présenta son chien Raoul, un boxer impressionnant et au premier abord effrayant qui se révélait d'une douceur absolue… Il m'expliqua qu'il avait à cœur d'aborder sérieusement cet entretien, craignant juste d'avoir une fois de plus à trop s'exprimer et d'être un peu seul à livrer sincèrement les clés de sa vision : « Je fais du nombrilisme comme les autres, puisque j'accepte des interviews de deux heures pour toujours ne parler que de moi. On me dit que j'ai une grande gueule, mais ce n'est pas vrai. On me demande mon avis, alors je le donne. Trop de chanteurs n'osent pas. Et puis, les soi-disant chanteurs engagés me font chier. C'est des trous du cul du monde, ces mecs-là… Ils ne vont jamais aux émissions de Guy Lux pour dire ce qu'ils en pensent… » Nous étions déjà, mine de rien, au cœur de notre sujet.

La passion avec laquelle Daniel Balavoine répondit à mes questions est un souvenir personnel fort. Peut-être aussi parce que, au-delà de la concentration, je voyais pour la première fois « le chanteur » au travail dans son intimité. Celle qu'il voulait à tout prix préserver et qui faisait de lui un citoyen en état marche préférant s'inscrire à la cellule SOS Racisme de sa commune, comme militant de base, plutôt que d'entrer au comité d'honneur des personnalités soutenant la cause antiraciste. En cela aussi, Daniel Balavoine était profondément rock. Ordinaire dans sa vie privée, indomptable dans sa vie publique et ambitieux dans sa vie politique.

Le chanteur et sa musique

Qu'est-ce qui préside à la sortie d'un disque (impératifs contractuels, volonté d'imposer une image à un moment donné...) ?

Daniel Balavoine : La sortie d'un disque, c'est un peu le hasard. On sort le disque quand il est prêt. On se fixe des dates d'enregistrement approximatives. À partir de là, je commence à composer les musiques ; lorsque j'en ai un certain nombre, on fixe les dates avec Léo Missir, mon directeur artistique ; d'abord celles des répétitions, puis celles de l'enregistrement. Je fixe ces dates en fonction de la musique et non des textes que j'écris toujours au dernier moment, une fois en studio, pour bénéficier du plus gros son possible et de la meilleure stimulation...

Léo Missir, qui supervise mes disques, me demande quand je suis prêt. Il est évident qu'on essaie de s'en tenir à une certaine logique de calendrier, qui équivaudrait plutôt à une cadence. Elle varie entre quatorze et dix-huit mois. Automatiquement, au fil des années, un décalage se crée. Mais ce qui est maître de la situation, sans vouloir être pompeux, c'est la création. Lorsque ça vient, on décide. C'est aussi simple que cela.

Jean-Luc Lahaye : Aucun impératif ne préside à la sortie d'un disque. Je veux être sûr de mes chansons, les avoir bien travaillées, avoir pris le temps pour les enregistrer. Car c'est une erreur de vouloir sortir un disque parce que l'on a décidé d'une date ou que le précédent a plusieurs mois d'existence. La seule concession à cet état de fait, c'est peut-être un spectacle. Il est compréhensible, quand on monte sur scène, d'avoir de nouvelles chansons, et donc un disque. D'autre part, je veux un équilibre dans ma vie entre les disques, les galas et ma vie personnelle, les vacances, par exemple.

Sur quels critères choisissez-vous en définitive les chansons destinées au public ? Êtes-vous seul juge ? Pensez-vous à l'efficacité, au tube… ?

Daniel Balavoine : Je choisis les chansons d'après le plaisir qu'elles provoquent chez moi. Je prends celles qui me satisfont le plus. Il y a deux situations différentes : celle de l'album, et la logique que je viens de découvrir avec le 45 tours inédit, *Dieu que c'est beau*. Cela dit, pour moi, le choix est facilité dans la mesure où j'aime les chansons qui me paraissent efficaces. Ça ne veut pas forcément dire qu'elles le sont. Ce qui me fait de l'effet à moi doit pouvoir en faire à d'autres… Je choisis les chansons qui me paraissent être les plus stimulantes pour le travail qu'on fait ensuite. Avec le groupe, la sincérité est seule efficace en ce domaine. Il m'est arrivé de penser que si, par hasard, on pouvait détenir la clé des tubes, j'en aurais aligné une dizaine en cinq ou six ans – cela dit, je n'en suis pas loin… – et je serais maintenant en vacances à vie. Parce qu'en fait, le truc que je préfère, c'est quand même ne rien foutre. Le problème ne se posant pas comme cela, je fais mon chemin normalement. De plus, logiquement, je compose assez peu, excepté cette année où j'ai été particulièrement prolifique. L'autre logique est celle du 45 tours inédit...

Là, effectivement, sans chercher à atteindre une efficacité commerciale, on a cherché, avec Andy Scott, à réunir (en nous vidant de tous nos complexes) la masse sonore dont on rêve depuis longtemps. Pour *Dieu que c'est beau*, on a eu besoin de dix jours d'enregistrement, dont deux uniquement pour enregistrer la batterie, ce qui est énorme... Et en plus, trois jours pour mixer. On a recherché à tirer le maximum d'efficacité de nos propres capacités.

Jean-Luc Lahaye : Je choisis mes chansons sur un seul critère : le plaisir que j'ai à les chanter. Elles mes plaisent, je les ai dans la peau. Ensuite, avec mon équipe artistique, et plus spécialement avec mon producteur Gérard Pédron, nous établissons le choix final. Et, depuis mes débuts, nous sommes rarement en désaccord.

Comment choisissez-vous le studio d'enregistrement ? l'ingénieur du son ? les musiciens ?

Daniel Balavoine : Il faut remettre les choses dans l'ordre. Premièrement : l'ingénieur du son. J'ai le même depuis dix ans. Il s'agit d'Andy Scott. Avant de travailler avec moi, il a été sonorisateur de scène pour des groupes anglais. Physiquement, il a la connaissance du rock'n'roll tel qu'il a été fait par les Anglais sur scène, dans les pays où justement le rock se joue. Il a travaillé aussi en tant qu'assistant à la belle époque du château d'Hérouville où sont passés Elton John, T. Rex, entre autres. Il a été ensuite à l'école de ce que j'appelle la « pop music », et c'est donc lui, Andy Scott, qui m'a fait progresser. Il m'a aidé, il m'a fait aimer le son et mieux le comprendre.

Deuxièmement : il y a les musiciens. Tu auras beau avoir le meilleur studio et le meilleur ingénieur du son, si les musiciens jouent mal ou ne possèdent pas le son, cela ne sert à rien. Tout ce qui est joué va s'entendre, donc cela doit être bien fait. Ma première équipe de musiciens s'est formée par les hasards de l'amitié. Nous avons fonctionné en groupe avec Clin d'Œil. La deuxième équipe s'est montée totalement selon mes goûts personnels, en dehors de toute amitié. Je les ai choisis en fonction des capacités que je crois pouvoir déceler chez les gens, de leur disponibilité vis-à-vis de la musique que j'ai envie de faire, de leur liberté d'expression et en même temps de leur obéissance, enfin de leur aptitude à fonctionner en groupe. Reste enfin les musiciens avec lesquels on a envie de jouer sur un morceau précis. Ce qu'on appelle les *guest stars* en Angleterre. Pour *Loin des yeux de l'Occident*, on a fait appel à Ron Asperi, car je voulais un sax de jazz et non de rock'n'roll, et à Patrick Moraz pour les claviers de *Partir avant les miens*.

Troisièmement : le studio. Au début de ma carrière, il y avait des considérations financières en jeu, des problèmes de coût. J'enregistrais donc au studio Barclay. Je n'avais pas le choix. Aujourd'hui, c'est Andy qui choisit le lieu d'enregistrement. Je lui fais entièrement confiance. Pour *Vendeurs de larmes*, ce fut Ibiza. On était allé visiter avant pour voir si le studio était bien conforme aux normes d'écoute et de son que l'on désirait. Maintenant le choix se fait aussi en fonction de critères tels que le dépaysement : un lieu qui soit aussi un lieu de vacances. Pour s'oublier, aussi, et rester en contact avec le plaisir. Pour le dernier album, le fait d'enregistrer à Strawberry nous a complètement stimulés. En effet, avec *Loin des yeux de l'Occident*, on s'est senti pousser des ailes. Je le dis avec fierté : techniquement, cet album est de très haut niveau. Cela nous a donné des ambitions nouvelles et plus poussées. Déjà, pour ce 45 tours, on a enregistré au studio du Palais des Congrès, parce que c'est un très bon studio.

D'après Steve Lillywhite (le producteur des Simple Minds, du prochain Pretenders ou du prochain Frida), c'est l'un des meilleurs au monde. Un studio entièrement automatisé, riche en matériel et dirigé par quelqu'un de très ouvert, qui nous donne tout ce que l'on veut. Ça aussi, c'est important !

Jean-Luc Lahaye : Je travaille avec les mêmes musiciens. C'est une équipe où les gens se connaissent, où chacun a des qualités professionnelles indiscutables dans son domaine. Les studios sont choisis en fonction de leur son : un pour les voix, un autre plus performant pour la rythmique... J'ai la chance d'avoir un producteur qui investit beaucoup en temps et en argent.

Quelle est votre contribution à l'enregistrement d'un disque ?

Daniel Balavoine : Il ne faut pas poser la question en ces termes. On donne tous à 100 % dans l'enregistrement d'un disque. Qui est au départ de tout cela ? Moi, bien sûr, puisque je fais les musiques et les textes. J'ai en plus une conception relativement précise de ce que je veux comme résultat. Les deux questions s'enchaînent parfaitement, puisque les gens dont j'ai parlé précédemment, je les ai choisis pour qu'on puisse faire ce travail ensemble, chacun donnant 100 % de ses capacités pour un résultat à 100 %. Je ne sais pas quelle est ma part sur ces 100 %... Je suis là au début, pendant et à la fin. J'ai un peu quitté le studio pendant le début des mixages, surtout depuis que Joe Hammer est arrivé dans l'équipe. Une fois que j'ai donné toutes les exigences de base, je laisse Andy et Joe seuls afin qu'ils puissent s'éclater avec les trois milliards de boutons, et trouver un son. En cachette, ils ajoutent leurs fantasmes sonores, et je reviens pour faire le tri de ce que j'aime et de ce qui me gêne. Pour résumer, je suis le noyau de l'affaire sans être pour cela le superman du disque.

Jean-Luc Lahaye : Je participe et je m'implique de A à Z dans l'enregistrement d'un disque. Je ne peux pas concevoir ce métier en chantant simplement. J'ai besoin de participer, d'être là avec les musiciens, l'ingénieur du son, de donner mon avis. C'est un travail d'équipe.

LE CHANTEUR ET SON MÉTIER

La conception de la pochette, l'impression du disque, la distribution en magasins vous intéressent-elles ? et comment ?

Daniel Balavoine : J'ai participé à la conception de toutes mes pochettes. C'est le paquet cadeau. Le choix des textes, des typos, la maquette, tout cela m'intéresse. Pour l'impression, idem ; encore que je n'aie pas à me plaindre des gens qui travaillent pour moi chez Barclay. Ils ont toujours défendu les disques que je faisais, y compris au niveau de l'impression. Je ne vais pas à la gravure, parce que je n'y comprends rien. Mais j'ai conscience que c'est une étape aujourd'hui décisive. Andy Scott s'en occupe très sérieusement ; il se charge d'écouter avec minutie, pour voir si le son gravé est bien conforme au son de la bande. J'ai 100 % confiance en lui. Par contre, lorsque les premiers échantillons arrivent, je les écoute très soigneusement pour donner le B.A.T. [*le bon à tirer*]. Nous sommes trois à le faire. Logiquement, une seule personne suffit. Là, Léo Missir, Andy et moi écoutons, puis on se téléphone avant de se déterminer. Quant à la distribution en magasins, dans le commerce, je ne m'en préoccupe pas. Ce n'est pas mon métier. Ma maison de disques m'a signé un contrat ; c'est donc que je les intéresse, d'autant plus que je suis sûrement une des meilleures ventes, chez Barclay, au niveau de la régularité. Il est donc dans leur intérêt de contribuer à la vente de mes disques. Mais j'insiste une fois de plus pour dire que mon métier s'arrête au moment où le disque est dans sa pochette.

Jean-Luc Lahaye : La pochette, les photos, la conception du disque sont la création de Gérard, le producteur, et de moi-même. Là encore, c'est ma façon d'envisager ce métier. J'aime chanter et tout ce qui s'y rapporte.

Comment concevez-vous le rythme 33 tours, 45 tours ?
Daniel Balavoine : Je sors depuis six ans uniquement des albums dont on extrait des 45 tours. Excepté donc ce 45 tours inédit qui est vraiment une démarche nouvelle pour moi, tout du moins depuis que ça marche. Dans ce cas précis, on s'est fixé un délai : une sortie le 15 juin, mais à condition bien sûr que la chanson soit là, qu'elle existe. Je n'aurais pas fait n'importe quoi. Simplement, avec le Palais des Sports programmé en septembre, on s'est dit qu'il serait important d'avoir un titre nouveau. Sinon, pour le reste, concernant l'échantillonnage d'un album en 45 tours, c'est la maison de disques qui décide au vu des titres. Lorsque la courbe d'un 45 tours baisse, on en extrait un autre. C'est aussi simple que cela. Le rêve serait pour moi de produire un album et trois 45 tours par an. La réalité est autre, puisque c'est six mois de travail sur un disque…

La promotion d'un disque est-elle nécessaire ?
Daniel Balavoine : Lorsque tu fais quelque chose d'artistique, tu le fais pour que cela se sache. Et si tu veux que cela se sache, tu as intérêt, effectivement, à faire de la promotion.
Jean-Luc Lahaye : La promotion est devenue indispensable.

Comment la concevez-vous ? Comment s'organise-t-elle ?
Daniel Balavoine : Comment ? Eh bien, le plus simplement du monde : en faisant des émissions de télé, de la radio et de la presse, comme pour n'importe quel produit.

Jean-Luc Lahaye : Phonogram, la maison de disques, s'occupe de la promotion auprès des médias : presse, télé, radios. De plus, j'ai la chance d'avoir autour de moi une équipe d'amis qui me facilitent considérablement le travail.

Est-ce que toute télé est bonne à faire ? Y a-t-il des priorités ?

Daniel Balavoine : Je dirai oui et non. Tout dépend du choix qu'on te propose. Il y a des choses qui me font sourire. Exemple : lorsqu'une émission spécialisée dit : « On veut bien de vous pour faire l'émission, mais le problème c'est que l'on vous voit chez Guy Lux ou chez Sabatier, et ce n'est pas notre truc... » Je réponds toujours : « OK, mais si vous me preniez dans votre émission, je n'aurais peut-être pas besoin d'aller chez Machin et Machin... » Moi, je fais des disques pour qu'ils marchent. Pourquoi ? Parce que c'est la condition *sine qua non* pour que je puisse continuer.

Aujourd'hui, j'ai de plus en plus d'ambitions technologiques, il faut donc que je réussisse à me donner les moyens de mes ambitions, c'est-à-dire... vendre. Ce que je dis là peut paraître vulgaire ou mercantile, mais c'est, hélas, la réalité de ce métier. Si je fais cinq albums extrêmement sophistiqués et que je n'en vends pas un, quelle maison de disques va oser me signer un contrat ? Personne ne veut se mouiller dans les émissions spécialisées, donc on va là où l'on nous prend. C'est-à-dire qu'on fait Guy Lux, Sabatier ou même, à l'époque, Danièle Gilbert... Il faut bien faire circuler l'information à un moment ou à un autre. Mais il est vrai que si j'en avais eu la possibilité, il y a quelques émissions que j'aurais évitées. Je fais des émissions de Guy Lux, mais je n'y participe jamais en direct le soir, sauf une fois où l'on m'avait dit que Julien Clerc m'avait invité. Pourquoi ? Parce que ce sont des émissions de très mauvaise qualité technique. Non pas que les techniciens soient mauvais, mais parce que les conditions de travail au niveau technique ne sont pas réunies. On ne peut pas en vouloir aux techniciens. Ils n'ont rien pour effectuer le travail que nous faisons en studio ou sur scène.

J'estime que faire des émissions dans ces conditions n'est pas bon, bien qu'elles soient regardées et appréciées... Peut-être est-ce moi qui ai tort, mais je ne veux plus faire des choses où la qualité de son n'est pas respectée. Par contre, chez Drucker, nous sommes tombés sur des techniciens formidablement coopératifs, qui ont laissé Andy Scott travailler avec eux. Ils ont tout à fait compris que nous n'allions pas prendre leur place, mais qu'il fallait qu'on se donne les moyens de notre musique. C'est à moi de me battre avec le courant que j'ai créé, et je commence à en récolter les fruits. En septembre, je fais *Les Enfants du rock*. Enfin ! Non pas que je veuille absolument entrer dans le monde du rock'n'roll. C'est juste pour être reconnu comme un produit différent de la variété traditionnelle, c'est-à-dire différent des disques qui se font en une ou deux semaines. Mais, pour l'instant, je le répète, on va là où on peut, parce que justement on veut le faire savoir.

Lorsque j'entends des gens comme Higelin ou Couture dire : « Je ne vais pas à la télé », je leur dis que c'est très dommage ! Plus ces mecs iraient à la télévision et meilleures seraient les émissions, parce que le métier s'habituerait à d'autres exigences. Ce serait tout aussi bénéfique, d'ailleurs, pour la variété pure. Il n'y a pas de raison qu'elle soit maltraitée non plus. Pour finir, je dirai que, pour l'instant, la base de la promo va rester pour moi : Drucker, *Platine 45* (une émission pour les mômes, bien faite), *Champions*, où l'on peut s'exprimer et collaborer avec l'équipe, plus certaines émissions où l'on peut « vivre » : *Sept sur sept* (avec les risques d'erreurs que cela comporte), le Journal télévisé... On s'y exprime, on montre que l'on est autre chose qu'une marionnette. Pour ceux qui sont autre chose que chanteurs (c'est-à-dire auteurs-compositeurs, producteurs), c'est important, parce que cela fait justement la différence avec ceux qui ne sont que chanteurs.

Jean-Luc Lahaye : Question piège, je ne répondrai pas.

Un chanteur est-il un être humain qui chante des chansons, ou aussi un personnage qui dépasse le cadre de ses chansons (vie privée, prises de positions...) ?

Daniel Balavoine : Il n'y a pas de critère général. Chacun fait ce qu'il veut. Il y a Jean Ferrat et Jean-Luc Lahaye. Je répète une fois de plus que, dans le cadre de cette discussion, ce n'est pas dit dans un esprit de méchanceté ou d'agressivité. Je pense qu'il y a une catégorie de chanteurs comme Jean-Luc Lahaye, Michèle Torr ou François Valéry, qui font de la chanson purement populaire. Le terme « populaire » n'a rien de péjoratif, puisque c'est aussi une des bases de notre métier. Disons que cette catégorie de chanteurs a un public moins exigeant, moins acharné, moins difficile. Une clientèle qui souvent travaille beaucoup, qui a une vie plus difficile, qui n'a pas forcément le temps de se pencher sur les états d'âme des chanteurs (comme je peux en avoir). Donc, ce public-là aime bien des chansons simples, avec un texte simple, qui vont droit au but. À l'autre bout, il y a le chanteur engagé, et entre les deux il y a... un monde !

Chaque chanteur est un être humain différent, avec ses règles de vie propres. Il y en a qui aiment livrer leur vie privée. Moi, on ne connaît rien de la mienne. Que je sois un homme public est une chose, que les personnes qui m'entourent le soient aussi en est une autre. A priori, si un jour j'ai une femme et un enfant, je pars du principe qu'ils n'auront rien demandé. Je mène ma carrière d'homme et d'artiste comme je l'entends, et les rares concessions concernant le domaine professionnel sont des concessions promotionnelles : annoncer et présenter un nouveau produit qu'on vient de faire, dire qu'il vous est cher et pourquoi on tient tant à le défendre…

Jean-Luc Lahaye : Un chanteur doit apporter le rêve, aimer son art et être sincère. C'est un être humain. Un chanteur est aussi chargé d'une mission. La mienne : la carte de cœur.

Êtes-vous sensible aux chiffres de ventes de vos disques ? Pourquoi ?

Daniel Balavoine : Je l'ai dit tout à l'heure : cela permet de poursuivre mon travail. Mais il n'y a pas que cela. Il y a aussi l'argent que l'on gagne pour nous, le confort que cela implique. Je suis content de gagner de l'argent. Pourquoi ne pas le dire ? Je dis aussi, sans esprit de démagogie aucun, que cela permet également de faire gagner de l'argent à d'autres. Deux ou trois artistes qui marchent fort peuvent faire vivre une maison de disques dans de nombreux secteurs : pub, promo, production, secrétariat. On fait vivre ceux qui fabriquent le disque, les attachés de presse, mais aussi les critiques dans les journaux, y compris ceux qui disent qu'on fait de la merde… Par contre, je ne téléphone jamais chez Barclay pour savoir où en sont les ventes. Je les consulte quand je reçois les chiffres sur le papier.

Jean-Luc Lahaye : Oui, j'y suis sensible. C'est rassurant pour moi, et surtout pour mon cher producteur.

Quelle image pensez-vous que le public a de vous ?

Daniel Balavoine : La meilleure façon de le savoir serait de le lui demander. Ce n'est pas pour me dérober, mais je n'en sais rien. Il y en a qui pensent que je suis une tête de con, d'autres qui pensent que je suis gentil. Il y en a qui disent que je passe mon temps à me faire de la pub en racontant des conneries, d'autres qui pensent que je suis un garçon honnête et sincère qui a le courage de ses opinions. Il y a des gens qui me trouvent beau, d'autres gros, d'autres encore qui disent que c'est parce que je suis gros que je suis beau... Il y a comme ça des milliers de réponses. Globalement, le public qui m'aime ne pense que du bien de moi; celui qui ne m'aime pas, a priori, n'en pense que du mal... Entre les deux, il y a tous ceux qui s'en foutent. Je voudrais que les gens aient de moi l'image d'un mec qui se sent bien avec ses douleurs et ses bonheurs, mais qui s'assume dans les deux cas. En fait, quelqu'un de crédible.

Jean-Luc Lahaye : Aucune idée, chacun fantasme comme il veut. C'est très difficile de cerner l'image qu'un chanteur a auprès du public.

Le chanteur et la chanson

Pourquoi faites-vous ce métier de la chanson ?

Daniel Balavoine : Je suis entré dans ce métier presque par hasard, par la petite porte, en faisant des bals. Comme je m'y ennuyais, j'ai fait des groupes de rock il y a quinze ans, et puis... j'ai fait chanteur tout seul, tout en continuant à fonctionner en groupe. Peut-être aussi pour réactualiser le terme de pop music, ce qui est entre le rock et la variété pure. La pop music n'est pas une étiquette de plus, elle efface toutes les autres. C'est la musique des gens qui ont envie de faire quelque chose d'évolué, de relativement sophistiqué, qui s'intéressent à la musique et non pas à l'œuvre. Les gens qui font de la pop music sont des gens qui vivent à l'heure.

Jean-Luc Lahaye : Pourquoi êtes-vous journaliste ? J'ai la chance de vivre de la musique. Cela a toujours été mon rêve, il est devenu réalité. J'ai aussi envie que les gens chantent mes chansons dans la rue.

Si vous étiez journaliste, comment présenteriez-vous l'autre (Jean-Luc Lahaye pour Balavoine, et vice versa) ?

Daniel Balavoine : Je ne serai jamais journaliste. Mais si je l'étais, je ne parlerais que des choses qui me provoquent vraiment. En ce qui concerne Jean-Luc Lahaye, je ne ferais pas de papier sur lui en tant que journaliste, parce que cela ne me concerne pas. Cela étant dit sans aucune méchanceté. Au contraire, j'estime que si je disais du mal de lui, ce serait cracher sur la gueule des gens qui achètent ses disques. Jean-Luc Lahaye est un chanteur de variété, de music-hall traditionnel. Je ne prends pas les gens pour des cons, d'autant que je suis sûr qu'il y en a qui ont à la fois mes disques et ceux de Lahaye. Cela ne me gêne pas. Je dis simplement que ce n'est pas la même chose…

Jean-Luc Lahaye : Je ne le présenterais pas, je le chanterais.

En quoi un chanteur est-il utile ? A-t-il un rôle dans notre société ?

Daniel Balavoine : Sûrement que c'est utile… puisqu'il y a plein de chanteurs qui me sont utiles à moi pour faire mon métier ou pour ma jouissance personnelle. Lorsque j'écoute l'album de Yes, ou de Peter Gabriel, ce sont de réels moments de liberté et d'évasion. J'imagine que la musique que je fais provoque la même chose chez les gens qui m'aiment bien. La musique est indispensable aux gens qui l'aiment…

Jean-Luc Lahaye : Les cimetières sont remplis de gens qui se croyaient indispensables.

Est-ce qu'il y a la bonne chanson et la chanson dite « de variétés », avec l'habituelle nuance péjorative ?

Daniel Balavoine : Non. Il y a dans chaque catégorie de la bonne et de la mauvaise chanson. Il y a eu du bon disco et du mauvais, il y a aussi de la bonne variété. Je prends souvent l'exemple de Sardou qui est un mec que j'admire vraiment, sérieusement : un mec extrêmement puissant, bourré de talent dans le genre qu'il pratique. Par contre, c'est le genre que je n'aime pas. Je ne me vois pas rentrer chez moi pour écouter un disque de Serge Lama ou de Michel Sardou. Mais il m'est arrivé de voir Sardou, comme Dalida ou Hervé Vilard, sur scène, alors qu'eux ne viennent pas nous voir. Ils devraient, d'ailleurs…

Pour en revenir à Jean-Luc Lahaye, cela fait partie d'un métier que je ne connais pas bien. Abstrait, pour moi. J'ai écouté et observé l'album de Jean-Luc : il n'y a rien de semblable dans nos démarches. Mais, je le répète, s'il réussit dans son domaine, c'est qu'il doit exister. Cela fait vingt ans que l'on crache à la gueule de Sheila, alors que cela fait vingt ans qu'elle vit de son métier. L'idéal, pour un artiste, est d'être populaire. Pour moi, l'exemple même de la réussite depuis les Beatles, c'est le groupe Police. Tu trouves des disques de Police au milieu de ceux de Jean-Luc Lahaye, Michel Sardou, Genesis et Talking Heads. Mais, pour répondre à la question, je dirai que j'accepte difficilement, non pas pour des raisons d'orgueil, mais pour des raisons de sueur (le rock c'est la sueur, c'est ce qu'on transpire, et on ne choisit pas sa sueur…), que l'on me classe parmi les gens qui font des disques en deux semaines, avec des arrangeurs à la mode, des auteurs-compositeurs à la mode, des musiciens à la mode, dans ce créneau du disque de variété française qui se doit d'être vite fait, bien fait, mais absolument à la mode !

Jean-Luc Lahaye : Il y a la chanson, tout simplement.

Chapitre 11

Sauver l'amour, écoute privée de l'album, un jour de septembre 1985

Août 1985 : je viens tout juste de revenir de mes courtes vacances, alors que mes angoisses professionnelles, mises à rude épreuve en ce début d'année 1985, s'estompent enfin un peu. À l'exception de *Paroles et Musique*, « le mensuel de la chanson vivante », qui s'est imposé comme le magazine de référence pour la francophonie, la presse musicale et spécialisée n'est plus dans une grande forme économique. *Chanson magazine*, le périodique édité depuis deux ans par Jean-Louis Foulquier, a déposé son bilan avant l'été. Entre-temps, le pape de la chanson hexagonale a créé ses Francofolies à La Rochelle, et tout l'investissement qu'il avait mis dans son journal se voit reporté sur le premier grand festival de l'été, dédié à toutes les chansons francophones. Entre-temps, pour agrémenter son émission quotidienne sur France Inter, Foulquier aura appelé Sylvie Coulomb, Laurence Lefèvre et moi-même qui sommes chargés de dispenser nos états d'âmes de jeunes loups énervés au micro de la radio de service public.

Nous faisons donc nos premiers pas au micro de France Inter en septembre 1985. *Numéros 1*, le journal créé par l'indispensable et irremplaçable Christian Page, qui me vit faire mes débuts de journaliste, a trouvé des repreneurs qui vont tenter de rendre plus adulte un support qui l'était déjà bien assez. Ils me proposent d'y collaborer. Me voici donc avec mes deux nouvelles casquettes : chroniqueur à la radio et journaliste pour la nouvelle formule de *Numéros 1*.

Geneviève Salama, l'attachée de presse de Daniel, m'appelle cette fois pour me dire que Daniel Balavoine souhaite m'inviter à écouter son nouvel album. Rendez-vous est pris dans les locaux d'une nouvelle agence de communication pour les artistes. Une structure de marketing pour lancer les spectacles de façon plus forte et qui s'intitule « Émotion ». Le *music business* serait-il en train d'inventer un marketing artistique ?

Nous sommes en 1985 et le métier de la chanson s'organise tout à coup plus vite, se professionnalise et s'adapte à la mutation annoncée du nouveau support appelé à remplacer le vinyle : le disque compact. Dans le même ordre d'idées, nous sommes alors rendus dans une nouvelle surenchère scénique qui démode pour un temps le classique parcours du chanteur en quête de reconnaissance, dont la consécration passait par l'Olympia, voire, pour les plus audacieux, par le Palais des Sports ou le Palais des Congrès. Avec la naissance du Zénith et l'arrivée de Jack Lang au ministère de la Culture, la musique devient une affaire d'État où les cadors de l'économie capitaliste vont jouer des coudes. Il faut être moderne, original mais rentable. Vaste programme ! Et, pour les chanteurs, une seule mission : surtout, mieux faire que son camarade de classe ou son collègue de bureau, comme disait Brassens.

Le monde de la musique en France est malade, il souffre du complexe du rock'n'roller de fond. Chaque artiste fait appel à une star de la mise en scène : Hilton Mac Connico pour Johnny Hallyday, Jérôme Savary pour Eddy Mitchell, Pierre Fuger et Jean Paul Gaultier pour Sheila, Patrice Chéreau pour Jacques Higelin. Le Zénith ne suffit plus, on investit également le Palais Omnisports de Paris-Bercy dont la capacité d'accueil est double. Le spectacle de variété devient une superproduction en soi, et ce n'est pas sans conséquences sur l'organisation économique du spectacle.

Cette course au gigantisme a changé la conception des carrières. Les artistes sont contraints de créer l'événement tous les deux ans avec une armée d'outils promotionnels et un arsenal médiatique ferré comme il se doit. Les chanteurs, comme les politiques, entrent désormais en campagne.

L'agence « Émotion » est née de cette mutation et va un temps monopoliser le train de la communication avec un certain talent et surtout beaucoup d'à-propos. L'affiche d'un spectacle, son lancement constituent à eux seuls un autre événement. Les Parisiens vont donc s'étonner devant l'affiche les informant que *Bercy est à Julien*, puis devant celle d'Higelin, le point levé tel un gladiateur ailé, annonçant : *Bercy, celui qui va chanter te salue* ; ils s'étonneront devant celle de Jeanne Mas qui, après avoir avoué *J'ai un trac d'enfer* pour annoncer son premier Olympia, récidive au Palais des Sports avec *En rouge et noir, j'afficherai mon cœur...* Mais c'est Renaud qui marquera le plus les esprits avec sa campagne *La Chetron Sauvage*, qui annonce son premier Zénith, puis celle de son retour triomphal, *Le Retour de la chetron sauvage à partir de dorénavant*. Bien vu !

Daniel Balavoine préparait alors la sortie de son nouvel album, *Sauver l'amour* ; il m'a donné rendez-vous dans les bureaux de cette même agence où il réfléchissait à la manière dont il pourrait communiquer sur son prochain spectacle, prévu au Palais des Sports pour octobre 1986. Lorsque j'arrive, Daniel m'attend déjà. Il est visiblement heureux de pouvoir me faire écouter son nouvel album. Nous entrons dans une petite pièce qui ressemble à la rencontre entre Haussmann et la modernité clean des années 80. Il me dit avec une exaltation très singulière qu'il est convaincu que ce disque est la somme ou la synthèse de tous nos entretiens passés :

« J'espère que ceux qui doutaient de ma volonté ou de mon obstination à produire une musique aussi sophistiquée que celle de nos amis anglais vont enfin me comprendre, simplement, avec le disque et les chansons, sans que j'aie encore à me justifier... »

Il me parle de l'enregistrement en Écosse, du mixage à Paris, au studio du Palais des Congrès. Il tient à me faire écouter en priorité son disque au casque, puisque je connais depuis le début ses propres motivations artistiques, ses bizarreries de son à lui, ses plans de production qui font la différence, son travail sur la rythmique, et, là, l'amplitude de la stéréo et le travail sur ses effets, inspiré du groupe Led Zeppelin.

C'est donc parti pour une première écoute au casque. J'écoute l'album sur un support CD dans un disc-man. Je crois, si ma mémoire ne flanche pas, que c'est ma première fois. Je vous parle d'un temps que les moins de vingt ans... Je pense alors que Daniel va naturellement sortir de la pièce pendant l'écoute, pour ne pas me gêner ou pour être à même de répondre aux sollicitations du moment, qui sont nombreuses. Eh bien non, il reste assis strictement en face de moi, signant et lisant quelques courriers qui lui sont destinés. Il est là, scrutant mes réactions pendant que défilent dans mes oreilles les neuf titres du disque. Il est comme ça, Daniel. Il ne craint pas de faire face à l'éventuelle impassibilité de son admirateur, ou même à des signes visibles de déception. Il observe les moindres expressions sur mon visage. De l'extérieur, il sait parfaitement quel morceau je découvre. Il a voulu que j'écoute son disque avec le volume très fort. Comme lui lorsqu'il écoute ses mises-à-plat avant d'écrire ses textes. Il sent, il voit très bien les moments où je souris, ceux où je semble scotché par le son et la chanson. J'ai déjà vécu des écoutes d'albums en studio avec des artistes présents. Là, c'est encore autre chose : une sorte d'intimité nous relie et aucun mensonge, aucune dissimulation n'est possible.

Je suis persuadé que Daniel a lui-même cherché à créer ce moment si singulier. Certes, c'est toujours facile, rétrospectivement, de se complaire dans ce genre d'impression. Pourtant, en étant sincère avec moi-même, je n'enjolive rien de la situation d'alors. Cette invitation à la découverte de Daniel, je l'ai reçue comme un cadeau de la vie. Je me revoyais adolescent, enfermé dans ma chambre, écoutant des heures entières l'album *Le Chanteur* et essayant lorsque je tentais une sortie de convaincre mes frères que la musique pop anglaise avait désormais qu'à bien se tenir. Découvrir en toute confidentialité le nouvel album d'un artiste que l'on aime depuis toujours... Oui, à cet instant, je réalisais un rêve, et je ne rêvais pas ma vie. C'est peut-être à ce moment précis que j'ai ressenti la force de la différence entre ces deux choix de vie. Et tout cela n'était pas compliqué, mis en scène, puisque Daniel lui-même en faisait tout-à-coup un moment ordinaire. Avec, quand même, pour moi, l'obligation d'énoncer la sentence finale :

« C'est ton meilleur album. Je sais, je te l'ai déjà dit pour le précédent. Suis-je encore crédible ? Mais ce qui était effectivement sincère pour *Loin des yeux de l'Occident*, l'est tout autant, voire encore plus pour ce disque. Il n'y a rien à jeter, parce que les neuf chansons forment un aboutissement incroyable de tes années de recherche... Avec une sorte de légèreté de celui qui ne doute pas, parce qu'il est au plus près du cœur de sa vérité... »

Voilà en substance ce que je lui ai dit à ce moment-là. Daniel avait alors le visage d'un homme satisfait, ravi d'être compris dans toute la subtilité de son travail, fier d'avoir offert le message sans qu'il soit brouillé ou faussé, rassuré aussi d'avoir à nouveau un retour conforme à ce qu'il attendait sur le potentiel de ses chansons et de son album. Balavoine avait de grandes ambitions pour ce disque et pour lui-même. Il était heureux dans sa vie personnelle et convaincu de pouvoir troquer son blouson d'éternel révolté contre un habit plus souple de messager de l'amour, presque mystique dans son avidité à vouloir remettre l'utopie sentimentale au centre de sa philosophie. Comme si le fait d'avoir beaucoup crié contre les injustices, résisté de tout temps à la démission progressive des engagements de l'homme, lui donnait plus de droit qu'un autre à rejoindre la pensée christique et fondatrice du « Aimez-vous les uns les autres », tout en parvenant à le tamiser d'un contrechamp moins aisé consistant à affirmer qu'*Aimer est plus fort que d'être aimé*.

En le quittant, je lui dis qu'il était à l'aube d'un recommencement. Celui de l'illumination, du zen. Ce qu'Étienne Daho appellera un an plus tard le « satori », dans l'un de ses albums, *Pop satori*, mot emprunté à l'écrivain argentin Jorge Luis Borges qui disait à peu près ceci : « Dans le zen, on a découvert un processus pour arriver à l'illumination. Il demande au préalable des années de méditation. On y parvient brusquement ; il ne s'agit pas d'une série de syllogismes. C'est une intuition soudaine qu'on a de la vérité. On appelle ce processus le *satori* et il consiste en un fait brutal qui se situe au-delà de la logique. » Nous nous sommes séparés heureux, avec un seul rendez-vous en tête : l'interview qu'il m'accorderait à nouveau pour le journal *Numéros 1* et qui lui vaudrait une nouvelle couverture du magazine. Si, à ce moment-là, le fameux slogan publicitaire de L'Oréal avait existé, je lui aurais simplement dit en le quittant, pour le faire rire : « Parce que tu le vaux bien… »

Il aborde l'enregistrement d'un album comme un nouveau pari sur la technique à venir. Chanteur de son état, Balavoine est avant tout un alchimiste de studio. C'est ainsi que la production est un travail qui le regarde de très près, qui prend chaque fois un peu plus de temps pour obtenir un son performant, à la limite de l'inédit, et qui n'a plus rien à envier aux grosses productions anglo-saxonnes. Avec *Sauver l'amour*, il y parvient totalement, nous livrant là son album le plus accompli, mais surtout le plus cohérent et le plus personnel.

Il n'en reste pas moins un acteur de son temps. Il chante toujours ce qu'il pense au travers d'une évolution presque surprenante. Ainsi, celui qui fut le pourfendeur des conformismes, que la France profonde jugeait révolutionnaire, repart au combat avec la plus vieille arme qui soit : l'Amour. Comme un signe des temps qui témoigne une fois de plus que la faillite des idéologies s'accentue. Les nouvelles chansons de Balavoine en sont un reflet exacerbé. L'âge de raison n'est plus loin...

– *Combien de temps as-tu mis pour faire cet album ?*

– J'ai mis un an à faire toutes les musiques. En avril et mai, j'ai commencé à discuter avec Andy Scott et Joe Hammer. Il fallait savoir de quelle manière nous allions aborder ce nouveau travail, quelle optique pour ce nouveau 30 cm. J'avais déjà choisi de ne plus toucher au piano et de brancher toute une usine de synthés pour écrire les chansons. C'était très important, parce que j'étais stimulé par une autre forme de son.

Ensuite est venue l'histoire du Fairlight. J'ai finalement décidé d'en acheter un. La France est peut-être le dernier pays où l'on n'a pas encore compris que le Fairlight est un instrument de musique à part entière, et non le énième synthétiseur pour faire ses arrangements. Dans un premier temps, j'ai demandé à Joe Hammer de l'étudier. Le Fairlight est un véritable ordinateur, extrêmement élaboré. Et puis ensuite, lorsque Joe a assimilé tout cela, j'ai reçu l'instrument chez moi. C'était pour moi comme un cadeau de Noël ! Je suis resté une semaine enfermé afin de comprendre les bases de l'appareil et, à partir du mois de juin, nous avons commencé à le programmer en fonction des chansons. Ce qui est fantastique, c'est qu'avec un tel instrument, il n'y a plus aucune des limites que l'on se fixait auparavant. Nous ne sommes plus prisonniers de rien. Il n'y a même plus de problèmes d'acoustique, par exemple. Si le Fairlight a un côté abstrait, cela n'altère en rien la chanson et la mélodie…

– *Vous êtes partis en Écosse comme pour l'album précédent…*

– Oui, absolument. C'est un endroit extrêmement tranquille, et comme nous n'avions pas ce problème d'acoustique, il nous fallait simplement un bon studio. Pour le reste, on a travaillé en direct pour toutes les prises. C'est là aussi une des qualités de cet album : avec le Fairlight, les synthés, nous avons eu tous les sons qu'on a voulus, c'est-à-dire qu'il n'y a pas eu de modifications de son à travers le matériel de studio. Au niveau de l'enregistrement, tous les sons qui sont sur la bande sont des sons qui, à peu de chose près, existaient au départ. Par contre, nous avons choisi de travailler des heures, avant l'enregistrement à proprement parler, pour maîtriser ces synthés et le Fairlight, pour obtenir ce gros son… S'il y avait eu des gens autour de nous à ce moment-là, ils nous auraient pris pour des fous complets…

– *Le mixage n'a plus d'importance, alors ?*

– Non, pas du tout. Mais c'est vrai qu'en France, la méthode qui consiste à dire « On verra au mixage » est un peu agaçante. En effet, lorsque les musiciens ont joué pour cet album, ils ont pu le faire en ayant dans les oreilles le vrai son, celui sur lequel, à quelques corrections près, on travaillerait au mixage. Contrairement à ce qui se fait habituellement, on ne leur a pas demandé d'imaginer le son final du mixage. Les musiciens ont entendu le son définitif sur lequel ils allaient jouer. Le mixage a duré vingt-cinq jours, ce qui est beaucoup. Cela a représenté un travail monstrueux. C'est là, en fait, qu'est intervenu le véritable travail de production. Un travail de dentelle où il faut imaginer un relief sonore qui soit aussi puissant pour la stéréo que pour le mono. Ce découpage très précis au mixage peut paraître fastidieux. On pourrait se dire que l'on passe vingt-cinq jours à enculer les mouches, mais, dans notre cas, cela valait le coup, puisqu'on avait déjà la masse sonore. L'apprentissage a été quand même très long. Pour le prochain disque, je pense que nous irons plus vite. Là, il y avait vraiment des moments où je me demandais si j'étais en train de faire un bon disque. Je ne savais plus trop jusqu'où on peut aller trop loin. J'ai eu beaucoup de moments de doute, mais pas d'anxiété au niveau du succès.

– *Tu n'avais pas peur que le résultat paraisse trop expérimental ?*

– Non [*silence*]. Je ne prends pas les gens pour des cons. Évidemment, on me dira que ce que je dis là est démagogique. Beaucoup de gens, soi-disant spécialistes, affirment que puisque le public aime *Besoin de rien, envie de toi* de Peter et Sloane, cela signifie qu'il est con. On en déduit que les gens sont bêtas parce qu'ils ne comprennent pas. Ce n'est pas le problème ! Ce n'est pas parce que le public ne comprend pas ce que l'on est en train de faire, qu'il ne faut pas le faire ! Ce qu'on lui demande éventuellement, c'est de le ressentir. C'est vraiment de l'aimer, en fait. Si tu prends l'exemple de Jacques Brel avec sa chanson *Amsterdam* où il parle « d'accordéons rances », de dents « à décroisser la lune », et si tu demandes à un blaireau d'expliquer cela, il ne va rien te répondre. Il aura quand même acheté le disque. Il ne sait pas ce que cela signifie, mais il aime la bizarrerie, l'étrangeté qui lui donne une sensation. Je ne me suis pas posé des questions sur le bien-fondé de ce genre de choix ! Le fait de pousser les choses le plus loin possible fait partie du respect que l'on doit avoir pour les gens. Il faut essayer de les surprendre, de les brutaliser, mais il faut évidemment que cela soit fondé.

– Tu as sûrement aussi l'ambition que ce travail soit reconnu à sa juste valeur ?

– Si je me suis attaché à trouver un son qui me stimule, qui me plaise, je suis convaincu qu'il y a des gens qui vont a priori avoir les mêmes sensations. D'abord il y a les gens qui m'aiment bien. Parmi ceux-là, il y en aura un petit pourcentage qui va être déçu, ou étonné, ou un peu inquiet. Mais, avec le temps, ils vont s'y habituer. Il faut aussi que le public fasse des efforts. On ne doit pas être les seuls à en faire. Il ne faut pas que j'aie une sorte de trac parce que j'évolue, que je change album après album… Je sais aussi qu'il y a des gens qui attendent quelque chose qui me ressemble. Ce sont les fidèles, et je veux qu'ils évoluent avec moi. Je veux aussi que mes disques leur donnent envie que d'autres disques soient faits dans le même sens. J'ai envie, c'est certain, que plein de gens constatent que cette production est à la hauteur des grosses productions internationales comme celles de *Tears For Fears*. Je le dis sans prétention aucune et de façon décomplexée. Et puis, quoi qu'il en soit, les chansons restent et doivent continuer d'exister. Sans parler des mots…

– Justement, ta façon d'écrire a changé. Cela paraît plus simple, moins elliptique, et le message n'est curieusement jamais négatif !

– C'est tout à fait vrai ! Pour la première fois de ma vie, il n'y a aucun texte qui soit négatif. Chaque texte contient une phrase d'espoir, une phrase de compréhension, aussi…

– *Tu parles également beaucoup des enfants.*

– Oui, mais je parle beaucoup des mômes parce que je parle beaucoup d'amour ! C'est pour cela que l'album s'appelle *Sauver l'amour*. C'est un album tellement antireligieux qu'il en devient mystique... À force de vouloir aplanir toutes les difficultés que causent les religions, cela devient aussi une forme de religion que de vouloir essayer de fabriquer des hommes soi-disant libres. Sans verser dans l'intellectualisme, je dirai qu'il s'agit d'un disque où je transmets beaucoup de sentiments d'amour. Que ce soit l'amour de la liberté, l'amour de la vie telle qu'elle est, telle qu'on la vit. Le principal étant de dire que même si l'on te déteste, tu restes le plus fort. C'est plus fort d'aimer que d'être aimé. C'est plus intense.

– *À ce propos, tu as fait, toi aussi, ta chanson sur le racisme ?*

– Oui. Mais, là, c'est encore une chanson d'amour. C'est un texte qui prône l'amour d'une race. J'ai une gonzesse qui est juive marocaine, et j'aime ça. Je voulais le dire. J'aime son aspect physique, la couleur de ses cheveux... J'ai profité de cette histoire d'amour pour communiquer cette idée : on aime les peuples ou on ne les aime pas. On ne peut pas dire : « J'aime les Arabes, mais uniquement quand ils sont chez eux. »

– *Tu as aussi ta version personnelle de* Chanteurs sans frontières *?*

– Cette chanson est fondamentale. Je n'ai pas voulu faire à moi tout seul ma petite chanson sur l'Éthiopie que les autres ont faite sans moi – je le regrette, d'ailleurs, mais je ne pouvais pas être là à ce moment-là, et je préfère dire tout de suite que j'aurais bien aimé y participer ; j'ai écrit le texte de *L'Enfant assis attend la pluie* en pensant effectivement à l'Éthiopie, mais ça aurait pu être une tout autre contrée d'Afrique. C'est une chanson contre la charité. Les gosses qui meurent là-bas ne se posent pas toutes les questions que l'on croit qu'ils se posent. Ils ne se demandent pas si on va leur envoyer de l'argent ou de la bouffe, si on va faire ou organiser une opération caritative. Ils savent qu'ils n'ont pas d'eau, que cela s'appelle la sécheresse, et par conséquent ils attendent une seule chose qui puisse les sauver : la pluie !

Aucun gosse ne se préoccupe de savoir si nos concerts, organisés en leur faveur, ont rapporté suffisamment d'argent. Il faut pourtant aussi mener ces actions-là, qui sont toutes extraordinaires. Cela dit, il faut parvenir à ôter cette connotation péjorative de charité. Ils n'en ont pas besoin. Ils ont besoin d'un changement de conception de l'économie mondiale, pour qu'ils vivent enfin et non pour qu'on les fasse vivre. Le pire, c'est que ces enfants demandent quelque chose que la nature leur refuse. L'homme n'a même rien à voir là-dedans, à la limite, et c'est d'autant plus cruel. L'amour, c'est bien beau, mais ce n'est plus une valeur en hausse…

L'amour, effectivement, la notion d'amour est en train de dépérir. Elle n'a plus de valeur ; c'est comme quelque chose de honteux. Les mômes ont honte d'aimer. Ils trouvent que cela ne fait pas bien. Et pourtant, je dis que c'est la clé de pas mal de problèmes. La solution du sauveur suprême n'existe pas. Il n'y a pas Dieu qui va régler tous les problèmes, sinon il l'aurait déjà fait ; ou alors, s'il existe et ne l'a pas fait, c'est que c'est un enfoiré de première !

– *C'est un peu baba-cool, ce que tu dis là !*

– Non ! Parce que je ne dis pas : « Aimons-nous tous les uns les autres. » Ce n'est pas possible. Mais au moins que l'on parvienne à s'aimer le plus possible ! Et c'est vrai que cela ne peut passer qu'au travers du regard des enfants. Il faut remplacer toutes les notions abstraites du type « Dieu » ou « idéologie politique » par le Sentiment. Le sentiment est au contraire quelque chose d'éminemment concret – le sentiment d'amour étant le plus beau... Je veux dire que cet album est positif. Il n'y a aucune chanson qui dise : « Il faut penser comme ça, et j'ai raison. » Il n'y a que des chansons qui expriment une idée du genre : « En tout cas, c'est sûr que ce n'est pas comme cela qu'il faut faire. » Je ne suis pas plus puissant qu'un autre. Je ne porte pas la bonne parole. J'aimerais simplement que les mômes se mettent à réfléchir à tout cela, qu'ils soient capables de faire des constats. Exemple : il ne suffit pas de porter le badge SOS Racisme... Il faut arriver à le penser, à saisir le sens réel du racisme et pourquoi nous avons besoin d'exclure la différence... J'aimerais, en fait, que les gens puissent arriver à se dire : il y a des gens que je n'aime pas, et je le regrette parce qu'il est navrant de ne pas les aimer. C'est tout.

– C'est bien beau, tout ça, dans l'absolu, mais, dans la pratique, lorsqu'on regarde ce qui se passe dans notre petit coin de France, on se dit qu'il va bien falloir, aux prochaines élections, choisir entre deux idéologies. Et ce n'est là qu'un exemple...

– Ce ne sont plus aujourd'hui des idéologies, mais des synthèses édulcorées de ces idéologies en déroute. Moi, je n'oblige personne à aller voter. Le principe des élections est simple dans les démocraties. D'abord, on te propose un premier choix, c'est le premier tour. Tu as tout à fait le droit de manifester ton sentiment, qui pourrait être notamment celui de dire que, dans ce choix proposé, il n'y a rien qui puisse te convenir. Au deuxième tour, tu choisis ce qui ressemble le plus à ce que tu voudrais. Il est hors de question de démolir le monde, de refaire le monde. Je pense avant tout que le monde est *à faire*. Ce qui, dans un sens, est beaucoup moins révolutionnaire. Je rêve d'une manifestation consciente de rejet qui ne soit en aucun cas un rejet des responsabilités, mais un rejet du choix proposé. C'est tout à fait autre chose que les habituelles manifestations d'humeur que l'on connaît à chaque élection. Au lieu de faire un coup à droite quand on n'est pas content de la gauche, il vaudrait mieux faire un « coup de nulle part ». C'est là que l'acte électoral devient un acte dangereux. La démocratie est très mal saisie par les gens. Il est vrai que les votes nuls ou blancs ne sont pas pris en compte. Les électeurs ne savent pas qu'ils sont libres de ne pas voter pour ceux qui se proposent à nos suffrages. On n'est pas obligé de voter utile, sauf qu'il faut bien que le monde tourne. L'avertissement serait beaucoup plus fort pour celui qui va prendre la gestion du pays s'il s'aperçoit qu'il a été choisi sous la contrainte, c'est-à-dire dans une situation de manque de choix. Mais tout ça, c'est de la politique, et je n'ai plus vraiment envie d'en faire, contrairement aux apparences…

– *Est-ce que cela veut dire qu'après tes expériences de 95.2,* Sept sur sept *ou autres émissions, tu vas dire à ton tour que tout est dit dans les sillons ?*

– Non ! Si un mec se contente de cela, c'est qu'il n'a pas grand-chose à dire. Pour tout dire en quarante minutes, il faut vraiment avoir l'esprit creux ! L'album n'est d'ailleurs pas fait pour cela. S'il agit dans ce sens, il le fait tout seul. Ce n'est en aucun cas une décision de ma part. Je n'ai pas décidé de faire un album insurrectionnel. La politique ne m'intéresse plus, et tous ceux qui m'attendent au tournant à la veille des élections ne me trouveront pas… Effectivement, au niveau de ce qui est exprimé, le disque se suffit à lui-même. Si on me demande de parler de certains problèmes, parce que cela intéresse les gens que je le fasse, je le ferai hors de tout conditionnement politique. Par contre, j'arriverai sûrement à dire ce que je viens de te dire – et autant de fois qu'on me le demandera –, c'est-à-dire éveiller la suspicion des gens, ou plutôt exacerber leur curiosité pour qu'ils prennent conscience qu'il y a beaucoup plus de choix et de possibilités qu'ils ne l'imaginent. Le reste, ce sont les actes, et ça ne regarde que moi. Je ne regrette pas du tout ce qui s'est passé, mais je n'ai plus envie de devenir la cible de ceux qui me détestent. Ils ont assez de raisons de me détester sans que je leur en donne encore plus. Je ne veux surtout plus être le jouet de gens qui me font dire des choses qu'ils n'ont pas le courage de dire eux-mêmes. Par contre, il y a des possibilités d'agir, et cela, je m'en occupe dans mon coin de façon anonyme.

– Tu as quand même le discours d'un individu qui, culturellement, apparaît favorisé, qui a le temps de penser comme ça...

– Ce n'est pas ma faute si les gens sont éduqués à ne pas penser. On ne leur interdit pas de penser, mais on les en empêche. Les gens ne sont entraînés qu'à subir. La presse a perdu beaucoup de son impact parce qu'il est plus facile d'avoir le cul sur une chaise à regarder la télévision. Les gens ne cherchent plus l'information ; ils ne cherchent plus l'Histoire. Ils la subissent... Je suis issu d'une famille nombreuse de six enfants. Mon père était ingénieur dans la fonction publique, avec un salaire tout à fait ordinaire. Il y a des mecs qui sont nés dans de meilleures conditions que moi et qui sont allés bien plus loin dans leurs études et leur réussite. J'étais un branleur à l'école et du jour où je me suis senti démobilisé, je m'en suis foutu et je n'ai pas passé mon bac. Par contre, c'est vrai que lorsque je lis un livre compliqué, je le lis avec un dictionnaire à côté de moi.

Personne n'est empêché de faire la même chose. De même que l'on n'est pas obligé de croire Roger Gicquel[1]... Tout ça est histoire de mobilisation intérieure. Mon seul privilège est que la nature a fait de moi quelqu'un de curieux, à l'écoute du monde... Ce n'est pas l'argent qui a fait cela. J'ai commencé à chanter en 1969. Ça n'a marché qu'en 1978. Pendant tout ce temps-là, je ne suis pas resté le cul à ne rien faire. Je n'ai pas de culture, j'ai de l'intérêt pour les choses. Et les gens ne soupçonnent pas à quel point l'intérêt est une chose distractive ; à mon sens, beaucoup plus que *Dallas*[2]...

– *Pour revenir au métier, la nomination de Philippe Constantin à la direction du label Barclay* [désormais propriété du groupe Polygram] *signifie l'arrivée d'une vraie personnalité, à la connotation sacrément rock. Comment la ressens-tu, de ton point de vue ?*

– Je me retrouve enfin avec des gens qui ont une image. Ils sont suffisamment objectifs pour que je signe à nouveau chez eux pour trois ans. Constantin trouve que mes albums entrent dans le cadre de ce qu'il veut défendre. Cela va sûrement m'ouvrir à d'autres gens, me faciliter les contacts. C'est fantastique de se sentir soutenu par des gens qui n'ont pas honte de défendre cette musique. Ce n'est pas un hasard si moi aussi, j'ai voulu signer avec eux. Cela tombe à un bon moment pour moi, avec la sortie de ce nouvel album. J'ai l'impression de repartir sur des bases saines. Et puis, Léo Missir est toujours là. Il a su évoluer plus vite que beaucoup d'autres...

1. Présentateur du journal télévisé du soir.
2. Le feuilleton américain a longtemps réalisé des audiences record.

– *Et la scène, dans tout cela ? Vas-tu pouvoir reproduire ce son en* live, *et où ?*

– On y a pensé tout le temps de l'enregistrement. Cela va certes demander une entreprise technique énorme, mais on sait déjà comment la résoudre. Nous avons fait en sorte que ce son puisse être reproduit. Cela demandera en fait un gros travail de mise en place, de préparation. Il y a longtemps que les groupes anglo-saxons jouent sur des bandes qui font partie des instruments au même titre que la basse ou la guitare. Et puis, on sait aussi qu'une fois la structure mise en place, ça sera plus simple, puisqu'on travaillera sur le meilleur son, indépendamment de l'acoustique de la salle. Ce spectacle aura lieu en octobre 1986 au Palais des Sports. Je n'ai aucune ambition olympique, ce qui ne veut pas dire que je ne ferai pas Bercy un jour... Bercy est un lieu formidable, mais je ne pense pas être encore de taille, en ce qui concerne la rentabilité de mon spectacle. Le Palais des Sports reste une salle fantastique dont je garde, tant au plan technique qu'au plan public, de très beaux souvenirs...

Chapitre 12

Balavoine sans frontières, un jour d'octobre 1985

Ce fut une drôle de journée. On le savait à l'avance. Le concert des « Chanteurs sans frontières », organisé ce 16 octobre 1985 à La Courneuve, ne semble pas être l'événement tant attendu, alors que le succès considérable de la chanson pour l'*Éthiopie* (écrite par Renaud sur une musique de Franck Langolff) pouvait faire espérer un prolongement et même un sacre sans précédent pour cette opération. Une démarche qui, là encore, s'inspirait du *Live Aid* géant organisé au stade de Wembley, le 13 juillet 1985, à l'initiative de Bob Geldof et retransmis en mondovision.

Monique Le Marcis, directrice de la programmation artistique de RTL, est alors très proche de cette nouvelle vague d'artistes qui ont su mettre leur talent au service du drame de la famine en Éthiopie. Elle sait que le métier de la chanson change et que ses nouveaux représentants devront parfois se muer en prophètes pour mettre en lumière les tragédies humaines qui semblent ne plus pouvoir être prises en charge par les organismes gouvernementaux. C'est une inconditionnelle de Jean-Jacques Goldman, qu'elle suit de très près depuis *Sister Jane*, à l'époque de son premier groupe, Taï Phong. Elle voue aussi une admiration sans faille au travail de Michel Berger, et ce depuis la naissance artistique, en 1972, de Véronique Sanson.

En cette année 1985, Monique Le Marcis est particulièrement touchée par le dernier album de Johnny Hallyday, *Rock'n'roll attitude*. C'est un peu son protégé depuis toujours. Il a enfin trouvé, grâce à l'écriture et à la vision de Michel

Berger, la substance qui lui faisait encore un peu défaut. Cette fois, le roi des rockers peut entrer définitivement au panthéon des grandes légendes de la chanson pour la profondeur de ses chansons, et non plus seulement pour ses prestations scéniques sans équivalent ou ses frasques d'éternel enfant terrible du rock. Monique a été impressionnée aussi et surtout par le succès du 45 tours des « Chanteurs sans frontières », sorti le 19 avril. Et comme celui-ci était en quelque sorte le pendant hexagonal du *Do They Know It's Christmas ?* entonné par la majorité des stars anglaises, et du *We Are The World* canonisé par la confrérie des stars américaines, elle a eu la bonne idée d'inviter au concert de Wembley quelques artistes français emblématiques incarnant ce nouvel embrasement caritatif.

Jean-Louis Aubert, Daniel Balavoine, Michel Berger, France Gall et Jean-Jacques Goldman sont là. Mais c'est surtout l'occasion de la première vraie rencontre entre Balavoine et Goldman, qui ont tout loisir de parler de cette satanée absence de reconnaissance des journalistes rock à leur égard. Goldman s'en moquait totalement depuis qu'il avait su les séduire avec son groupe Taï Phong ; Daniel, en revanche, courait toujours après cette espèce de crédibilité, malgré la victoire qu'avait constituée pour lui la diffusion, en septembre 1984, d'un portrait spécial dans *Les Enfants du rock*.

Mais le sujet, ce soir-là, c'est l'Éthiopie et la formidable prise de conscience mondiale, par les populations elles-mêmes, d'un drame qui ne peut plus être géré sans la sollicitation et l'impulsion des artistes ou des personnalités issues de la société civile. Faillite des gouvernements ? de leurs programmes ? Toujours est-il que 1985 est une année malheureusement riche en causes politiques ou humanitaires initiées ou relayées par les artistes, marquant ainsi l'échec des solutions strictement étatiques. L'apparition de la xénophobie, elle, étant concomitante à la visibilité électorale du Front national.

Le 15 juin, plus de trois cent mille jeunes se sont déjà rassemblés à Paris, place de la Concorde, à l'appel de l'organisation SOS Racisme. La « deuxième génération » est en marche permanente, ou presque, depuis l'opération « Convergences 84 » où les jeunes des cités et des lycées ont pris pacifiquement le pouvoir, dans la rue, pour dire non à la montée du racisme. L'action en faveur des populations d'Afrique part du même constat. Il est possible de fédérer les bonnes volontés hors de toute logique politique et syndicale. Le succès du disque *Éthiopie* aiguisera pourtant quelques jalousies. Certains chanteurs exclus de l'aventure se plaindront d'avoir été frappés d'ostracisme. Gérard Lenorman avouera publiquement sa frustration : « La générosité des gens n'est pas le monopole de la bande à Renaud. » Et la chetron énervée de répondre dans *Libération* : « Toi qui oses nous accuser de manquer de générosité, sers-toi plutôt de la tienne pour te réjouir de la réussite de cette démarche humanitaire, malgré ton absence... »

Nous sommes là au rayon des polémiques qui marquent alors une vraie fracture idéologique entre les chanteurs interprètes et ceux issus de la vague 70 des auteurs-compositeurs. Mais cette polémique n'est rien au regard de celle lancée par les journalistes Serge Loupien et Lionel Rotcage, raillant de concert la portée du succès discographique des « Chanteurs sans frontières ». Le disque, selon eux, ne rapportant au bout du compte aux associations humanitaires que deux centimes par exemplaire vendu.

Monique Le Marcis, femme de cœur, toujours attentive à tisser des liens, voulait offrir, à travers ce voyage initiatique, une occasion de voir ces polémiques s'estomper grâce à l'exemple anglais d'une vraie solidarité artistique, humaine… et humanitaire, au-delà de toutes les barrières. Rotcage et Loupien sont eux aussi présents. Il y a de l'électricité dans l'air entre les artistes et les deux journalistes qui incarnent en outre le mépris d'une certaine presse vis-à-vis de cette génération d'artistes concernés. Dans son livre consacré à Balavoine[1] en 1995, Gilles Verlant rapporte les propos de France Gall sur cette journée :

« Au *Live Aid*, la France était pratiquement le seul pays qui n'était pas représenté. Ça nous avait filé un coup terrible. Il y avait une émotion incroyable qui se dégageait de ce stade. On était extrêmement bouleversés. Puis il y a eu ce dîner et quand Rotcage et Loupien sont arrivés à notre table, je me suis mise en colère. Il y a eu un silence et, contre toute attente, c'est Jean-Jacques Goldman qui leur est entré dans le chou. Ça a été une engueulade épouvantable. On est sortis du restaurant et Daniel a voulu monter en voiture avec Lionel. Il a donc fait tout le trajet avec Rotcage, à qui il voulait précédemment casser la gueule et qu'il venait d'insulter pendant une heure. Arrivé à l'hôtel, les choses s'étaient arrangées et Daniel nous a convaincus d'entrer dans l'idée d'Action École. »

Le 16 octobre, à La Courneuve, le concert est aussi l'illustration de ce nouvel état d'esprit pacifié. Il fait très froid ce jour-là. Beaucoup trop pour patienter sept heures durant dans la boue (il avait plu au petit matin), et le soleil automnal, pour le coup presque hivernal, ne pouvait suffire à réchauffer les cœurs. Pourtant, avant même la création des *Restos du cœur*, le plateau incarne cette fois un œcuménisme émouvant. Dorothée, Carlos, Nicolas Peyrac, Sheila,

1. Gilles Verlant, *Balavoine*, Albin Michel, 1995, éd. revue et complétée en 2002.

Francis Lalanne, Johnny Hallyday, Hugues Aufray, Patrick Bruel, Jacques Higelin, Yves Simon, Bernard Lavilliers… ils sont tous là aux côtés de Daniel Balavoine, Michel Berger, France Gall, Jean-Jacques Goldman et Renaud. Gérard Lenorman est lui aussi de la partie. Renaud, symbole de cette réunification, ira lui tendre la main au moment du refrain de la chanson *Éthiopie* reprise en chœur. « La haine c'est trop con, me dira-t-il en sortant de scène. On n'est pas des potes, mais on a tiré un trait sur une polémique stérile qui ne sert pas la cause éthiopienne… »

Surtout que ce jour-là, l'ambiance dans les coulisses n'est pas à la joie. L'amertume et la colère traversent la plupart des artistes présents. Le monde attendu n'est pas venu au rendez-vous. Le concert a été lancé à la va-vite ; le promoteur Albert Koski, trop optimiste après le raz de marée commercial du disque, pensait peut-être naïvement que cela saurait suffire à réunir cent cinquante mille personnes… Et puis, cette fois, tout le monde avait été convié, personne n'avait été oublié. Ni Michel Drucker pour jouer le Monsieur Loyal, ni Coluche pour faire l'amuseur public numéro un – ce qu'il fera, à sa façon sans pareille, en parlant de premier concert organisé de « Chanteurs sans public »…

Après le concert, les clans se reforment naturellement en *backstage*. Michel Berger ne veut plus parler devant la forêt de micros qui se tend vers lui pour qu'il commente le fiasco. Renaud, déjà fatigué par les critiques incessantes qu'avait suscitées le projet, veut malgré tout remercier le public (environ dix mille personnes, selon la police…) d'avoir payé sa place et d'avoir été présent jusqu'au bout, solidaire de ce naufrage organisé. Daniel Balavoine, quant à lui, est partagé devant l'échec de cette manifestation. Il s'approche de moi alors que je viens de quitter Renaud.

« C'est la chanson française qui, une fois de plus, a voulu être ridiculisée. Alors, il faudra le dire. Nous n'avons pas eu un artiste aux côtés de l'organisateur pour faire en sorte que tout le monde soit bien mobilisé, pour être la force d'entraînement nécessaire, pour titiller la curiosité des médias et du public, pour annoncer ce qui allait se passer sur scène... Après tout, Sheila et Diane Dufresne sur la même scène, C. Jérôme et Higelin côte à côte, ça pouvait quand même exciter les plus blasés. Bob Geldof en Angleterre a fait le boulot de maillon fédérateur, et nous, nous étions chacun occupés à la sortie de notre propre album ou à la préparation de notre prochain spectacle. Ce n'est pas que nous sommes plus individualistes que les artistes anglo-saxons, loin de là, mais c'est surtout que nous n'avons eu personne, issu de notre sérail, un artiste, en fait, pour nous mettre en ordre de marche pour la réussite de cette opération. La spontanéité, cela marche une fois, et en général lorsqu'on semble venir de nulle part avec une belle idée. Là, il fallait réfléchir avant, puisque le succès du disque avait été comme un essai que l'on se devait au minimum de transformer. Bref, j'ai les boules parce qu'encore une fois on va se foutre de notre gueule, mais je suis heureux aussi parce que le duo avec Jean-Jacques Goldman sur *Je te donne* montre également que l'avenir de la musique pop en France est largement assuré. N'en déplaise à ceux qui préfèrent ne pas vendre de disques pour être crédibles... »

Ce jour-là, Daniel Balavoine est égal à lui-même : franc, honnête, frontal dans sa manière d'envisager la situation. Il me quitte en me donnant rendez-vous pour une émission de radio à laquelle je dois participer en compagnie de Jean-Louis Foulquier. Il me rappelle que c'est lors d'une de ses émissions, *Studio de nuit*, qu'il avait chanté pour la première fois *Lady Marlène*. Il me dit surtout qu'il est heureux d'avoir entendu Philippe Constantin, le nouveau directeur général de Barclay, lui parler de moi, comme journaliste, mais surtout comme un lien de plus entre nous. Daniel voulait me le dire. J'en suis touché, car « Tintin » – surnom affectueux de Philippe Constantin – avait été (par le biais de mon ami Richard Rousseau) le premier à me faire confiance en me contant ses histoires de chansons. Et je sais désormais que Daniel et moi partageons la même fascination pour l'autre artiste, non conforme, qui est en train de devenir le phénomène que la chanson française n'avait certes pas attendu : Jean-Jacques Goldman. En me quittant, Daniel me lancera d'ailleurs avec un sourire très en coin : « Oui, j'ai bien vu que tu n'arrêtes pas de tartiner des pages et des pages sur lui dans tes canards ! Tu devrais être avocat pour chanteurs riches mais maudits ! Je suis sûr que c'est un métier qui a de l'avenir… »

Quelques jours plus tard, Michel Berger présente son album *Différent*. Nous nous retrouvons pour une émission sur France Inter où nous diffusons une chanson du dernier album de Daniel Balavoine, *Un enfant assis attend la pluie*. Michel parle alors au micro de sa relation avec celui qui est son ami depuis l'aventure de *Starmania* :

– Oui, nous sommes amis, mais si, par exemple, il avait réalisé un mauvais disque, je crois que je ne pourrais pas du tout dire que c'est un bon disque. Je ne crois pas que l'on soit amis sans pouvoir se dire vraiment les choses. Nous sommes aussi amis parce que nous sommes un peu admiratifs de ce qu'on fait, et moi je trouve son disque formidable, et je ne vais pas encore me fâcher avec lui, après le disque qu'il vient de faire…

– *C'est un disque formidable !*

– On avait tous un peu peur, là, parce qu'on a tous fait des disques en même temps, on s'est dit : c'est effrayant – parce qu'on est tous en retard, évidemment... Et tous ces disques français qui arrivent au même moment, c'est casse-gueule! Et, finalement, je me rends compte que cela donne un poids à l'ensemble de la production française et aux gens qui chantent en français. C'est une force que l'on n'a jamais eue en sortant des disques à des moments différents de l'année. Cet « embouteillage » de sorties discographiques montre qu'il se passe quelque chose en France, quand même !... Cette chanson que l'on vient d'écouter, *Un enfant assis attend la pluie*, c'est une très belle chanson.

– *C'est une chanson qui, de fait, est un peu la suite logique du disque des « Chanteurs sans frontières », parce que, comme chacun le sait, Daniel Balavoine n'a pas pu participer au disque. Ce n'est pas pour cela qu'il s'est dit : « Moi, je vais faire ma petite chanson dans mon coin... » C'est en premier lieu parce qu'il avait envie aussi d'aborder le problème sous un autre angle. Il m'a expliqué qu'au-delà du constat, il reste toujours ces enfants qui meurent de la sécheresse. On aura beau faire des disques, organiser des concerts, ce qu'attendent ces enfants, en fait, c'est la pluie...*

– Oui, mais c'est quand même un peu plus compliqué que cela. Ils attendent la pluie, et puis ils attendent aussi que l'on prépare un certain nombre de choses pour ce moment où il y aura enfin la pluie. Et que l'on sache se servir de l'aide humanitaire de reconstruction, et pas seulement de l'aide humanitaire de sauvetage d'urgence. Mais, puisque tu parlais de « Chanteurs sans frontières », j'en profite pour dire que l'on va monter dans les écoles, en France, avec Daniel et d'autres artistes, une opération initiée par Bob Geldof en Angleterre, qui est la suite du *Live Aid*, pour essayer de mobiliser les enfants autour des problèmes du tiers-monde. Et je crois que ça va être quelque chose d'important. Voilà, je ne peux pas en parler pendant des heures maintenant, mais je crois que nous sommes tous concernés par ce qui se passe dans le monde, et quand on chante on n'est pas moins concerné ! Alors on a envie de faire des choses.

– À quel moment comptez-vous lancer cette opération ?

– Cela va se faire en décembre et en janvier. Et je crois que toutes les écoles de France vont y participer. C'est quelque chose d'assez important.

– Cela signifie-t-il que vous avez peur, après ce qui s'est passé à La Courneuve, que le public ne soit pas suffisamment mobilisé, jour après jour ?

– Non, au contraire !

– Parce qu'on a pu voir cela aussi avec SOS Racisme : après une espèce d'explosion de la jeunesse, avec cette magnifique fête en juin, la mobilisation semble un peu retombée...

– Mais on s'en fout !... Enfin, moi je m'en fous, que cela retombe ou pas. L'essentiel, c'est de faire des choses... Je ne crois pas que l'on puisse avoir une vie publique et se désintéresser complètement de ce qui se passe dans le monde. Et si on ne se sert pas de son nom pour essayer de faire un tout petit peu de choses bien, c'est qu'on est nuls ! Alors, je crois que maintenant il faut y aller !

Berger/Balavoine est donc bien l'histoire d'une amitié presque fraternelle. Une complicité artistique et citoyenne qui devait trouver un prolongement concret dans le mouvement « Action École ». En cette fin d'année 1985, d'ailleurs, Daniel Balavoine ne manquait jamais d'arguments pour défendre Michel Berger qui, pour la première fois, semblait avoir été décroché artistiquement par lui. Sur les radios, *L'Aziza* fait l'unanimité. En revanche, le premier single extrait de l'album de Michel Berger, *Y a pas de honte*, déçoit et a plus de difficultés à séduire les programmateurs. Lorsque je confie ma propre déception à Daniel, lors de notre dernier entretien sur France Inter, la voix et les mots de l'artiste sauront jouer avec talent l'avocat de la défense :

« En premier lieu, j'aime bien la façon dont ce monsieur, au sens propre du terme, est contesté. Cette contestation vient naturellement d'une certaine jalousie. Je ne parle pas de toi, Didier, qui porte un avis suffisamment éclairé sur les albums pour ne pas être pris en compte. Mais, chez beaucoup d'autres, je lis une jalousie aiguisée par une immense réussite. Berger est aujourd'hui éditeur, producteur, il possède sa propre maison de disques, il a remis sur les rails Françoise Hardy, il a révélé une certaine Véronique Sanson et a donné une crédibilité à France Gall avec le succès que l'on connaît, il a été le génial compositeur de *Starmania* qui – qu'on le veuille ou non – reste l'un des monuments de mélodies de ces dix dernières années… Qui d'autre en France ?

Je l'ai connu grâce à mon album sur le mur de Berlin, à l'époque où ils étaient suffisamment nombreux à ne pas me promettre un avenir brillant dans la chanson. Lui, il m'a appelé pour me féliciter et me proposer de jouer dans *Starmania*. Depuis, nous sommes amis. J'aime être surpris par les gens que j'aime. Et quoi qu'il arrive, y compris dans cette chanson apparemment simple, écrite au *feeling*, comme c'est le cas, je crois, pour *Y a pas de honte*, vous trouverez des petites fantaisies, des infimes détails qui font que Michel Berger sera toujours pour moi un homme se distinguant par un goût extrême. Ce n'est jamais vulgaire, et, en musique, si je ne m'abuse, ce n'est pas si courant… »

« Action École » était un projet fort qui pouvait renforcer les liens déjà étroits entre Michel Berger et Daniel Balavoine. Les droits de la chanson *Un enfant assis attend la pluie* iraient au profit de l'association... Sans que cela ne soit mentionné pour éviter toute récupération médiatique. Mais, au-delà de cette nouvelle œuvre caritative, le discours de Daniel Balavoine, en cette fin d'année 1985, est décidément centré autour de l'idée de l'amour : « Ce n'est pas nous ni les Éthiopiens qui sommes le plus en danger, c'est l'amour lui-même. Les gens aiment de moins en moins et ont de plus en plus honte d'aimer, alors que c'est un sentiment qu'il faut réapprendre. » Ce romantisme idéologique était finalement la chose la plus partagée par Daniel et Michel, ces deux frères de cœur. L'un et l'autre vont disparaître comme si les conquérants de l'utile devaient se taire. Mais, au fait, quel Dieu a bien pu vouloir cela ? C'est une bonne question et, une fois de plus, c'est Daniel Balavoine qui la posait dans *Petit Homme mort au combat*.

Chapitre 13

Le blues est blanc et « la bonne mémoire », le 15 janvier 1986

Il est à peu près dix heures, ce matin-là. J'ai envie de rester au lit. La nuit a été longue : un article à boucler sur les Communards, le groupe anglais de passage à Paris pour défendre son nouveau titre, *You Are My World.* La radio est allumée depuis une demi-heure sans que je décrypte exactement le propos. Soudain Richard, mon ami de l'époque, monte le son. Il semble s'être passé quelque chose de vraiment pas joli en ce bas monde. Mais nous avons l'habitude de nous lever aux rythmes de son fracas...

Je me revois quelques mois auparavant, exactement dans la même situation. Nous venions d'apprendre la mort de Simone Signoret. Nous étions terrassés de douleur, car une conscience en mouvement perpétuel s'arrêtait. Je me souviens d'avoir pensé à ce moment-là que Daniel Balavoine allait dorénavant avoir encore plus de boulot, lui qui disait souvent : « Il y a des gens qui veulent faire passer des réponses. Moi, je veux faire passer de l'éveil... » Comme Simone Signoret, marraine de la petite main de SOS Racisme, qui s'était confiée à Michel Drucker le jour de la désormais légendaire confrontation entre Balavoine et Mitterrand, à Saint-Paul-de-Vence : « Ce p'tit gars, il est bien, lui. Il n'a pas la langue dans sa poche... Il n'est pas tiède, lui ! » C'était un peu comme dans la chanson de Rezvani interprétée par Jeanne Moreau, *Le Tourbillon de la vie.* Ces âmes-là s'étaient en quelque sorte reconnues.

Ce matin du 15 janvier, à peine éveillé, j'ai compris instinctivement que j'allais avoir beaucoup de peine. Mais, après ce pressentiment, une sorte d'incrédulité violente m'a saisi de bas en haut. Je viens de réaliser ce que j'ai entendu lors d'un flash spécial d'information : « C'est à l'étape de Gourma-Rharous, à l'issue de la deuxième spéciale du Paris-Dakar, vers 20 heures, qu'un concurrent, le numéro 347, Charles Belvèze, a alerté les organisateurs : un hélicoptère, tous feux éteints, l'avait survolé et, pris dans un vent de sable, s'était écrasé. À son bord, les cinq occupants sont morts : le pilote François-Xavier Bagnoud, le mécanicien Le Fur, la journaliste envoyée spéciale du *Journal du dimanche*, Nathalie Odent, Thierry Sabine, l'organisateur du rallye, et… le chanteur Daniel Balavoine. »

C'est bien cela que je viens d'entendre à la radio, aussi éberlué qu'interdit. Le programme de France Inter reprend son cours normal. Je reste figé. Sans voix. Glacé par l'information. Évidemment, comme tout le monde, j'imagine naïvement à ce moment-là que les journalistes ne vont peut-être pas tarder à démentir l'information. Après tout, depuis quelques semaines, le Paris-Dakar est souvent à la une de l'actualité. Le rallye divise la presse et les Français. Foire aux sponsors à l'esprit colonialiste pour certains, aventure du risque pour d'autres… Thierry Sabine, que le quotidien *Le Monde* qualifie de « baroudeur », est la cible de bien des critiques en ce début d'année 1986. À travers lui, il s'agit d'être pour ou contre le Paris-Dakar. Une association est même créée, « Pa'Dak », qui dénonce le raid comme une offense à la pauvreté des pays du Sahel traversés.

Pour cette huitième édition, cinq cents concurrents s'étaient présentés et le départ avait été donné devant trois cent mille personnes à Versailles. Ce succès médiatique et populaire plaisait de moins en moins à tous ceux qui pensaient que le continent africain, qu'un tragique destin semble acculer à sa propre disparition par les famines successives et la corruption organisée, méritait bien mieux que cette sorte d'Anschluss du risque.

Au journal de onze heures du matin, l'information est bien confirmée. On parle surtout du décès de Thierry Sabine. Il est l'organisateur et l'incarnation du succès de la course. Paris-Dakar a tué bien d'autres participants avant d'abattre son créateur. Le symbole est fort. Les écologistes réagissent aussitôt : « Messieurs les organisateurs, les Verts, qui s'étaient pacifiquement opposés au départ de ce rallye, vous demandent aujourd'hui de respecter les victimes en mettant fin à cette mortelle randonnée… » Tout va trop vite dans ma tête. Il faut digérer l'inacceptable, transcender sa propre émotion pour entrer dans la peau du journaliste qui devra évoquer la disparition d'un artiste qui compte dans notre paysage musical. L'exercice est complexe. Je suis encore débutant, en ce début d'année 1986. Trois années d'expérience ne suffisent pas à être totalement objectif pour appréhender une telle information.

À cet instant précis, je ne suis plus un journaliste, mais l'admirateur qui doit affronter la perte d'un être cher. Il se trouve que celui-ci est aussi le journaliste qui, dans l'exercice de ses fonctions, a rencontré Daniel Balavoine. Tout cela me paraît trop complexe à gérer. Surtout que, dans les minutes qui suivent, Pauline Chauvet, l'assistante de Jean-Louis Foulquier à France Inter, cherche à me joindre. Le programme de l'émission *Pollen* de ce soir est évidemment modifié. Foulquier a décidé de diffuser des extraits de sa dernière émission de radio et nous a demandé d'être tous présents pour cette spéciale où, d'habitude, Laurence Lefèvre, Sylvie Coulomb et moi-même intervenions à tour de rôle suivant l'invité ou le thème choisi. Pour la circonstance, il demande à chacun d'évoquer son Balavoine à travers un de ses albums.

Je suis dans le brouillard le plus complet. Je me sens tout-à-fait incapable de parler dignement de Daniel avec le recul nécessaire. Trop sensible, je sais que le risque de me voir submergé par ma propre tristesse à l'enregistrement de l'émission, prévu à 15 heures à la Maison de la Radio, ne cadrera pas avec la rigueur journalistique que l'on attend de moi à France-Inter. En outre, dans l'équipe, tout le monde sait que je suis « le spécialiste » de Daniel Balavoine, comme dit souvent Foulquier. Alors, dans cette confusion mentale, j'ai peur de passer pour une midinette. C'est avouable, avec le recul. Entré par passion dans ce métier, on a vite fait d'être rattrapé par ses propres émotions, avec la crainte de ne pas pouvoir se comporter alors en journaliste. Ce sont des angoisses de débutant. Voici donc que cette légère schizophrénie naturelle entre le passionné et le professionnel se déclare au grand jour avec l'absurdité de cette disparition violente, inimaginable et incompréhensible... Mais je ne suis pas au bout de mes surprises.

Dès la mi-journée, on sent de façon indicible que cette actualité pose aux journalistes un sérieux problème d'équilibre dans le traitement de l'information. Il y a en premier lieu la disparition de Thierry Sabine. Il y a aussi la polémique autour du rallye, qui prend une tournure plus dure avec la mort de celui qui en était le grand ordonnateur. Il y a enfin la mort de Daniel Balavoine. Jeune artiste à succès, fauché en pleine gloire, mort en héros dans des circonstances qui ramènent précisément au débat contradictoire sur le Paris-Dakar. En effet, Balavoine était alors devenu malgré tout la caution morale d'une course qui posait bien des questionnements sur sa propre philosophie. Une caravane de nantis traversant un continent de misère. Et Balavoine toujours là pour symboliser fortement un défi humain, strictement humain, « une parenthèse d'aventure dans des vies rangées », comme se plaisait à dire Thierry Sabine. Le Paris-Dakar était devenu cette année-là le pari du cœur, avec la collecte et le transport de pompes d'irrigation pour le Sahel. Noble pari qui correspondait bien à l'état d'esprit de Daniel Balavoine. Thierry Sabine et lui avaient un peu la même définition de la notion d'aventure : « L'aventure est une question d'imagination et d'envie. C'est le rêve, et le simple fait de pouvoir le réaliser. »

Daniel me l'avait dit juste avant de partir : « Lorsque l'utile sert avec force l'agréable, on peut dire que l'on touche de très près à sa propre réalisation personnelle... » Toute la journée du 15 janvier, ses chansons tournent en boucle sur les radios. Son album *Sauver l'amour* était en train de devenir son plus gros succès commercial. Balavoine voulait sauver l'amour, il est tombé par amour. Voilà exactement ce que j'avais décidé d'exprimer à la radio. Il me fallait pourtant choisir un disque, un seul album pour parler de lui dans l'émission. Je vais finalement retenir *Les Aventures de Simon et Gunther...* Après tout, mon choc musical est né de cet album foisonnant et singulier.

Lorsque j'arrive à la Maison de la Radio, j'essaie d'arborer le visage de celui qui sait faire face. Je dois déjà parler de Daniel Balavoine au passé. C'est absurde. Dans les couloirs de France-Inter, l'agitation est visible. Dans notre bureau, on ne se parle pas beaucoup. Le sens de la disparition du chanteur est trop fort. On écoute les chansons. *Je ne suis pas un héros* : nous nous regardons tous consternés. *Sauver l'amour* : nous baissons la tête. *Partir avant les miens* : je sors du bureau pour ne pas montrer mes larmes. Je repense à notre dernière conversation, ici même. Ce dernier échange que je jugeais émouvant prend une autre dimension. Évidemment !

Il est déjà l'heure d'enregistrer l'émission de ce soir. Le générique de l'émission, *Europa*, de Carlos Santana, interprété par le saxophoniste Gato Barbieri, est presque diffusé dans son intégralité. Habituellement, le saxophone est langoureux ; ce soir-là, il pleure. Il chiale une sorte d'appel au secours. Foulquier me donne la parole : « Didier, toi, tu étais un fou de Balavoine…

– Oui, je l'ai découvert tout petit, un après-midi de 1975, dans une émission de télévision. C'était, je crois, sa première grande émission de télévision, et le présentateur a dit : "Je vais vous présenter quelqu'un qui va faire très, très mal !" Et on a vu arriver un bonhomme un petit peu timide, engoncé dans un blouson de cuir, mal à l'aise, qui a chanté cette espèce de cri d'urgence qui s'appelait *Lady Marlène*, sur l'absurdité du mur de Berlin. C'était extrait d'un album qui s'appelait *Les Aventures de Simon et Gunther*… C'est un album qui raconte entièrement l'histoire de deux frères : Simon et Gunther tentaient de se rejoindre, ils avaient rendez-vous dans la rue Bernauer, le 13 août 1961. Ils l'ont empruntée chacun d'un côté, et avant d'arriver au milieu de la rue Bernauer pour se rejoindre, des hommes en uniforme leur ont dit : "Pas question ! Nous sommes en train de construire le Mur." Et l'un d'eux habitait à Berlin-Ouest, et l'autre à Berlin-Est… Et c'est leurs aventures, dans un Berlin devenu à peu près invivable, que raconte Daniel Balavoine dans cet album qui a été vraiment grandiose. Et puis, quand j'ai décidé de devenir journaliste, une de mes grandes priorités a été de rencontrer Daniel Balavoine. On a passé plein de bons moments ensemble, je l'ai suivi en tournée, et voilà ! Il reste là… » Ma petite voix s'étrangle…

Une sorte de silence s'installe dans l'émission, stoppé par les premiers accords de la chanson *Lady Marlène*. Je ne dirai plus rien dans cette émission-là. Nous avons alors préféré laisser la parole à Daniel. À ses mots, à ses emportements, à ses émotions aussi. Je venais de réaliser tout à coup que Daniel Balavoine était mort.

L'émission à peine achevée, une femme aux yeux d'argent vient me voir dans le bureau. Elle s'appelle Maïté Adam. Elle est réalisatrice de l'émission produite par André Blanc, *La Bonne Mémoire*, sur France Inter. Elle me dit un peu gênée qu'ils ont modifié leur programmation et que toute la semaine prochaine, l'émission sera consacrée à Daniel Balavoine. Elle m'explique que l'émission est basée en premier lieu sur une interview de fond qu'elle réalise avec l'artiste, qu'elle conduit dans les méandres de sa propre mémoire. Elle ne possède pas ce matériel-là pour Daniel qui était jugé encore trop jeune pour parler de sa vie dans le cadre de la ligne éditoriale de l'émission. Il y a les archives de l'INA, bien sûr, mais il lui manque les propos du chanteur pour conduire les archives sonores. On lui a dit que je connaissais parfaitement Daniel Balavoine. Elle me propose d'être le fil rouge de cette *Bonne Mémoire*. Je suis abasourdi par cette proposition. Effondré par la nouvelle encore improbable de sa disparition, voilà déjà que l'on me propose de me substituer à lui, de m'exprimer à sa place, ou presque. Pour dire sa mémoire… Tout cela ne tient pas debout. J'hésite et je cherche à être le plus juste dans ma réponse. Ce sera oui, puisqu'il le faut, pour que sa mémoire soit précisément la bonne ! Mais l'exercice me paraît périlleux et légèrement prétentieux. Bizarrement, il va être salutaire pour moi.

Le lendemain après-midi, je suis interviewé par Maïté Adam. Pendant plus d'une heure, je parle de lui, je retrace les grandes périodes de sa vie artistique. Je confie à Maïté quelques archives sonores issues de mes entretiens pour *Numéros 1*. La qualité de l'enregistrement n'est pas idéale, mais il possède une valeur de document inédit. Dans le studio, le silence est inhabituel. Je pense à Corinne, sa compagne que je ne connais pas, mais dont Daniel me parle toujours avec la frénésie de l'amoureux transi. Daniel évoque la chanson *L'Aziza* :

« Je ne dirai pas que c'est une chanson contre le racisme, je dirai que c'est une chanson pour les autres races. Quand on peut arriver, quand on peut avoir la chance de trouver un biais pour parler des choses d'une manière un peu différente des autres, c'est une chance qu'il ne faut jamais laisser passer. La mode qui m'agace en ce moment, c'est la mode de dire : on est contre le racisme, on est contre Le Pen, on est contre ceci, contre cela... Moi, je ne suis pas contre Le Pen. Moi, je suis pour les Arabes. Ce n'est pas pareil ! Parler de ce que je n'aime pas m'ennuie de plus en plus, et j'ai décidé d'être enfin positif... C'est une vraie décision. C'est-à-dire qu'en plus, avec mon tempérament, c'est pas facile, ça se cultive, et c'est vrai que j'ai préféré passer par le biais d'une chanson d'amour – qu'on pourrait même taxer de biographique, puisque la compagne de ma vie est une jeune femme juive marocaine. Et lorsque j'entends "Les immigrés dehors !", ça me fait peur parce que j'ai peur qu'on me l'embarque !

Et puis il y a une autre notion qui m'embête... Ces gens soi-disant non racistes qu'on entend dire souvent : "Non, moi, les Arabes, je les aime beaucoup, mais enfin je suis allé en vacances au Maroc et je trouve qu'ils sont quand même beaucoup plus agréables chez eux que quand ils sont chez nous !" C'est aussi pour cette raison que, dans la chanson, je dis que j'aime cette femme, "qu'elle vive ici ou là-bas". Moi qui suis allé souvent en Afrique et en Afrique du Nord, j'aime les Arabes ou les Africains chez eux, mais je les aime bien ici aussi. L'autre soir, on se baladait à Paris avec Geneviève Salama, on discutait dans la voiture et on est passés à Barbès. J'ai trouvé que c'était vraiment éclatant. Qu'il y avait une belle énergie dans ce quartier. Parce qu'après tout, il n'y a pas une once d'agressivité qui se dégage des gens dans ce quartier-là tant qu'il n'y a pas des Européens qui les regardent de travers...

La chanson est un peu ambiguë parce que je parle d'étoile jaune et – je vais faire une petite connotation culturelle – cela signifie qu'effectivement cette jeune femme d'Afrique du Nord peut être juive... Mais, à la fin de la chanson, je termine en disant que c'est "la fille enfant du Prophète-roi". Pour ceux qui ne le savent pas, le Prophète-roi c'était Mahomet, et sa fille s'appelait Fatima. C'est un peu un mélange des deux races, et ça va peut-être choquer – dans les deux camps, d'ailleurs ! Parce qu'il ne faut pas oublier que dans toutes ces histoires de racisme, les musulmans et les juifs sont racistes entre eux. Ce que je déplore aussi. Donc, ça tape un peu dans tous les sens, et j'ai surtout envie de dire : moi, j'aime les gens tels qu'ils sont et quelle que soit leur race.

– *L'amour avant tout, donc. Tu as décidé d'être positif, c'est peut-être un peu le début de la sagesse !*

– En tout cas, c'est vrai que tout ce qui se passe en ce moment me donne envie de réfléchir. En fait, ce n'est pas tellement que j'ai envie de devenir positif moi-même ; j'ai surtout envie, quand j'examine les choses, de prendre dans chaque problématique ce qu'il y a de positif.

– Dieu que c'est beau, *c'est ta chanson sur la paternité ?*

– *Dieu que c'est beau* était en fait, au départ, une chanson sur le péché. J'étais toujours fasciné par les gens qui disent que faire l'amour, c'est mal, alors que c'est de l'acte physique de l'amour que naissent les enfants ! La chanson était surtout faite pour dire que le péché était quand même ce qu'il y avait de plus beau – quand il s'agissait de celui-là, en tout cas ! Je parle d'un accouchement de façon métaphorique... et c'est vrai que j'ai écrit cette chanson un mois avant la naissance du bébé. Donc, j'ai découvert cette évidence en allant être papa. Voilà ! D'autres questions, Elkabbach... ?

– Le monde est à faire et non pas à refaire, pour reprendre le texte de Tous les cris les SOS… *?*

– Ça, c'est ce que j'appelle l'ouverture. Cela veut dire qu'en admettant qu'on ne soit pas content de tout ce qui s'est passé dans ce putain de monde, ce n'est pas une raison pour dire que tout est fini ! Je crois qu'à la limite, c'est ce que disent souvent les entraîneurs d'équipes de foot quand ils viennent de perdre un match capital – ils disent : « Voilà, on l'a dans l'os, mais tout est à faire maintenant ! » C'est-à-dire qu'il faut monter la pente. On n'est pas obligé de dire qu'il faut forcément la remonter. Mais, en effet, je crois que nous sommes maintenant à un point où, pour les générations futures, le monde est à faire. Et il n'est même pas besoin de défaire celui qui est passé, puisqu'il se défait tout seul. Il est en train de se décomposer religieusement, idéologiquement, et tout ce qu'on veut. C'est un vrai merdier. Mais je crois que ça n'est pas une raison pour avoir peur. Je crois qu'au contraire, c'est une excellente motivation pour avancer.

– Et ce Paris-Dakar qui divise tout le monde ? Beaucoup ne comprennent pas ton attirance pour cette foire aux sponsors…

– Comme je le dis toujours, si c'est pour me faire de la pub, il est plus facile de montrer mon cul sur la place de la Concorde que de traverser le désert. Et c'est beaucoup moins inconfortable. Cela prend trente secondes pour baisser son froc, contre vingt jours pour faire le Paris-Dakar avec en supplément au programme de la poussière, du sable, de la chaleur, de l'inconfort… Avec souvent, par exemple, lorsqu'on dort les trois ou quatre premiers jours en Algérie, des nuits à moins dix degrés. Avec des chaleurs qui montent jusqu'à 40 degrés en Afrique. Et dans l'inconfort le plus total. Je trouve que ce serait vraiment idiot d'aller dans une galère pareille pour se faire de la pub ! Je l'ai fait pour le plaisir.

Je devais le faire avec un copain, un médecin d'Angoulême, et nous n'avons jamais pu mettre ça au point. Un jour, j'ai reçu un coup de téléphone de quelqu'un qui me demandait de le faire avec lui. C'était Jean-Luc Leroy. J'ai sauté sur l'occasion. Quand on veut le faire bien, cela se prépare sérieusement, en tout cas avec autant de soin qu'un spectacle... C'est aussi une aventure, quelque chose de difficile à réussir. Je l'ai déjà fait une fois d'une manière un peu pénible. Pénible sur le plan sportif, parce que cela ne s'était pas très bien passé. Mais ces incidents m'ont rendu beaucoup de services, puisque, le cinquième jour, nous nous sommes retrouvés hors course...

D'autres copains sont tombés également en panne, à El Goléa – c'est une ville qui est dans le désert, une des premières oasis du Sahara –, et pour rattraper le rallye nous avons dû traverser tout le désert. On a emprunté la Transsaharienne et, après Tamanrasset, ces pistes immenses qui ressemblent quelque part à la mer, à l'océan, et qui nous ont amenés au Niger, au Mali, en Haute-Volta, en Mauritanie... On a traversé tout cela avec nos deux voitures, et c'est ce qui m'a fait prendre conscience de la réalité de ce continent. J'ai réalisé dans une certaine forme de luxe et de confort – mais cela n'empêche pas de garder les yeux ouverts – beaucoup de choses très dures. J'ai été au contact de gens formidablement gentils, extrêmement travailleurs, mais totalement démunis!

Deux ans après, j'ai recommencé. Voilà. Comme tu le sais, j'aime les bagnoles, la vitesse, l'esprit de compétition lorsqu'il est sain. Et Thierry Sabine, qui est mon ami, a eu cette vertu extraordinaire. Puisque c'est grâce au Paris-Dakar – ou à cause de lui, tu choisiras – que ma vision de petit Blanc européen a changé. Être positif, c'est bien cela. Au lieu de combattre ce qui existe, j'ai décidé, avec l'aide de la Fondation de France, de mettre en place un système de motopompes solaires pour le Sahel. C'est mon envie d'aujourd'hui, mon besoin d'être concret...

– *Peux-tu me parler de la chanson* Poisson dans la cage, *qui évoque la drogue... ?*

– On ne comprend pas les malheurs des gens qui se droguent, malheureusement, sinon on les soignerait ! On les soignerait même avant qu'ils ne se droguent. Et je me suis dit que les seules personnes qui étaient « vierges » de ce danger ou de ce piège – peut-être pas pour longtemps non plus, je ne veux pas avoir l'air trop pessimiste, mais les États-Unis nous montrent le mauvais chemin... –, ce sont les enfants. Et je me suis dit, au lieu de m'adresser aux mecs qui en prennent déjà, je vais plutôt parler à ceux qui n'en prennent pas encore. Je parle évidemment des drogues dures, pas des joints, parce que l'herbe, pour moi, ce n'est pas grave du tout... les Landais fument bien le maïs ! Je ne vois pas pourquoi les autres ne fumeraient pas l'herbe qui pousse chez eux, ça n'a jamais tué personne ! En tout cas, ça ne tue pas plus que le pinard ! Sauf que le papier, comme disait Coluche, n'est pas consigné comme les bouteilles ! Donc, je voulais parler des drogues dures, et en premier lieu de l'héroïne ; cette drogue dont on ne se sort pas, puisque les statistiques nous donnent, je crois, à peu près 98 % d'échecs pour les tentatives de retour sur le bon chemin, si on peut dire. Alors je me suis dit que j'allais écrire une sorte de fable avec des animaux ! Et tenter de proposer une imagerie précise, et surtout d'en parler sainement – si c'est possible de parler de la drogue sainement – avec une manière de traiter le sujet moins démago que la façon compassionnelle habituelle. Avec, à la clé, une sorte d'angélisme qui sur ce sujet traverse le monde du rock.

– *Comment peut-on comprendre la chanson* Revolución *?*

– À la suite de plein d'aventures télévisées ou radiophoniques bien connues, je commence simplement à avoir le courage de mes opinions. Et là, j'ai essayé de le traduire à travers cette histoire de gens, en Argentine, en Amérique latine, qui ont été très sévèrement et durement torturés pour avoir voulu s'exprimer librement. C'est un sujet facile, quelque part, mais j'ai essayé de le traduire de deux manières, et en deux couplets. D'abord à la manière d'un reportage un peu ésotérique, pas trop précis et un peu journalistique ; et puis, dans le deuxième couplet, j'ai fait l'inverse en décrivant la réalité, c'est-à-dire que j'ai parlé du sang qui coule, des doigts que l'on tranche, parce qu'au final c'est bien ça qui se passe ! Et j'ai essayé de le traduire concrètement, parce que c'est quand même cette vision, par sa réalité brute, qui fait souffrir. Ce qui est vrai.

Avec le mur de Berlin et l'histoire de ces deux frères, c'est aussi un peu ce que j'avais eu envie de dire… J'avais envie d'exprimer ma vérité sur cet épisode de l'Histoire. Pour ceux qui ne sont jamais allés à Berlin-Ouest, donc du côté de l'Occident, le mur de Berlin est peint en beige afin qu'il s'intègre un peu mieux au paysage, parce que c'est quand même pas beau à voir ! Et les gens vont « visiter » le mur de Berlin, ce joli mur beige, alors que c'est le plus beau symbole concret qui puisse exister de la connerie humaine ! La connerie humaine – le capitalisme d'un côté, le socialisme de l'autre, qui ne font leurs preuves ni l'un ni l'autre – s'est traduite par un mur que l'on visite comme on va voir le Rocher de la Vierge à Biarritz ! On lui touche les pieds et ça va mieux, on regarde le Mur et on est content ! Voilà ! Alors, écrire *Frappe avec ta tête*, ça soulage !

– La culture te paraît-elle importante pour avoir une opinion sur le monde ?

– On a dit que « la culture, c'est ce qui nous reste quand on a tout oublié », et moi je dis que la culture est ce que l'on apprend quand on n'a rien d'autre à foutre ! Je crois qu'on possède tous un bagage essentiel… Quand on veut lire Sartre, on prend les « tubes », on lit *Le Mur*, *Les Mains sales*, et bonsoir !… Je les ai lus, oui. J'ai lu Camus, j'ai lu *La Peste* et *L'Étranger*, bonsoir !… J'ai lu aussi Soljenitsyne – là, j'étais vraiment fasciné !… Mais il y a tellement d'auteurs aussi que je n'ai pas lus ! Le nombre d'écrivains que nous devrions lire !

Il y a des auteurs que j'ai approfondis, et c'est peut-être ça qui donne de la culture, finalement. S'acharner sur une poignée d'écrivains plutôt que de vouloir les connaître tous. Cela déclenche chez moi ce que je pourrais appeler une culture d'ordre sentimental. Je crois effectivement que j'ai une culture sentimentale. Je suis tellement capable de me contredire du jour au lendemain que cela doit venir du fait que je possède un nombre de sentiments incalculable ! Le fondement de ma manière de vivre est basé sur des gens que j'ai lus, que j'ai appris à comprendre. Je dis que Soljenitsyne est un exemple fantastique parce que j'ai lu toute son œuvre, ou presque ! De la même manière que j'ai lu tout Kafka ou presque, parce que ce sont des auteurs que j'admire profondément. En revanche, je n'ai pas lu Proust, ou très peu… Allez, disons la première phrase, ce qui, chez Proust, veut dire une bonne vingtaine de pages… [*rires*]

– Daniel, tu viens de sortir un nouvel album et déjà tu penses à entamer une autre aventure ?

– C'est vrai. Je m'explique… Lorsque j'enregistre en Angleterre, il y a un phénomène qui remet bien les pendules à l'heure : les douaniers français me demandent des autographes, je traverse la Manche et tout le monde s'en tape ! Cela équivaut à dire que la notoriété est quelque chose de grand quand on est dans son immeuble, mais que ça devient tout de suite petit quand on fait une traversée à la nage [*rires*] ! Et puis, ça fait longtemps que je voulais remonter un groupe. Je voulais le faire en France… Mais on a beaucoup de mal à monter un groupe en France, lorsqu'on est déjà connu, parce que les gens ont peur – et puis, de toute façon, on a du mal à monter des groupes en France, tout court ! Parce qu'on a des difficultés à les faire marcher commercialement. Mais là, j'ai des musiciens qui m'ont dit oui… Alors on va foncer !

Ce projet a un peu traîné pour des raisons contractuelles, parce que l'année dernière j'étais en renouvellement de contrat avec ma maison de disques… Ce retard m'arrangeait un peu, parce qu'il me manquait un élément essentiel : le joueur de claviers. Et j'ai rencontré un Anglais – encore un, je suis navré ! –, un Anglais de vingt-deux ans qui joue en ce moment avec Julien Clerc et qui s'appelle Matt Clifford. Le guitariste, c'est John Woolloff ; c'est un guitariste anglais qui joue en Suisse, qui a fait des albums avec Patrick Moraz, du groupe Yes. Le batteur, qui joue avec moi depuis trois ans, c'est Joe Hammer. Je vais tenter complètement autre chose. Cela n'a rien à voir avec ce pour quoi je suis connu ici. Je n'ai pas envie de monter un groupe français d'expression française. De toute façon, je suis minoritaire dans le groupe ! Nous serons deux à chanter, et trois à écrire les musiques. Je ne peux pas écrire les textes, puisque je ne maîtrise pas assez la langue pour le faire, en tout cas pour le moment. Donc c'est tout nouveau pour moi.

Ce sera une aventure complètement anglo-saxonne, enregistrée là-bas, produite là-bas, qui ne reviendra en France que si, par hasard, cela se mettait à intéresser les gens. Je n'ai pas du tout envie d'être le Maurice Chevalier des années 80... ! Je vais redébuter là-bas. Et c'est passionnant parce qu'on est obligés de faire écouter des maquettes... C'est vraiment comme il y a quatorze ans, ici, en France, lorsque je ramais ! On arrive avec nos bandes, nos maquettes devant les producteurs. Il faut qu'ils se prononcent, qu'ils disent si c'est bien ou pas. On peut se faire jeter, comme être acceptés. Mais enfin, disons que là, au moment où je te parle, nous sommes sur la bonne voie. On se dit que l'on va d'abord enregistrer un simple, qu'on devrait pouvoir finaliser normalement en février ou mars prochain, puis un album en février-mars de l'année suivante...

Je vais partir en février en Angleterre pour quatre mois, et puis je vais faire beaucoup d'allers-retours afin d'assimiler parfaitement la langue pour éviter de faire « chanteur français qui veut être connu là-bas ». Cela n'a rien à voir ! C'est vraiment un groupe... En fait, je vais faire en Angleterre ce que je n'ai jamais pu faire ici, c'est-à-dire partager le plus totalement possible la musique que j'ai envie de faire. La décomplexer, et puis surtout m'enrichir, dans mes propres chansons, d'idées venues des autres. Mais pas seulement dans les arrangements, comme c'est déjà le cas dans mes disques, mais aussi dans la composition. Et ça, c'est vraiment passionnant ! »

Le dernier extrait que l'émission de *La Bonne Mémoire* a retenu de mon témoignage était somme toute logique. Une sorte de conclusion symbolique : « Daniel Balavoine est mort au moment même où il souhaitait débuter une nouvelle expérience artistique. L'histoire porte parfois en elle de drôles de signes. Le Destin, puisqu'il faut bien appeler cela un destin, avait donc décidé pour lui de ne pas lui offrir la concrétisation de ce rêve de toute une vie. Un rêve en soi un peu fou, mais que Daniel Balavoine était bien capable de réussir. »

Chapitre 14

De Biarritz à la Star'Ac en passant par Biarritz…

Il va falloir cette fois s'habituer vraiment. Daniel Balavoine est mort. Et la presse écrite de cette troisième semaine de janvier 1986, étrangement, ne semble pas non plus s'y faire. Il est vrai que cette disparition évidemment inattendue a, pour le coup, pris un peu tout le monde de court. Mais le plus curieux est ailleurs, dans cette non compréhension de l'émotion que le décès accidentel du chanteur a provoquée chez les Français. Les rédactions n'avaient pas précisément bien calculé l'impact populaire de Balavoine chez les jeunes. Mais aussi, il faut bien le dire, chez les plus anciens. On s'est très vite aperçu – dès le lendemain de sa mort – que le public était en demande de ses mots, de ses musiques comme de ses coups de gueule. Les télévisons rediffusaient sans cesse l'extrait du journal de la mi-journée d'Antenne 2 où la colère non retenue de Daniel Balavoine ressemblait au cri de désespoir d'une partie de cette jeunesse écartelée entre les nouveaux combats citoyens de l'antiracisme ou les prémices d'une conscience antimondialiste, et la démobilisation idéologique prédite par le chanteur tribun. Cette dénonciation spontanée du giscardisme devenait, pour beaucoup, une prémonition de la renonciation mitterrandienne.

Balavoine est mort et Mitterrand est devenu président. C'est aussi cela qui fit tout à coup inverser le focus de cette actualité dramatique. Thierry Sabine, le sauveur de l'aventure moderne ne provoquait pas le même sentiment de manque que Daniel Balavoine, le sauveur de l'amour. Le

17 janvier, trois jours après sa mort, Balavoine est encore à la une des quotidiens. On parle de ses engagements, on essaie de réaliser qu'il fut l'auteur d'une chanson éveillée. Beaucoup découvrent alors la portée du texte de *La vie ne m'apprend rien*, ou encore la force d'une lucidité enragée de *Vivre ou survivre*. Le dernier album est numéro un du Top albums, et *L'Aziza* numéro un du Top 50. Évidemment, cela a aussi un côté navrant. Comme si les morts parlaient mieux que les vivants.

Le quotidien *Libération*, qui fut d'une indifférence à peu près assumée lors de l'existence artistique de Balavoine de son vivant, semblait opérer a posteriori une sorte de mea culpa vis-à-vis d'un lectorat sûrement déçu de voir, dans l'édition du 15 janvier, mettre à la une Thierry Sabine et le Paris-Dakar, et marginaliser la disparition de Balavoine. On y lit en effet : « L'hélicoptère de Thierry Sabine s'écrase dans le désert », souligné par un gros titre ainsi formulé : « Les jeux du risque. Thierry Sabine : Dieu est mort » – alors que Daniel Balavoine est en photo, sa carrière relatée par un article signé d'une agence de presse. Le lendemain, vendredi 17, une nouvelle page est consacrée au chanteur. Titré : « Balavoine faisait entrer le désert dans le chant », l'article est signé par Hélène Crié et revient sur la querelle qui existait entre le journal et lui : « Daniel Balavoine, grognon, ne devait pas beaucoup parler ce soir-là [*Libé* relate les coulisses du concert de Wembley], sauf pour reprocher à la presse spécialisée rock (donc à *Libération*) de mépriser son travail artistique. » Suit alors une interview de Lionel Rotcage, passablement énervé en tant que journaliste, et « quelque peu écœuré par l'intérêt post-mortem soulevé par un chanteur qui n'a pas été considéré à sa juste valeur de son vivant », puis enchaînant de cette façon : « À la limite, la décence voudrait que *Libération* continue à ne pas parler de lui… »

C'est ainsi dans toutes les rédactions où il faut faire face, journalistiquement, à l'émotion chaque jour plus grande que suscite cette disparition. *Paris Match* met à la une un beau portrait de Balavoine alors qu'il était d'abord prévu une autre couverture avec Thierry Sabine.

Le quotidien *L'Humanité*, après n'avoir consacré qu'une demi-page un peu distante, au lendemain de sa mort, revient le samedi et le dimanche sur l'œuvre artistique et humanitaire que laisse le chanteur. Les rapports de Daniel Balavoine avec les communistes sont complexes et contrastés. Le Parti lui reproche ses affinités socialistes déclarées et sa tendance tonton-maniaque avant l'heure. Au siège, place du Colonel Fabien, on n'a surtout pas oublié la descente en flamme de la politique des municipalités communistes à l'émission *Sept sur sept* de 1984 : « Tout est bon pour se faire élire, et personne n'hésite à utiliser tous les moyens, et surtout celui des émigrés. C'est très à la mode, depuis quelque temps. Le parti communiste traite la droite et l'extrême droite de fascistes en disant que M. Le Pen veut renvoyer les émigrés chez eux. C'est vrai que M. Le Pen a peut-être tort d'oublier que les parents d'émigrés que l'on veut jeter à la porte maintenant ont participé à la construction de la France, et ce, pour des salaires bien faibles, très souvent, et qu'à l'époque où la France tournait bien, comme tous les pays du monde, on était bien contents d'avoir les Arabes pour travailler chez nous, et qu'il serait bien trop facile maintenant de les jeter dehors. Cela dit, je renverrais bien la balle à M. Marchais et à ses camarades communistes. On se demande ce qu'ils foutaient dans les maisons d'Ivry avec les bulldozers en train de défoncer les murs des mêmes travailleurs immigrés. De toute façon, c'est blanc bonnet et bonnet blanc, comme disait si bien Georges Marchais à qui le bonnet va très bien, comme il va très bien à ceux de droite également. Donc, tout cela c'est de la foutaise. »

Le lundi, jour des obsèques de Daniel Balavoine, *L'Humanité* revient sur la lente procession : « Beaucoup d'émotion et de dignité de la plupart des admirateurs du chanteur », découvrant subitement que le peuple de gauche ressemble étrangement au public de Balavoine. Mais pas seulement, puisque à droite aussi et au *Figaro* en particulier, Jean-Luc Wachthausen tient à souligner que, « loin des malentendus, des querelles dérisoires, des certitudes ébranlées, son dernier geste, qui hisse le militantisme au niveau le plus haut, celui du cœur, honore à jamais la mémoire d'un homme sincère qui rêvait tout haut d'un monde meilleur ».

Le vendredi 17 janvier, Geneviève Salama me fait appeler pour savoir si je souhaite assister à l'enterrement qui aura lieu le lundi en l'église Sainte-Eugénie de Biarritz à 16 heures. Je pense à ce que Daniel Balavoine m'avait promis. Que l'on se retrouve pour une interview à Biarritz afin que je puisse renouer avec sa ville de prédilection. Je ne conçois pas de mettre les pieds pour la première fois à Biarritz pour accompagner le chanteur dans son grand sommeil d'éternité. Je décline l'« invitation ». De peur aussi de me sentir bien seul. Les proches de Daniel ne sont pas les miens ; de fait, je ne serais pas là-bas à ma place.

Il faudra attendre encore quelques années pour que Biarritz devienne ma résidence secondaire, jusqu'à devenir un temps ma résidence principale. Nous sommes en 1998, je viens de me faire virer de mon poste de directeur artistique chez Sony. Je trouve la sanction injuste et peine à accepter la mort du rêve de la musique ancré en moi comme terrain privilégié de toutes les utopies. Une dépression violente et l'envie de faire une vraie pause me conduisent à acheter une petite maison au Lac de la Négresse, à Biarritz. Comme si, dans cette phase personnelle d'éboulement émotionnel, il me fallait être au contact de l'énergie spirituelle de Daniel. Pourquoi ne pas y croire? Et ces vingt années sans lui, comment et pour quoi faire? Silence! Docteur, on tourne la roue de la vie sans lui... Qu'avons-nous fait exactement?

Des bouquets d'hortensias que j'apporterai régulièrement sur la tombe blanche du cimetière trop impersonnel, à côté de l'aéroport de Biarritz; la radio qui diffuse ses chansons chaque fois que je pense à lui; Liane Foly qui ressuscite avec *La vie ne m'apprend rien*; ces éclairs de soleil qui transperçaient soudainement la *brouillarta* impénétrable de la côte basque, lorsque je restais méditatif près de sa tombe; les moments difficiles où je lui demandais de m'aider; les balades sur la grande plage ou à Ilbarritz, la petite Écosse du Pays basque; des images de lui au golf; la mort de Mitterrand, et lui, le chanteur en colère, inscrit dans sa légende; la mort de Coluche qui lui est définitivement associée; Lena Khan qui reprend *Tous les cris les SOS* sous l'égide du pape de la dance music, Henri Belolo; les émissions sur lui, les anniversaires de sa mort, les livres qui lui sont consacrés; les Restos du cœur qui lui rendent hommage; le Paris-Dakar qui continue; Jacques Chirac élu président de la République; l'accès gratuit à la musique sur Internet; la première intégrale Balavoine; Michel Berger qui meurt, ce n'est pas croyable; la France championne du monde de football en 1998, c'est trop fort; mon premier livre sur Jean-Jacques Goldman; sa version sans pareille de *Confidentiel*, qu'il chantera pour Daniel le samedi soir, quatre jours après sa mort, à *Champs-Élysées*; Robert Bialek devient un ami; les Francofolies de 1986 sans lui et son nouveau groupe en première partie de lui-même; le rap est une nouvelle musique faite par des pros du verbe, sans lui; le mur de Berlin qui est tombé; Simon et Gunther qui ne se sont pas retrouvés ; la musique électronique fait naître la *french touch* qui le venge un peu ; Le Pen au second tour de l'élection présidentielle de 2002, ce qui ne lui a pas été infligé ; mes documentaires pour la télévision qu'il n'a pas vus ; la télévision qui rend dingue ; José Bové et Noël Mamère, Lionel Jospin et Nicolas Sarkozy, de quel côté son cœur aurait crié, et les alter-mondialistes qui parfois parlent pas si mal, comme lui ; le CD qui va bientôt mourir, c'est vrai ou pas ; le regroupement des majors compagnies, et la mort d'Eddie Barclay, alors que fait Peter Gabriel ; le sida m'a enlevé trop d'amis ; Claude François est une légende même au cinéma ; on ne connaît pas les enfants Balavoine et c'est très bien, parce que cela lui ressemble ; la télé-réalité qui prend ses cobayes pour des stars ; la nouvelle scène française est très scène, et c'est mieux ; la fracture sociale c'est Chirac ; la guerre mondiale deux fois elle a failli nous perdre ; Philippe Constantin que l'Afrique, son amour, a tué comme lui ; des écoles Daniel-Balavoine, des centres culturels Michel-Berger ; le home studio est l'outil de la démocratisation de la musique, le combat ne fut pas inutile ; *Quand on arrive en ville* c'était une chanson qu'il incarnait bien ; les jeunes de banlieues chantent presque le même air en novembre 2005 ; l'Afrique a connu d'autres sécheresses et coups d'État ; la guerre à trois heures de Paris pendant des années ; et lui qui aurait trouvé Ardisson ou Fogiel sur son chemin pour hurler ce qui lui importe ; Léo Missir est un jeune homme de quatre-vingts ans ; Andy Scott pense à sa vie de famille ; Marie-Françoise a du caractère Balavoine ; Geneviève Salama refuse de parler de lui ; la vie continue, *Je ne suis pas un héros* est l'hymne de la *Star'Ac* ; personne chez Universal ne pense apparemment à fleurir sa tombe ; les bébés chanteurs s'éliminent aux jeux du cirque de TF1 sur ses chansons ; j'ai vendu la maison de Biarritz, j'habite toujours Paris ; j'ai pris encore des coups et vécu une trahison, mais tout le monde semble maintenant connaître son petit Nietzsche par cœur, puisque ce qui ne tue pas rend plus fort ; le terrorisme, lui, tue encore plus, l'homme est un loup pour l'homme ; j'ai beaucoup plus aimé cet été Biarritz en amoureux ; je ne suis pas allé le voir sur sa tombe au mois d'août ; *Télé 7 jours* lui offre sa une pour la *Star'Ac* partagée avec le couple improbable des incroyables fiancés ; une autre intégrale Balavoine chez Barclay ; les Victoires de la Musique ont fêté leurs vingt ans ; on fête les vingt ans de sa mort, j'ai quarante-cinq ans, lui en a cinquante-quatre, j'écris un livre sur lui, *Je ne suis pas un héros*, un roman peut-être ; il manque toujours, il manque encore, réveillez-le, ils sont devenus fous, il n'est peut-être pas mort pour rien finalement, il savait parler du monde de 2005. Daniel Balavoine est vivant.

ANNEXES

Claire Balavoine : le message de la vie

Il faut toujours écrire la vérité. Ce livre était fini. Il ressemblait vraiment à celui que j'aurais voulu écrire si Daniel avait été encore là. Une sorte de mosaïque de sentiments, d'intentions, d'analyses, de cris et de paroles restituées. Il aurait pu le commenter au fil des pages, des chapitres, des entretiens. C'était d'ailleurs le cahier des charges de la ligne éditoriale de cette collection de biographies d'artistes, « le roman de... », initiée au milieu des années 80 par Fred Hidalgo, où Julien Clerc et Renaud[1] avaient déjà joué le jeu du contrechamp personnel sur un regard journalistique.

Oui, je pensais ce livre achevé. L'idée d'un aller-retour permanent entre lui et moi, moi et les autres, restituait peu à peu le cœur de ce chanteur en état de marche. Mais j'avais tout de même éprouvé une sorte de petite frustration qui, au fil des mois, risquait de devenir un manque réel. Tout était là, mais il manquait la petite sœur des combats à mener. Allez savoir pourquoi, dans un monde où tout le monde est

---

1. *Le Roman de Julien Clerc*, par Marc Robine, 1988, et *Le Roman de Renaud*, par Thierry Séchan, 1988, collection « Paroles et Musique » (coédition Paroles et Musique/Seghers). À noter aussi dans cette collection *Le Roman de Coluche*, 1986, par Frank Tenaille.

possiblement joignable, elle ne l'était pas. Tous nos contacts n'aboutissaient pas. Je m'étais dit que je m'en tiendrais à cette ligne de conduite : respecter le silence des uns, les réponses négatives des autres. C'est toujours la même chose, après tout. Il y a parfois des anniversaires que l'on peut redouter. Une absence qui a vingt ans, c'est beaucoup trop. Parfois, on n'aime pas voir ses sentiments vieillir.

C'est sûrement un peu le cas de Claire Balavoine qui poursuit cette quête du bonheur à travers le don aux autres. Il n'y a pas de mal à se faire du bien en faisant soi-même le bien lorsqu'on le peut. Claire a resurgi au moment même où le livre se trouvait déjà entre les mains de l'éditeur. J'étais allégé d'un poids, celui d'avoir libéré un livre qui était en moi depuis si longtemps. Et je savais qu'il manquait juste une certaine idée de l'humanité, celle portée par la « Fondation Daniel Balavoine » depuis sa création, le 28 mars 1986. La part de vérité de Daniel, artiste et homme engagé dans la marche du monde, c'est aussi la poursuite de son combat dans la réalité d'un continent qui renaîtra vraiment lorsqu'il sera autonome, affranchi et libre.

La liberté est-elle si illusoire lorsqu'on parle de l'Afrique ? Balavoine n'est plus là, mais les questions restent posées. Ces chansons comme ses cris sont encore des réponses à notre éventuelle démotivation. Daniel Balavoine, frère des hommes, était animé par le moteur de l'action. Elle était le préalable à toute forme d'engagement sur le papier (de la partition) ou sur le terrain de la communication (de la promotion). Avec lui, il fallait toujours dire ce que l'on pensait, et surtout faire ce que l'on avait dit que l'on ferait. Je me souviens précisément d'un bout de conversation entre la sortie du studio où nous venions de faire une émission de radio et l'ascenseur qui nous mènerait dans le hall de la Maison de la Radio. Cela faisait aussi partie de cette étrange séquence des derniers instants. Elle m'est revenue en parlant avec sa sœur Claire. J'avais demandé à Daniel si aller au bout de ses passions n'engageait pas parfois une certaine forme de démotivation. Il m'avait répondu que nous, Européens gâtés, n'avions droit au découragement légitime que sur une durée de vingt-quatre heures ! Ensuite, ce serait faire insulte à ceux qui s'étaient battus avant nous pour que nous ne mourions ni de faim, ni de froid... Voilà, il y avait là tout le sens de la repartie de Daniel.

C'est un peu cette repartie que j'ai retrouvée, ce soir de novembre où l'hiver frappait déjà dans la parole presque messianique de Claire Balavoine. Nous nous sommes donc retrouvés. Juste à temps. Afin que je puisse écouter la voix de la passion. Celle de Daniel tout à coup ressuscitée et qui parle soudainement d'une époque à la fois navrante et enivrante de passions à inventer :

« Je ne peux pas parler de Daniel. Daniel, c'est mon petit frère et je ne peux pas parler de mon petit frère. Je peux juste dire que lorsqu'il écrivait une chanson, je lui disais toujours : Tu écris exactement ce que j'ai envie de gueuler. Nous avions, voyez-vous, cette communauté de pensée face au monde. Une brûlure toujours vive face à l'injustice. Mais il y a une sacrée différence entre exprimer ce sentiment et tenter de le transcender concrètement. Et Daniel l'a réussi au travers de son écriture des chansons, de sa musique enragée, belle et rock, de son lyrisme, pour dire les choses les plus insupportables avec la beauté de l'humanité. Je n'ai jamais eu ce talent. Mais je me sens engagée dans la vie, pour la vie. La mort de Daniel a provoqué chez son public, et au-delà, une vraie envie de prolonger son engagement. Les milliers de lettres qui arrivaient disaient toutes en substance la même chose : ses idées sont aussi les nôtres.

Il ne faut jamais perdre de vue que Daniel était parti en Afrique pour des raisons bien précises. Pour offrir un vrai sens à son cri. Huit lettres sur dix témoignaient de cette compréhension. Les gens ne voulaient pas donner de l'argent pour se dédouaner d'une certaine culpabilité. Il souhaitait que leur argent aille dans l'achat de ces motopompes qui offrent l'eau à celles et ceux qui en sont privés. Ces motopompes, au-delà du secours qu'elles apportent, signifient aussi la conquête d'une certaine forme d'autonomie pour les populations africaines. Œuvrant dans le domaine médical, j'étais, de fait, peut-être la plus concernée et la plus disponible pour relayer cette détermination de Daniel. Il savait que j'étais sensibilisée depuis longtemps à la douleur, à la souffrance des autres. Daniel ne supportait plus la réalité. Je n'oublie jamais cela et, lorsque je constate que, depuis vingt ans, nous travaillons à redonner une forme de vie à deux régions du Mali, je me dis que nous parvenons à redonner la fécondité à cette terre qui en est privée. Notre action est d'être un moteur pour plus d'autonomie. Ce mot est un mot-clé. Les populations du Mali, le long du fleuve Niger, elles aussi ont vingt ans de plus. Et la différence, aujourd'hui, c'est que les jeunes qui ont vingt ans sont vivants et en bonne santé. Alors que leurs parents étaient menacés. Ils nous disent : Vous nous avez donné la possibilité de croire en nous-mêmes et de prendre le relais sur le terrain pour poursuivre votre aide.

La Fondation a aidé à financer deux groupes scolaires touareg au nord du Mali. Le but était de construire des écoles au sein même de campements dans le désert. Au départ, nous avons aidé à l'implantation de deux écoles primaires. Aujourd'hui, nous allons jusqu'au collège. Et, de plus, maintenant, les filles vont à l'école alors qu'elles ne pouvaient pas a priori prétendre à ce droit. À Kidal, l'école a fait oublier aussi le poids de la soumission de l'époque coloniale. Depuis, cette initiative a impulsé une volonté venue cette fois des Africains eux-mêmes. Cinquante autres écoles ont été construites dans une autonomie complète. Voilà. Le message de Daniel est passé. L'eau, c'est la vie, et la connaissance aussi. Nous faisons de l'agri-culture : nous sommes partenaires pour aider à financer des entreprises maliennes, des professeurs maliens, et l'impérieuse nécessité d'offrir à l'identité malienne sa raison d'être.

La démarche de Daniel était de passer de l'image et du son à l'action. La Fondation est une association qui ne reçoit aucune subvention. Nous ne faisons donc pas beaucoup de bruit, mais nous savons que, sur le terrain, notre action marche. Les Africains mangent, vont à l'école et ils disent qu'ils sont heureux. Mais je sais aussi que le combat n'est pas facile. En vingt ans, il y en a eu, des catastrophes !... Et les gens sont de plus en plus sollicités. Et de plus en plus déçus. Les entreprises caritatives ont été salies par des détournements de fonds, ou par des questionnements réels : où va l'argent ? et pour quoi faire ? Avec le drame du tsunami, on a même entendu que les associations humanitaires avaient perçu trop d'argent et qu'il fallait pouvoir le redistribuer à bon escient. Après cela, il faut être toujours debout pour affirmer, comme Daniel, qu'il n'y a pas de problème, il n'y a que des solutions.

La vie, c'est l'envie. Et vingt ans plus tard, Daniel n'a pas changé puisque ses chansons parlent encore avec une vérité bouleversante du monde dans lequel nous vivons. Ses mots parlent encore de notre quotidien et de cette injustice qui se voudrait immanente. L'ignorance tue, et Daniel faisait de l'éveil une vertu. Le continent africain évoque la solidarité. En cela, Daniel était africain, puisqu'il était solidaire et fraternel. Nous sommes tous seuls dans la vie, avec des milliards d'hommes. Nous sommes tous de passage, et nous sommes ici pour partager ou accompagner les moins puissants à trouver l'énergie de l'espoir. Tendre la main, cela permet de mieux dormir, même si cela peut aussi parfois paraître égoïste de constater que cette aide est juste là pour mieux vivre et accepter notre condition de privilégiés. Mais cette forme de culpabilité est aussi fondatrice pour soi-même. Aller et vivre sur le terrain change votre perception du monde dans lequel vous vivez. Lorsque je suis rentrée du Mali, je me souviens d'avoir râlé parce que j'avais un problème de canalisation, chez moi, qui m'empêchait de prendre une douche. Et, tout à coup, je me suis souvenue de ces douches que je prenais là-bas après trois journées dans le désert sans avoir pu me laver. Et ces douches avec un quart de seau d'eau sont les plus belles douches que j'aie pu prendre de ma vie...

Lorsque j'étais plus jeune, je nageais et j'étais devenue une assez bonne compétitrice. Daniel me soutenait comme un supporter dans toutes mes courses. Il a été aussi mon meilleur groupie. Il était fier lorsque je gagnais. [...] Je me souviens avoir été la première à qui il ait fait écouter *Partir avant les miens*. Je n'ai pas été surprise. Je lui ai dit : "Chapeau !" Il était délivré par ma réaction et avait peur que nous ne soyons pas mûrs pour entendre cette vérité-là. Il avait osé dire qu'il préférait s'en aller plutôt que d'avoir à souffrir de la disparition des siens. Il s'est "arrangé" pour partir avant nous tous...

C'est comme lorsqu'il a sorti son dernier album, *Sauver l'amour*. Je me suis dit spontanément : qu'est-ce qu'il pourra bien écrire, après cela ? C'était trois jours avant l'accident... Daniel et Thierry ont fait bien plus que d'être chanteur ou directeur d'une course. Ils ont été aussi journalistes au sens noble du terme. Ceux qui ont pour mission de chercher l'information, faire connaître aux Occidentaux que leurs anciennes colonies étaient dans la détresse.

Vingt ans plus tard, l'information est passée, mais elle reste d'actualité Ils ne sont pas morts pour rien. Il faut apprendre à acheter, et non pas à consommer. C'est une question de dignité pour les générations futures. Les chansons de Daniel n'ont donc pas vieilli. C'est pour cela, peut-être, que plus qu'hier et moins que demain, Daniel est l'être humain le plus vivant qui nous manque le plus*... »

* Association Daniel Balavoine, 62, rue Estienne-d'Orves, 92700 Colombes. Site Internet en cours ; transfert du local sur Paris imminent.

Marie-Françoise Balavoine : Écoutez-le !

Écrire un livre sur Daniel Balavoine parce qu'on l'a soi-même connu est somme toute légitime. Une biographie exhaustive ? Une compilation d'articles de presse ? Une redite de ce qui a déjà été écrit ? Toutes les questions se posent et s'éliminent, bien sûr, au fur et à mesure. Ce livre est le croisement de deux paroles : la sienne et la mienne, comme s'il s'agissait de retrouver nos moments de vie. Sa vie strictement privée, son mariage précoce en 1972 avec Dominique (employée à l'Olympia), les femmes qu'il a aimées, celle qu'il a fait chanter forment un autre bain révélateur, un roman-photo différent… La tentation est pourtant toujours assez grande de rencontrer les proches. Celles et ceux qui furent dans son autre intimité, loin de la sphère professionnelle. Mais à quoi bon, si ce n'est pour aller chercher des clés rouillées censées ouvrir sur l'homme de l'ombre… ? Celui qui forcément aura de gigantesques qualités et aussi, comme tout un chacun, ses défauts, ses parts d'obscurité, ses paradoxes. L'homme parfait n'existe pas, puisque la perfection est un vilain défaut. Jean Cocteau disait à peu près ceci : « Le plus beau est aussi de pouvoir cultiver ses défauts pour en faire une qualité. » Mais tout de même, rencontrer la famille Balavoine… Rendez-vous compte, cette famille nombreuse qui a dû souffrir aussi de constater que le petit dernier appartenait un peu à tout le monde, pour le meilleur bien souvent, mais parfois pour le pire…

Et puis la raison revient spontanément. Ce livre que j'ai attendu serait aussi une part de moi-même, de ces trois années pleines où nous avons eu cette chance de partager beaucoup. Je revenais naturellement à une sorte de clairvoyance. Si j'avais écrit ce livre de son vivant, comme cela a d'ailleurs failli se faire, je n'aurais rencontré que celles et ceux qui partageaient son quotidien professionnel, les fondations sur lesquelles s'étaient peu à peu bâties sa reconnaissance : Andy, Florence, Patrick, Léo, Michel, Robert, Tintin, Geneviève… Trois ne sont plus là, partis rejoindre leur paradis blanc. Les autres m'ont presque tous ouvert leur cœur.

Mais, au commencement, Fred Hidalgo, mon éditeur si patient, m'avait conseillé de contacter Marie-Françoise Balavoine, l'aînée de cette famille de six enfants, alors que Daniel en était le benjamin. J'ai tout de même fini par le faire, en ne sachant pas si cette rencontre serait un « contre-chant » nécessaire pour le propos du livre. Je l'ai donc appelée. Je suis tombé sur sa messagerie vocale. Elle m'a rappelé. Elle est donc tombée sur ma messagerie vocale. Elle était sûre de me connaître. Moi, je ne savais plus. Peut-être lors d'une édition des Francofolies.

Marie-Françoise parle avec aisance et humour à une boîte vocale. Elle est chargée de communication, et la parole est bien son langage. Une voix de femme volontaire. Une voix de caractère. Et puis, nous sommes tout de même convenus de prendre le temps de nous voir pour un déjeuner. Le 12 septembre 2005. Sans réel objectif. Nous nous sommes tout de suite reconnus, une sorte de respect mutuel semble nous relier. Je lui explique alors le projet de mon livre. Un ouvrage un peu à part, entre biographie et souvenirs personnels. Elle semble rassurée. Elle regrette juste que le livre soit programmé pour le vingtième anniversaire de sa mort. Elle déteste déjà cette commémoration annoncée. Elle craint les hommages et fronce les sourcils parce que, ce jour-là, l'hebdomadaire de télévision *Télé 7 jours* annonce que Daniel Balavoine sera célébré par la *Star'Ac*. Elle hausse les épaules parce qu'elle s'attend au pire. Elle comprend bien ma démarche.

Je lui explique que je ne solliciterai ni Corinne, sa dernière compagne, ni ses enfants, que je n'ai pas connus. Ni la famille. Même si, parfois, la tentation reste grande. Mais je lui raconte aussi que j'espère qu'à travers moi, ils aimeront retrouver l'artiste que je considère comme le plus talentueux de sa génération. C'est cela qui m'intéresse. Ses racines musicales, sa démarche artistique, sa vision citoyenne de l'engagement. Elle aperçoit mon petit magnétophone. D'entrée, elle me redit : « Je n'ai pas grand-chose à dire de lui qui puisse t'intéresser. » Je lui dis : « Essayons quand même ! »

Une conversation à bâtons rompus, dont je garde ici une sorte de monologue impressionniste afin que Marie-Françoise Balavoine reste dans sa vérité et non pas dans la mise en scène toujours retravaillée de l'entretien journalistique :

« C'est d'abord mon petit frère. Mon petit frère… Et puis c'est un chanteur… Et ce chanteur, je trouve qu'il n'est pas à sa place dans le paysage culturel français. Et je suis assez en colère là-dessus, parce qu'on ne retient de Daniel que ses chansons populaires, qui sont intéressantes, je ne les renie pas du tout. Mais c'est un auteur, il a écrit des textes qui sont sublimes et que personne ne connaît, et cela me rend toujours assez triste. J'ai envoyé un courriel à Philippe Meyer qui fait une belle émission de chanson sur France Inter le samedi matin. Je lui ai écrit pour lui demander d'écouter les textes de Daniel. Je n'ai jamais eu de réponse.

Mais je le talonnerai, Philippe Meyer, parce que je ne trouve pas ça juste. […] On ne rend pas à Daniel ce qui lui est dû.

[…] Ce que l'on entend souvent à son sujet ? Il nous manque. Il nous manque parce qu'au moins, lui avait le courage de ses opinions. Il les exprimait sans tricher. […] Il n'y a plus personne comme lui aujourd'hui… Le courage est rarement exprimé chez les chanteurs. […] Si je suis appréciée dans mon métier, c'est que je suis capable de dire ce que je pense. J'essaie toujours d'y mettre un peu les formes – parce que, maintenant, je suis moins jeune – mais si l'on me demande de venir écouter ou voir un spectacle, que ce soit en chanson ou en théâtre, c'est parce que les gens espèrent que je vais leur dire la vérité.

[…] Il a pris, je le reconnais, quelques baffes de ma part… Quand il répondait à maman, il exagérait quand même ! […] J'ai surtout le souvenir de son insolence alors qu'il était tout mignon, un ange avec cette irrésistible coiffure au bol. […] On raconte souvent dans les biographies de Daniel que, tout jeune, il faisait de la batterie dans les toilettes, mais je ne peux pas dire que je m'en souvienne, parce qu'à l'époque, quand il avait cinq ans, j'en avais dix-sept et j'étais un peu plus intéressée par mes petits copains que par la batterie improvisée de mon petit frère, c'est sûr ! […] Par la suite, devenu célèbre, il nous a tenus éloignés, avec raison, de tout ce qui se passait dans le milieu du showbiz. Et je lui en sais gré.

[…] Je détestais aller le voir chanter à Paris. Je détestais cela parce qu'il y avait tout le showbiz ! Par contre, j'adorais aller le rejoindre en tournée, et je l'ai fait plusieurs fois. Et là, c'était super ! Parce qu'on se retrouvait avec toute l'équipe technique… Daniel ne faisait aucune différence, en tournée, entre tous les membres de son équipe. C'est-à-dire qu'il travaillait avec un groupe, avec ses musiciens, tout le monde était payé pareil, ou du moins il est sûr que tout le monde était considéré de la même façon. [...]

Il aimait bien revenir dans la famille. C'était important pour lui. On se retrouvait chez maman. Et, en général, c'était toujours quand mon frère Yves, qui est militaire, revenait chez nous. Yves était un peu le lien entre nous tous, surtout lorsqu'il revenait de Beyrouth... Il y avait à ce moment-là des retrouvailles très familiales. Depuis la mort de Daniel, on ne l'a pratiquement plus jamais fait. [...]

À Biarritz, c'était un plaisir d'être avec lui ! Je me rappelle des sorties avec lui dans sa Jeep, on se baladait, les gens étaient adorables, personne ne l'enquiquinait, c'était très bien ! On se baladait, des heures. [...] Bon, ce n'était pas comme tout un chacun, mais tout le monde lui parlait et Daniel faisait vraiment partie de la ville.

[...] Il avait très peur de l'avion. C'est d'ailleurs pour cela qu'il n'est jamais allé à Montréal faire *Starmania*. Un jour, il est parti avec mon mari qui était pilote de ligne. Il l'a amené à la Réunion pour faire le vol avec lui dans le cockpit, pour le désinhiber. [...] Obsédé par la mort ? Non, je ne crois pas qu'il était obsédé par la mort. C'est nul, de dire ça. [...] Il était obsédé par la vie ! La vie, c'était sa seule obsession. Et c'était un séducteur, plus que cela : un amoureux des femmes. [...] C'est quelqu'un qui a bouffé la vie, qui est allé à trois cents à l'heure... Oui, il aimait vraiment la vitesse. Au sens propre comme au figuré. À Biarritz, il faisait du body surf. [...] J'ai quand même été étonnée de l'impact tellement fort que sa mort a provoqué.

[...] Ensuite, pendant deux ans, j'ai travaillé à l'Association, qui s'appelait alors la Fondation Balavoine. Et là, j'ai rencontré beaucoup de monde, qui a donc appris à me connaître, à savoir comment je m'appelais. Et quand j'ai commencé à travailler, aux Ateliers Chanson de Paris ou au

Festival de théâtre des Francophonies, à Limoges (où, aujourd'hui, je suis chargée d'un gros service de presse), j'avais alors deux possibilités. Soit je continuais à utiliser mon nom de naissance, soit je me faisais appeler Marie-Françoise Maestre, qui est le nom de mon mari Yvan. [...] Mais je suis née Balavoine, je reste Balavoine. Alors qu'à l'époque où je me suis mariée, j'étais ravie de changer de nom, parce que celui de Balavoine n'était pas très facile à porter. [...] Cela n'a donc pas été un calcul, c'était différent. [...] Parce que je suis fière de Daniel. Il n'y avait donc pas de raison de faire comme si son nom n'existait pas. [...] Oui, cela ouvre des portes, c'est vrai. Mais si tu n'es pas super-performant derrière, cela te les ferme bien plus vite ! C'est ce que disent tous les gens qui portent un nom connu. [...] Cette année, j'ai travaillé sur un Salon du Livre, à la Fnac, où j'étais en charge de la Communication. [...] Un monsieur est venu devant moi interpréter une chanson de mon frère. Il était tout ému, le monsieur. Je lui ai dit : Attendez, Daniel, ce n'est pas moi !

[...] Il aurait aimé, je crois, faire de la politique, mais est-ce qu'il l'aurait fait ? Je ne sais pas. C'est tellement dur, de se battre contre des moulins à vent, que je ne sais pas s'il aurait supporté. [...] La langue de bois n'était pas son fort ! [...] Je pense qu'il serait aujourd'hui un grand producteur. Producteur et auteur. Je crois qu'il avait envie d'écrire aussi dans d'autres formats que celui de la chanson. [...] Sa sortie contre Mitterrand m'a ravie... Parce que Mitterrand, ce n'était pas ma tasse de thé...

[...] L'émission *Sept sur sept*, je m'en souviens très bien, parce qu'il y avait eu l'attentat à Beyrouth, le matin même, et Daniel dit alors au journaliste : “Ma mère s'est rongé les sangs pour savoir si mon frère était dans le tas ou pas...” Il pleure quand il dit cela ! Si tu regardes bien l'émission, il pleure. [...] Et s'il y a deux milieux que l'on pouvait opposer, à l'époque, c'était bien le milieu gauchiste de la chanson et le milieu de droite de l'armée. Et là, dans ce moment de télévision, il ne reste que l'amour profond qu'il y avait entre Daniel et Yves. Toute notion politique, quelle qu'elle soit, est à cet instant dépassée. Il n'y a plus que l'amour d'un frère pour son frère. Et chaque fois que je revois ça, moi, j'en ai la chair de poule.

[...] Écoutez-le, aurais-je envie de dire à ceux qui vont le découvrir à travers d'autres interprètes. Revenez à l'original. Écoutez ses textes. *Frappe avec ta tête*, *Angéla*, *Un enfant assis attend la pluie*, *Petit Homme mort au combat*... Rien ne s'est arrangé depuis. *Un enfant assis attend la pluie*, on pourrait l'envoyer en Louisiane ! – ça, c'est de l'humour à la Daniel ! Faites attention à ses mots. Même dans de petites phrases, il y a plein d'idées qui sont intéressantes. Il écrivait très vite et il écrivait bien. C'est quelque chose qui m'a toujours assez fascinée. [...] Il manque ! »

Malcolm Crespin : fruit de la relève

La trace que laisse Daniel Balavoine dans la postérité est encore ambiguë. Il y a une sorte d'évidence à écrire qu'il est définitivement bien installé dans le panthéon des grandes figures de la chanson française. Mais, paradoxalement, cette canonisation artistique ne lui offre pas d'être un référent automatique pour les artistes de la nouvelle génération. Trop pop pour la scène alternative, trop populaire pour la scène pop. Vincent Delerm use tout de même parfaitement de son *name dropping* pour faire *des filles de 1973*, des filles qui ont pleuré Balavoine. En revanche, les reprises des chansons de Balavoine faites ici et là n'identifient pas une filiation absolue à une quelconque stylistique.

Daniel Balavoine est donc à la fois bien là et en même temps un peu trop absent du paysage mental de la nouvelle création. Pourtant, par moments, il arrive que l'on rencontre un nouvel acteur de nos métiers, un petit gars de la relève qui, tout à coup, affirme inspirer une partie de son travail avec l'état d'esprit du Balavoine chanteur et citoyen. La marque qui est laissée est plus subtile et insidieuse. Elle touche les disciples du faire-savoir autant que ceux du savoir-faire. Daniel Balavoine attendait aussi que l'équipe technique de la chanson se positionne au diapason de ses créateurs. C'est chose faite. Malcolm Crespin, nouveau pilier du métier des producteurs et managers, illustre assez bien la vitalité d'une profession qui veut encore s'imposer à échelle humaine et artisanale. Comme au bon vieux temps des seigneurs du music-hall. Des Vian, Bedos, Dejacques, Constantin, du Richard [Marsan] de Léo Ferré. La petite flamme bleue de Jean-Loup Dabadie, c'est aussi la flamme de Balavoine qui brûle dans le cœur des hommes de l'ombre.

« Nous n'avions pas la télévision. Avec ma mère, nous n'écoutions que la radio ; on oscillait entre Radio Libertaire et France Inter. Et sur France Inter, ils avaient diffusé une chanson, *Mon fils, ma bataille*, qui m'a accompagnée pendant au moins un mois. Mon père étant parti de chez moi lorsque j'avais deux ans, j'ai été élevé par une mère célibataire et je me retrouvais complètement dans cette chanson. Dans les mots… Ma mère me prenait la tête en me disant souvent qu'il faudrait que je me souvienne toute ma vie que le plus important, c'est le poids des mots et leur sens. Bizarrement, je trouvais que ça collait bien entre ce que me disait ma mère et ce que j'entendais dans cette chanson.

[…] Quand je suis entré en sixième, ma tante m'a offert un "bon Fnac" – c'était le début des bons Fnac –, et avec ça j'ai acheté une cassette de Balavoine. *Un autre monde*. […] Puis j'ai punaisé le poster grandeur nature de Daniel Balavoine dans ma chambre. Un jour, Balavoine débarque sur le plateau de télévision où il y a Mitterrand, et il parle comme nous aurions eu envie d'avoir l'occasion de parler ! Je n'ai jamais été fan de personne dans ma vie, mais ce qui émanait de lui, dans son regard, dans sa façon d'être, ça m'a porté… Il me faisait aussi bien pleurer que rêver.

[...] En plus, j'ai toujours flashé sur ses arrangements musicaux. J'adorais le son de ses disques, le son qu'il créait. Il y a eu aussi la période où j'ai découvert *Starmania*. C'est par Balavoine que j'ai découvert Michel Berger, et non l'inverse. [...] Les textes que j'avais rêvés, puis que je me suis mis à écrire, c'étaient les textes de Balavoine. Creuser le même sillon d'inspiration que dans *La vie ne m'apprend rien*. [...] Il y avait un rêve qui m'accompagnait toutes les nuits, où je rencontrais une Marocaine dont j'étais fou amoureux. Mais elle ne pouvait pas venir en France et je ne savais même pas pourquoi, mais je me retrouvais alors au Maroc... Et je me suis rendu compte... J'ai fait très vite le lien avec *Sauver l'amour*, avec *L'Aziza*.

[...] Je trouve que *Le Chanteur* est une chanson incroyable. C'est très fort d'arriver à dire, profondément, ce que l'on pense avec cette légèreté et cet humour. Cette façon de dire le plaisir du vertige de la célébrité, tout en agissant pour être acteur et porteur de ses convictions. Je trouvais que ça créait un équilibre assez incroyable. En plus, avec cette chanson, il exprime ce qu'il aimerait être dans la vie – ce que, finalement, il a réussi à être... grâce à cette chanson. Je trouve ça magique, comme histoire ! Chaque chanson a son miroir.

[...] J'avais treize ans quand il est mort, en 1986... J'écoutais France Inter : j'apprends la nouvelle et je pleure... Direct ! Je tombe en larmes ! Je me suis mis dans la tête que tous les bons partaient les premiers. Et ça s'est vérifié avec Coluche, cinq mois plus tard. J'ai entendu dire que Balavoine se posait la question de savoir s'il fallait qu'il parte ou non sur ce Paris-Dakar... Il aurait eu un mauvais pressentiment ? J'ai toujours douté de la mort de Balavoine, des circonstances ! On ne veut jamais admettre l'inacceptable pour les gens que l'on aime. Comment dire que sa mort est juste ?

[...] Quand tu refais le point sur une carrière, les chanteurs se contredisent au moins dix fois en dix ans. Eh bien, j'ai beau mettre les textes de Balavoine les uns derrière les autres, je n'y trouve pas la moindre contradiction. Parce qu'il ne parle que d'émotion. [...] Balavoine incarne parfaitement l'idée du doudou. Le doudou, ce n'est pas une "couille molle" qui n'ouvre pas sa gueule quand il y a un truc à dire, c'est quelqu'un qui a envie d'être profondément juste, et en premier lieu avec lui-même. C'est un long combat de tous les jours. Aujourd'hui, je sais que Balavoine m'a inspiré énormément dans ma vie quotidienne. Cela va être, par exemple, de ne pas avoir peur de dire ce que je pense au moment où je le pense. Sans me demander si cela ne va pas porter préjudice à ma carrière, ou nuire à l'idée que se font de moi les gens. Je fais partie de ceux qui feront en sorte qu'il ne soit pas mort pour rien. Louis, l'un des artistes que je produis, ne connaît pas Balavoine, mais il possède aussi beaucoup de points communs avec lui...

C'était aussi un grand humaniste. Beaucoup de gens ont dit de lui que c'était un dépressif! On a dit qu'il ne pouvait pas aimer la vie pour gueuler à ce point : mais c'est tout l'inverse! Il rendait hommage à la vie à chaque instant, à chaque chanson! Philippe Constantin l'a très bien dit : Balavoine était un prophète, pas un maître à penser.

À qui penserais-je pour chanter du Balavoine aujourd'hui? À Robbie Williams! Je n'en vois pas d'autres. Je ne vois pas les artistes de la nouvelle scène chanter du Balavoine. Robbie Williams, oui. *Showman* sur scène et même en studio; avec cette démarche consistant à s'assumer complètement... Et puis Robbie Williams est le roi de la pop, aujourd'hui, comme Balavoine l'a été de son vivant. Si j'en avais les moyens, je lui proposerais de reprendre une dizaine des plus belles chansons de Daniel. Robbie Williams interprétant *Dieu que c'est beau*! *Mon fils, ma bataille*... Oui, il pourrait les chanter! Avec sa voix de crooner...

[…] Si on avait proposé à Daniel Balavoine d'être le parrain de la *Star Academy*, je me disais qu'il aurait refusé en les envoyant balader ! Finalement, je me demande s'il n'aurait pas fait mieux que ça. Il aurait peut-être dit oui en posant ses conditions : "D'accord, mais je fais le casting avec vous, et je veux être dans l'équipe des professeurs." Là, on aurait eu la plus belle *Star Ac'* qu'on n'aura jamais ! Aujourd'hui, les mômes ne rêvent tous que d'un truc, c'est de rentrer à la *Star Ac'*… et c'est un peu le thème du *Chanteur* ou de *Je ne suis pas un héros*. Ces chansons apprennent à la fois l'humilité et la fierté d'être connu. Tu imagines ? Balavoine pour les faire travailler, Philippe Constantin et Léo Missir comme directeurs artistiques, et Andy Scott pour leur enseigner le travail du son ! […] Peut-être aussi qu'ils auraient réfléchi et agi plus intelligemment à l'intérieur du château, pour se faire les porte-parole de tous ces jeunes qui sont en train de tout casser dans la rue…

Nous n'avons pas, aujourd'hui, quelqu'un comme Balavoine pour ouvrir sa gueule. Renaud est trop fatigué, maintenant… Et parmi les jeunes chanteurs, pas un n'a dit un mot du problème de l'explosion des banlieues ! Alors, on fait revenir les rappeurs… C'est sûr que Disiz La Peste, lui, a des choses à dire. Mais c'est encore plus fort quand la parole est portée par des artistes qui ne sont pas perçus comme des alibis. Je suis sûr que Balavoine ne dormait pas toujours très bien. Mais ses insomnies devaient exister pour de bonnes raisons ! Quand il ne dormait pas, c'est qu'il était en train de préparer notre réveil. En chansons ou en coups de gueule. Alors oui, Daniel Balavoine nous manque, c'est sûr ! »

À Catherine Ferry : sœur de son

Je vous écris, Catherine, de mon roman.

C'est un beau roman, c'est une belle histoire…

Catherine la grande fidèle.

L'amoureuse, éternelle amoureuse d'une idée faite homme.

C'est vrai que de l'utopie Présence à la réalité Eurovision, il y eut ce bébé blond.

Boudeur, le bébé, parfois, pour les photos.

Et *1, 2, 3* sa politique à elle, c'était d'être aimée de lui,

Il aurait bien aimé tout changer de la chanson.

« France, twelve points », c'est tout de même fantastique,

La chanson made in France qui gagne !

Mais on aurait sûrement été premiers avec une meilleure chanson.

Il devait penser cela.

Non, après tout, nous ne sommes plus les Poulidor de la chanson.

La collégienne de la pop avait du style mais elle le cherchait toujours. Et encore.

Une audition sur *Couleurs d'automne*, c'était comme forcer le destin.

Lui dire, toi et moi, on est si bien ensemble.

Cela se verra forcément, et qui s'aime s'assemble.

Ce fut un coup de foudre en deux temps.
La fusion parfois ça vous met un temps à l'orage.
On suce son pouce et on se met à pleurer.
L'amour, ce n'est pas calme.
L'homme qu'elle aimait aimait les femmes.
L'homme qu'elle aimait aimait la musique.
L'homme qu'elle aimait l'aimait comme son double.
Elle chante comme lui. Avec presque la même voix.
Plus féminine sur *Julia mon cœur* qu'elle le fut par la suite.
« Il était une fois » Catherine, un peu du grain d'une autre blonde Joëlle.
Une France Gall plus *roots* avec la rue qui serait à elle, parce que c'est mieux une fille dans le vent.
Moins, beaucoup moins l'incarnation de la vision d'un homme.
Quelque chose de Sheila aussi,
Si l'écorché et chanteur avait décidé de relever le défi pour qu'Annie chancelle enfin !...
La guerre des cheftaines de gang bubble-gum aurait repris.
Mais d'abord Catherine Ferry, on y revient.
Petite sœur de chant, grande sœur de l'anatole.
Les voix sont jumelles, les âmes aussi.
Une histoire d'amour qui finit mal, c'est banal.
Dis good bye à ton good boy,
Catherine est trop fière pour assumer la souffrance de celle qui subira.
C'est Catherine qui s'en va, Daniel qui lui fait comprendre qu'elle le regrettera.
Il lui offre des cadeaux de rupture magnifiques.
Bonjour, bonjour, Grandis pas, Vivre avec la musique.
Des chansons pour elle comme si elles étaient pour lui.
Le respect suprême d'un artiste qui aurait aimé que l'on aime davantage sa petite sœur de son.

Harmonies gémellaires, mélodie bleue, la mélodie du bonheur.
Frida hexagonale, en fait.
Catherine Ferry c'est le rêve d'un Abba à la française
Kitsch et populaire, malin et honnête.
Une musique pop qui vieillit bien.
Quelqu'un quelque part veille encore sur elle.
Mais c'est sûrement dur d'y croire
Lorsqu'on a tant protégé, tant investi sur lui.
Il n'aurait jamais fallu qu'il parte.
Il aurait fait d'elle une fille qui chante pour les garçons qui arrivent en ville.
Elle n'a rien à regretter.
Des gens l'aiment et ne l'oublient pas.
Les maux de printemps maintiennent le fil tendu
Jusqu'à la prochaine fois
Il faut vraiment prendre tout ce que l'on te donne.
Et continuer à chanter
Jusqu'à toujours,
Jusqu'à demain.
Un meilleur jour qu'hier…
Encore meilleur qu'il y a vingt ans.
Dieu que c'est beau…

L'amour des autres

LIANE FOLY

J'adorais ce chanteur. J'avais quinze ans quand il a débarqué avec *Le Chanteur* en 1977, et il me plaisait beaucoup. Il faisait un peu nounours, je le trouvais un peu rondouillard, mais j'aimais bien ce mec-là. Surtout, il y avait un truc dans sa voix qui me fascinait. J'ai commencé à le suivre, à acheter ses disques, et dès qu'il a fait de la scène, je suis allée le voir. Je n'aime pas dire que j'étais fan ou groupie, mais je l'ai vu de nombreuses fois en concert. Je m'en souviens très bien. De plus, à l'époque, je me déplaçais beaucoup pour chanter dans des bals, donc j'allais le voir !

En fait, j'avais très envie de lui parler. Un de mes copains qui travaillait côté coulisses à la Bourse du Travail de Lyon, m'y a fait entrer un jour. Je suis arrivée à la porte de la loge de Daniel. Il a su que quelqu'un voulait lui parler. Il m'a accueillie dans sa loge et a été très gentil avec moi. Il m'a expliqué qu'il se soignait à l'homéopathie en me montrant une grosse mallette pleine de petits tubes ; il m'a parlé des cordes vocales… Je lui ai dit que j'étais chanteuse dans des bals et que j'aimais beaucoup ce qu'il faisait. Et là il s'est mis à me parler des bals, cela l'avait beaucoup touché. Il m'a dit : « Moi aussi, tu sais… Il faut avoir de la patience… » Et que le plus important, à son avis, était de savoir précisément ce que j'avais envie de chanter ; car le problème, fréquent chez les chanteurs ou chanteuses de bals, est qu'ils ne savent pas très bien ce qu'ils veulent interpréter…

Au fil de ses concerts où j'étais donc souvent présente, il s'est mis à m'appeler « Éliane de Lyon ». C'était mon nom de code, je me présentais en *backstage* et les gars de la sécurité me laissaient tout le temps passer.

Nous avons eu des rencontres vraiment très sympas ensemble, toujours après les concerts. Quand il partait boire un verre ou dîner avec les musiciens, il m'emmenait. À l'époque, bien sûr, je ne me rendais pas compte qu'un artiste en tournée a autre chose à faire que trimbaler des gens et penser à eux. Le temps a passé… Il a commencé à participer au Paris-Dakar. Je suis allée le voir plusieurs fois sur le départ de la course. À l'époque, je préparais mon premier single, *Besoin de toi*, et je me souviens lui avoir dit : « Voilà, je crois que je vais signer dans une maison de disques ! » C'était deux ans avant sa mort.

Ce que je peux dire, c'est que je l'aimais beaucoup musicalement, qu'il avait de bonnes idées humainement, et qu'il était très intelligent et très sensé. Incontestablement, il m'a envoyé un message pour que je reprenne sa chanson *La vie ne m'apprend rien*. J'ai la sensation d'avoir été choisie, et j'en suis persuadée. C'était un appel ! Treize ans après sa mort, il me demandait de reprendre cette chanson qui, de plus, a une belle signification. Et il me suit tout le temps… Lorsque Emmanuel de Buretel [*le responsable de son ancienne maison de disques* – NDLA] m'a proposé de faire un *best of* de mes chansons, je lui ai dit non. J'y pensais beaucoup et une nuit, à quatre heures du matin, tout d'un coup je me suis réveillée : Tiens, je vais reprendre la chanson de Daniel Balavoine, *La vie ne m'apprend rien*. J'ai réveillé Laurent, mon manager, qui partageait alors ma vie, et je lui ai parlé de mon idée. À peine réveillé, il était déjà ému par l'idée : « Ah oui, j'adore cette chanson, c'est la première chanson que j'ai écoutée au walkman, le premier album quand j'étais petit... » Voilà.

(Entretien réalisé à Londres en 2000)

PHILIPPE CONSTANTIN, directeur* de Barclay

J'ai rencontré deux sortes de grands artistes : les révolutionnaires qui bouleversent leur art, leur spécialité et les transforment radicalement; et ceux, peut-être encore plus rares, dont l'œuvre et l'action imprègnent l'âme et le cœur des gens, et dont la trace ne s'efface jamais parmi ceux qui les ont connus. Daniel Balavoine appartenait à la fois aux deux catégories.

Chaque disparition est injuste. La sienne l'était plus que les autres. Elle nous a choqués comme un coup bas. Elle nous a laissés sans voix. Ce n'était pas seulement un chanteur que l'on perdait, mais un proche, un ami, toujours là pour aider dans les passes difficiles, pour soutenir dans les chagrins. Prêt à répondre quand les mots nous manquaient.

Généreux et passionné, il était l'un des rares à avoir pressenti l'urgence du retour aux idées de solidarité, de fraternité, de justice morale. Il allait là à contre-courant. C'est qu'ils sont nombreux, les jeunes vieillards cyniques qui s'enorgueillissent de rejeter ces notions! Lui, Balavoine, les avait prises en compte. Il les martelait avec une détermination inébranlable. Il disait des choses vraies et il les disait sur le ton qui convient. Il avait inventé un style. Interprète exceptionnel, il se voulait à l'heure et était parvenu à être l'un des plus modernes de nos artistes.

* Philippe Constantin est décédé en janvier 1996.

Il est parti. La vie devient plus dure. Mais, parce qu'il reste toujours présent, il continue à nous aider à la supporter. Et il continuera. Longtemps.

(Pour *Paroles et Musique* n° 66, janvier 1987)

MICHEL BERGER

Daniel était un ami très proche et de nos liens je ne veux pas parler : c'est trop douloureux. Évoquons plutôt les expériences que nous avons menées ensemble, celle d'« Action École » notamment. Nous étions tous deux au gigantesque concert de Wembley organisé pour aider les peuples du tiers-monde écrasés par la famine, et le même coup de colère nous a saisis : qu'un mouvement de cette puissance soit lancé et que la France en soit absente, cela nous a carrément choqués. Il fallait aussi faire quelque chose dans notre pays : ainsi est né « Action École ».

Au départ, il ne s'agissait que de rassembler des dons et surtout de la nourriture pour l'envoyer aux affamés; puis nous avons senti qu'il fallait aller plus loin, sensibiliser les enfants des écoles au problème africain. Le succès nous a surpris par son ampleur : 500 000 jeunes adhérents à « Action École » dès les premiers mois, 800 000 aujourd'hui. C'était exaltant, mais cela obligeait à prendre des responsabilités. Daniel, un des premiers, l'a compris. Il a aplani les difficultés qui se manifestaient au sein de la petite équipe de promoteurs : il savait éviter les heurts, c'était un rassembleur-né.

Puis il nous a poussés à assurer le suivi de notre action. Il ne suffit pas d'être généreux, de donner… Il faut aussi savoir ce que deviennent nos dons. Il proposait une sorte de contrôle intelligent; il alliait à sa bonne volonté une rigueur, une vigilance de tous les instants… Il avait du don une conception concrète, solide, à l'opposé du romantisme traditionnel. Il voulait nous apprendre à gérer notre solidarité, à en faire plus qu'une arme, un moyen de formation.

À l'action il se donnait à fond, comme il se donnait à fond à la chanson. Il y avait une unité totale entre ce qu'il était et ce qu'il chantait.

(Propos recueillis par Lucien Rioux
pour *Paroles et Musique*, n° 66, janvier 1987)

BERNARD BALAVOINE, président de la Fondation Balavoine*

D'abord recommencer à respirer, réaliser, vivre avec... Qu'est-ce que ça veut dire, ces milliers de lettres qui disent toutes la même chose : « On l'aimait, on l'aime, on veut que ça continue » ? Toute une famille et des amis, et une seule question : qu'est-ce qu'on fait ? Toute cette énergie qui ne demande qu'à être utilisée... Tous ces spectateurs qui demandent à devenir acteurs...

Continuer de faire agir les colères de Daniel, les prolonger, leur donner le corps qu'il ne peut plus... Comment rester fidèle sans se prendre pour des héritiers ? Pour certains, ce sera de continuer à faire vivre ce qu'il avait contribué à faire naître (« Action École » avec Michel, France et Richard**) ; pour d'autres, SOS Racisme. Pour ceux qui voulaient agir de façon plus personnalisée autour du nom, du souvenir ou de l'énergie de Daniel, nous avons créé cette fondation. Qui la fait marcher ?

---

* Depuis ce témoignage, la Fondation est devenue l'Association Daniel Balavoine, dirigée par Claire Balavoine.

** Michel Berger, France Gall, Richard Berry.

Sa famille, ses amis ; elle est soutenue par de nombreux artistes, sportifs ou journalistes. La personnalité de Daniel lève les hésitations et le travail a pu commencer. Comment ça marche ? Nous sommes là pour répondre au désir des adhérents et correspondants : la demande est axée sur l'aide au Sahel pour contribuer à résoudre les problèmes de l'eau, afin que les hommes puissent vivre de leur terre et sur leur terre.

Pas simple : il faut beaucoup de moyens humains, techniques et financiers. Bien sûr, beaucoup de gens nous envoient des dons ; bien sûr, nous travaillons à trouver des sponsors et des mécènes, mais nous ne voulons pas être une œuvre de charité. Nous voulons que les participants puissent, s'ils le souhaitent, avoir quelque chose en échange. Qu'ils se réunissent, s'organisent ensemble, prennent des responsabilités, réalisent le plus souvent des événements ou manifestations permettant de dégager des financements.

Pour en faire quoi ? Travailler avec les Africains à partir de leurs projets de développement, pour leur procurer les matériels nécessaires à l'irrigation ou à l'extraction d'eau potable ; pas en arrivant comme des sauveurs, mais en partenaires, en vue de leur autosuffisance, puis de leur autonomie. Nous n'envisageons pas d'avoir nos pauvres…

Nous espérons participer à un projet d'avenir : faire que ces peuples n'aient plus besoin de s'expatrier pour vivre, recouvrent leur dignité, dans leurs coutumes et leur propre vision de la vie. Qu'un jour on ne les renvoie plus chez eux aussi démunis qu'ils en sont partis, sans espoir et sans solutions.

(Pour *Paroles et Musique* n° 66, janvier 1987)

JEAN-LUC ROY,
coéquipier* de Daniel Balavoine sur le Paris-Dakar 1985

C'est à l'automne 1982 que j'ai rencontré Daniel pour la première fois dans un relais routier perdu sur une départementale. En tant que journaliste, j'étais venu assister à la pseudo-présentation de l'écurie avec laquelle il devait participer au rallye Paris-Dakar. Autant le dire tout de suite, cette opération n'était qu'une supercherie mise sur pied par un homme d'affaires mégalomane. Mais la bonne foi, l'enthousiasme, la passion de Daniel étaient évidents. Quelques minutes de discussion suffirent pour transformer mon intérêt pour lui en sympathie. Des questions précises, pratiques, pertinentes, des réponses directes, et la glace était rompue.

La suite aurait pu tourner à la catastrophe. Mais Daniel, accroché, passionné par l'Afrique, prit en 1983 le chemin des écoliers pour rejoindre Dakar en dehors de la course. Dakar fut le point de départ de notre amitié. Le 1er janvier 1985, nous étions enfermés côte à côte dans l'habitacle de la voiture numéro 220, au départ de la course. Le jeu était dangereux, voire destructeur, nous le savions tous les deux. Même si l'on cultive la franchise, si l'on privilégie la spontanéité, il reste toujours quelques verrous, quelques tabous. En trois semaines et quatorze mille kilomètres de souffrance, ils sautent.

Dès le 4 janvier, entre Ouargla et El Goléa, ses qualités se manifestent. Sa méfiance, son professionnalisme nous permettent de déjouer les pièges de navigation. Nous progressons au classement pour grimper en trente-cinquième position. Une rupture brutale des freins et une panne

* Jean-Luc Roy est auteur du livre *L'Arbre perdu du Ténéré*, Albin Michel, 1985.

d'essence nous renvoient dans les profondeurs dont nous ne nous tirons que difficilement. Le 6 janvier, entre In Salah et In Ecker, mauvaise certitude de ma part, excès de confiance de Daniel : nous ratons un contrôle de passage. Une pénalité, donc, mais qui scelle définitivement notre complicité et notre amitié. L'humour sarcastique que nous partageons permet de désarmer les situations explosives. Nous en avons besoin dans le terrible désert du Ténéré, et plus encore durant cette nuit non stop, entre Iférouane et Agadez, qui tourne au calvaire : il nous faut puiser dans nos dernières ressources, passer de l'exhortation aux coups de gueule pour franchir l'obstacle et remonter au classement. À partir d'Agadez, le paysage change : beaucoup plus de villages à traverser, d'habitants qui nous acclament. Daniel est obsédé par la pauvreté, obnubilé par la sécurité des enfants qui courent en tous sens dans la poussière. Il n'a pas besoin d'insister pour que je lève le pied et que je ralentisse. Un accident pour gagner quelques secondes, c'est dérisoire et stupide.

Nous quittons Gao, Tombouctou et le Mali pour remonter vers la Mauritanie : Néma, puis Tichit. Heures éprouvantes : englués dans les sables, nous bataillons quatre heures… Tichit, c'est l'abattement, le désespoir. Seul un sursaut nous permet de reprendre la piste. Deux jours, deux nuits pratiquement en non-stop. Dakar et sa plage soulagent à peine nos souffrances.

École de courage, d'amitié, de respect, le Paris-Dakar est tout cela. Pour Daniel, il a été plus : le moyen de découvrir l'Afrique, de subir sa fascination. L'idée du « Paris-Dakar-Pari du Cœur » naît presque naturellement dans l'esprit de Daniel et de Thierry Sabine. L'un et l'autre ont suivi la même démarche, dictée par le même élan du cœur. La misère des Africains, les tourments de ceux du Sahel qui souffrent de la désertification, il faut les soulager. Mettre sur pied une opération pratique, concrète, efficace. Certains le nieront, diront qu'il ne s'agissait, pour ses promoteurs, que de se donner bonne conscience. Leurs remarques fielleuses s'éteindront d'elles-mêmes après ce sinistre 14 janvier 1986.

Daniel était venu sur les pistes africaines par passion pour le sport automobile, par désir de découvrir un continent inconnu, mais aussi pour repousser ses propres limites. Sur le Paris-Dakar, il n'était qu'un concurrent normal, sans privilège. Lui qui évoluait dans un milieu dur, mais un peu factice, appréciait au plus haut point ces contacts dépouillés de tout artifice. On est nu, sans fard et sans mesquinerie, dans l'habitacle surchauffé d'une voiture de piste. Les événements extrêmes que nous avons vécus nous ont mûris, révélés, ont fait craquer le vernis de nos habitudes. Daniel, j'en suis sûr, n'a jamais chanté que ce qu'il pensait… C'était mon ami. J'étais fier d'être le sien.

(Pour *Paroles et Musique* n° 66, janvier 1987)

HARLEM DÉSIR, président* de SOS Racisme

Bien avant de le connaître, je le sentais proche de nous. À cause du contenu de ses chansons et de ses déclarations, parfois abruptes, toujours franches. C'était un garçon comme nous les aimons, sincère, généreux, dévoué. Quand il s'est agi d'organiser notre grande fête du 15 juin à la Concorde, j'ai pensé à lui et j'en ai parlé. C'est alors que j'ai appris qu'il appartenait à notre comité de Colombes et qu'il y militait à la base, pas comme une star, mais comme un individu qui veut s'engager silencieusement aux côtés de ses

* Harlem Désir est aujourd'hui député PS.

copains. Pour la fête du 15 juin 1985, par exemple, nous n'avons pas seulement connu le chanteur, mais aussi le garçon qui passait certaines nuits à coller des affiches.

Je l'ai ensuite souvent croisé au cours de nos manifestations. Discret, il ne se mettait jamais en avant. Il y avait en lui une sorte de pudeur profonde. Il admettait fort bien que l'on utilise son renom, son prestige de star, pour populariser nos idées qui étaient les siennes. Mais il s'effaçait devant elles, il ne tirait jamais la couverture à lui. Quand il travaillait avec nous, SOS Racisme comptait pour lui plus que son image auprès de ses fans.

C'était un rebelle-né. Quand quelque chose lui semblait insupportable, il lui fallait réagir par tous les moyens : la parole, la chanson, le geste. Il ne supportait ni l'injustice, ni le mépris à l'égard des autres, et, sur le coup de l'émotion, il prenait parti. Il a toujours osé dire ce qu'il avait à dire. Il l'a chanté aussi. En décembre 1985, pendant notre meeting au Bourget, il a obtenu le Prix de la chanson antiraciste avec *L'Aziza*. Il le méritait largement. Le texte qu'il avait écrit lui ressemblait. Ce n'est ni un tract, ni un pamphlet, ni un manifeste, mais un constat grave, tendre et plein d'espoir. Une chanson d'amour, aussi. C'est par amour que se mêlent les cultures et que s'estompent les différences.

Profondément individualiste, il croyait à la nécessité de l'action collective. Il ne s'agissait pas pour lui de se fondre dans une foule, de devenir un anonyme parmi d'autres, mais, au contraire, de faire de chacun des membres du groupe un être complet avec son originalité et ses particularités.

Certains se sont étonnés de le voir se lancer dans la bataille du Paris-Dakar, une aventure sportive, mais, comme toujours, avec des enjeux publicitaires et commerciaux. Mais c'était aussi pour lui une aventure humaine. Il voulait ajouter autre chose à la compétition, en faire un lieu de rencontre, un lieu de contact avec l'Afrique. Il a donné une première impulsion. Son action, j'en suis sûr, portera ses fruits.

(Propos recueillis par Lucien Rioux
pour *Paroles et Musique* n° 66, janvier 1987)

COLUCHE

J'aimais beaucoup Daniel. J'avais repéré ce garçon en 1980 au journal de 13 heures, quand Mitterrand l'avait invité et qu'il avait si bien parlé des jeunes. Je l'ai vu, on s'est parlé souvent. Il avait donné un coup de main pour les Restaurants du cœur. Daniel était toujours là quand on avait besoin de lui. Maintenant, c'est à notre tour d'être là pour qu'il soit présent le plus longtemps possible.

(À *Coluche Info*, le 15 janvier 1986, Canal Plus)

FRANÇOIS MITTERRAND

J'aimais beaucoup Daniel. J'ai d'abord apprécié le chanteur de la colère et de la tendresse, qui avait su trouver des mots et des sons en accord avec les sentiments de la jeunesse de son temps. J'ai ensuite rencontré et apprécié le révolté et l'homme de cœur, celui qui avait mis sa notoriété au service de la plus grande des causes, celle de la justice et de la lutte contre la faim dans le monde.

La jeunesse de France n'oubliera pas de sitôt celui qui lui a donné une si grande leçon de vie en allant au bout de ses passions.

(Propos recueillis par Fred Hidalgo
pour *Paroles et Musique* n° 66, janvier 1987)

Florence Aboulker*

Tu disais tout le temps : « Dans quelle galère on s'est encore plongés ? » Je ne sais pas si tu n'avais pas inventé ce mot, *la galère*. Notre première grande galère, pour moi la plus belle, c'était en novembre 1973. Patrick Juvet à l'Olympia. Nous avions commencé à répéter en octobre. Tu te souviens, Daniel ? On t'appelait « balle de foin », « balle à son », « balle d'avoine ». Tu étais si jeune, si rondouillard, tu chantais si fort, si présent, si aigu. Sur le *live* de Juvet, déjà on n'entend que toi, le choriste.

Dans quelle galère tu nous plonges tous, Daniel !

Depuis la semaine dernière, il n'y a que des vagues souvenirs, de rires, de musique, de studios à Londres, Toulouse, un peu de partout. Des souvenirs de toi, de notre campagne à Bonfruit, avec un fichu sur la tête, jouant au ping-pong avec mes fils, tes amis. Inacceptable. Ta mort ne passe pas. Révoltée, je la refuse. Cette fois-ci, le spectacle ne continue plus. C'est trop. C'est *too much*.

Depuis la semaine dernière, je m'interroge. Si on tue maintenant ceux qui font du bien aux autres, que veut dire la vie, cette course à la gloire, cet amour des projecteurs, nos rêves aussi, nos étoiles dans les yeux ? Depuis la semaine dernière, les larmes et tous les pourquoi défilent sans réponse.

Premier souvenir de toi. Ton visage de bébé que tu caches sous une masse de cheveux bouclés où on ne voit que tes yeux. Tu ressembles à ces terre-neuve, ces chiens qui sauvent les marins. Rien n'était encore décidé. Tu n'étais pas sorti de l'enfance.

Sauf ton caractère. Ton caractère de grand chien fou, mordant, avec tendresse ou rage. Et ton rire. Tu riais, tu nous

* Florence Aboulker est décédée le 28 août 2002.

faisais rire. Tu habitais la chambre en bas à gauche dans notre maison de campagne, que tu aimais tant parce que nous vivions en musique et en famille. On te traitait de galopin.

Mais la nuit, lorsque Juvet abandonnait enfin son piano, dans la grande salle de musique, après avoir brisé les vitres de nos voisins de trop de sons, de trop de notes, tu retrouvais le piano muet et tu jouais toute la nuit. Je me souviens de ta toute première chanson. Elle durait une minute et demie. Elle s'appelait : *Elle reprisait mes chaussettes*. Cette chanson-là, tu me l'as dédiée.

Tu t'étais installé chez nous. Entre nous. Et j'ai eu l'impression que tu nous avais adoptés tout autant que si tu faisais partie de la famille. Et puis ça se confond… Et les tournées, et les galas, et les chapiteaux, et les champs de betterave, comme nous appelions ces endroits où nous partions chanter… Ça a duré un an. Peu à peu, Patrick et toi vous étiez devenus comme des frères. Le grand blond et le petit brun.

Et puis il y eut ce jour où, avec Andy Scott, nous t'avons repêché tout raide dans la piscine après un sauna trop chaud. J'ai eu peur. Les présages. Les signes. La maison a été vendue en catastrophe pour éviter d'autres catastrophes. Et toi, tu riais, tu faisais des jeux de mots idiots. Et nous partagions ensemble les caprices de notre star.

Tu disais que quand tu serais star, tu ne ferais pas de caprices. Tu as tenu parole. Tu avais une façon bien à toi de dire les choses vraies, même si elles ne faisaient pas toujours plaisir. Et puis, en 1974, il y a eu cet album, *Chrysalide* ; tu en as écrit tous les textes avec Juvet. Nous avons décidé de te donner ta première chance. Cette chance-là s'appelait *Couleurs d'automne*.

Il y avait aussi *C'est beau la vie*. Les enfants la chantaient. Tu l'avais voulu ainsi. Déjà, c'est beau la vie… Mais on ne sait rien entendre, rien écouter, même si notre métier n'est fait que de mots, d'écoute, de son. La vie, tu n'as pas arrêté de la chanter. Mais si on écoute bien tes chansons, ce que je fais comme des centaines de milliers de gens, on découvre que derrière cette soif de vivre il y a une prescience de la mort : « Je cours, je m'accroche à la vie. »

À Toulouse, au studio Condorcet, les poings serrés, les yeux clos, tu la chantes, ta chanson *Couleurs d'automne*. J'étais alors ton auditrice. Je deviens ton producteur. Nous avons signé un contrat à vie. Mais déjà, « à vie », dans les contrats, ça n'existe pas. Ta vie à toi commençait pour de vrai dans le showbiz, la mienne allait prendre fin. J'en avais assez des nuits sans sommeil, des paillettes, des trahisons, des morts symboliques.

Nous avons pris le temps ensemble de trouver ton premier look. Et puis j'ai quitté le métier, tu m'en as voulu longtemps. Tu avais l'amitié tenace et les rancunes fières. Pour moi, tu étais mon petit. Et ce petit-là venait d'entrer dans sa nouvelle famille, Léo Missir et Andy Scott. C'était aussi notre famille. Tu étais fâché, mais tu as mis à mon cou un petit Snoopy d'or semblable à celui que tu portais et qui te protégeait. Et on s'est dit bon vent. Tu as écrit tes chansons. J'ai écrit des romans.

La dernière fois que je t'ai vu, c'était un printemps, il y a peu d'années. Tu venais de rencontrer Corinne, tu étais amoureux. Ce soir-là, je t'ai vu heureux. Tu m'en voulais un peu de ne pas t'avoir accompagné tout au long de la route qui, au bout de trois albums, devenait magique.

Tu n'aurais pas dû nous mettre dans une telle galère.

Cette mort-là, la tienne, elle reste en travers de la gorge. Parce que si j'avais su que c'était si court, cette vie, on aurait fait l'amitié autrement.

(Pour *Paris Match*, 31 janvier 1986)

ET TOUS LES AUTRES…

Lambersart, le 21 janvier 1986. Rien aujourd'hui, rien. […] Promettez-moi que le 15 janvier 1987, 88, 89, 90… vous causerez de lui. Amitiés antiracistes… pour les races. (France, Wavrin) • So long, frangin ! Orpheline de tous. […] 26 ans et 10 ans déjà de galères. J'ai laissé passer le temps sur moi. Je ne suis rien. Je n'existe pas. […] Je suis dépassée par la violence de mes sentiments présents. Je ne sais pas ce qu'il faut faire. Faut-il rejoindre Bala ? Ou bien faut-il rester et agir ? Au secours, help ! S.O.S ! Je m'enlise. (Antoinette, Paris) • Je hais les hélicoptères comme j'ai haï le revolver devant John. Je t'aime, Daniel. (Olivier, Champigny) • Qu'est-ce qu'elle va faire, l'Aziza, sans toi ? Salut ! (Max, Aubervilliers) • Il y avait en France deux chanteurs au sens « personne voulant s'exprimer et ayant pris la chanson pour le faire » […], et il est triste de voir que sur les deux chanteurs, Renaud et Balavoine, l'un d'eux a disparu, et non le moindre. (Francfort, le 20 janvier) • Il a suffi d'une dune, d'une éclipse de lune, pour que je gagne un frère ; permettez-moi de ne pas signer. (Paris) • Pourquoi ? […] J'ai perdu mon grand frère. […] Je sais, le temps cicatrisera la plaie, mais toi, Daniel, tu seras à jamais en moi. À bientôt, Bala… (Maxence, Ajaccio, le 18) • Tous les jours, il y a des mecs qu'on aime bien qui meurent… Tous les jours il y a des mecs de 33 ans qui meurent… Alors pourquoi pas lui ? Mais quand même, ça fait chier. Merci, Daniel. Adieu, Bala. Un qui a pleuré. (Marseille) • Chanteur sans ration, ce matin ma voisine a fait chanter son instrument. Elle a osé siffler *L'Aziza*. Comme jamais plus elle ne le fera. Sa bouche avait le parfum chaud du Bel Avoine. […] Une très large presse, hum ! va encore faire chialer ses lecteurs. Pour quelqu'un qu'elle n'aimait pas… (W. M., Besançon) • Paris, le 16 janvier

1986. [...] Moi je suis toujours là et je me dis que le sida, c'est peut-être moins dangereux que l'hélicoptère. Et puis, se tuer pour éviter que d'autres meurent, ça devrait faire réfléchir ceux qui n'y voyaient qu'un souci de pub. Alors, salut, Daniel, et merci pour *L'Aziza*! Et un jour que j'aurai réussi à creuser l'écart suffisant entre l'homme qu'il était et l'auditrice bouleversée que je suis, je le ferai renaître : je calerai, sur ma platine restée inerte depuis mardi, un album au hasard; je soufflerai sur la poussière pour qu'elle reste en suspens et la mélodie, pudique, se réveillera à tout jamais. Balavoine n'est pas mort. (Marine, Morsang-sur-Orge) • Bala, [...] *L'Aziza*, elle est longue, la route de Gaza, pour aller pleurer sur le corps de Bala. [...] Mais la mort, Daniel, ta mort, Dieu que c'est con! Je pleure de rage. (Toulouse) • Marseille, le 15 janvier 1986. Est-ce nul que de pleurer quelqu'un qu'on aimait justement parce qu'il parlait un peu trop fort! Un peu trop vite! N'empêche qu'aujourd'hui, j'ai le cœur gros pour quelqu'un qui l'avait «gros comme ça». Il disait : «Je m'emporte pour ce qui m'importe.» Il est mort en import. Salut, Daniel. (Périgueux) • Pour une poignée de puisards / Tu bois la tasse cauchemar / Et c'est dans le dos que ce poignard / Te frappe un soir un peu tard... (Alexis, Clermont) • Ah, ah, ah, sacré Daniel! Tu nous as bien eus. [...] Ça fait boum dans la tête. J'ai 15 ans et je viens de réaliser ce qu'est la vie (la mort). On va essayer «de faire que la nuit soit claire», que nos yeux pleins de larmes soient grands ouverts. Tu le voulais. À bientôt, Daniel (où?) (C.D).

(Extraits du courrier des lecteurs du quotidien *Libération* des samedi 25 et dimanche 26 janvier 1986)

Janvier 1990, lettre d'un Terrien en détresse à Daniel*...

Daniel,

Ce soir est à l'heure des confidences, de ces murmures nocturnes, de ces questions mille fois posées et restées sans réponse. Le monde n'a pas cessé de tourner depuis ton départ. Je sais que cela te fait plutôt plaisir, toi qui dans un dernier cri presque salvateur as rugi, de par les médias, que le plus beau restait à faire dans cette putain de planète qui flotte dans l'univers comme un radeau de la Méduse. Voilà, vu d'en haut, ça doit faire plutôt bizarre, ce monde qui tourne et retourne, exhibant sans halte sa face amour, puis sa face amère. Je pense souvent à ce désert de dunes et à ces Aziza orphelines qui croyaient que le chemin de la vie était ouvert par quelques aventuriers charismatiques épris de justice et de liberté. Pourtant, tu nous avais prévenus, rageur : tu n'étais pas un héros, et pour toi comme pour le commun des mortels, le blues était souvent blanc.

Ici-bas, l'histoire a pris une accélération dans sa hanche gauche. Simon et Gunther, ou deux frères qui leur ressemblent, se sont retrouvés sans plus y croire, en ce printemps de

* Billet de l'auteur écrit pour les quatre ans de la mort de Daniel Balavoine dans *Pollen* sur France-Inter.

novembre, sous le porche de la Porte de Brandebourg. Les frimas staliniens ont cédé le pas aux étranges rayons solaires d'un romantisme échevelé que l'on croyait poussiéreux. Les femmes veuves se sont éveillées, et Miguel Angel Estrella emportera sa revanche au paradis des poètes disparus. Petite Angèle court toute seule encore dans les rues de ce Beyrouth fracturé, et Lucie veille sur ces oiseaux migrateurs qui meurent quelquefois dans un ciel trop blanc. Les chanteurs français, tes collègues de classe, sont de moins en moins sans frontières et se tétanisent pour quelques grimpettes top-cinquantisées.

Ils sont rares, aujourd'hui, à œuvrer dans cette résistance active que tu prônais, à ouvrir leur gueule pour des idées de mitraille, à rougir de plaisir pour quelques avancées libertaires. Tu étais énervant et énervé, finalement, toi aussi. Vous auriez pu bien vous entendre avec Renaud, la teigne aux cheveux jaunes. Et ton absence se fait quelquefois un peu trop lourde. Alors je donne rendez-vous à nos souvenirs communs, à notre première rencontre dans le studio de *Champs-Élysées* où tu me confiais que tu étais un fou furieux de football, mais que tu n'aimais pas beaucoup, et bizarrement de moins en moins, les théâtres immenses de ce jeu qui risquait de devenir à la longue assassin. C'était bien avant le Heysel. Souvenir de toi, aussi, dans un studio, d'enregistrement cette fois, m'expliquant les mille et un trésors d'un Fairlight, « Rolls Royce des ordinateurs », caverne d'Ali Baba des sons d'aujourd'hui.

Souvenir de toi encore, dans ta maison, l'œil attendri sur ton chien éclopé, prenant fait et cause pour la main jaune des potes, me faisant un cours sur la production des disques de variété française. Souvenir de toi aussi, le visage grave et les yeux écarquillés par l'idée de la mort, celle qui répugne, la traîtresse qui frappe dans le dos et qui vous arrache de la vie.

Cette vie que tu aimais, que tu dévorais avec frénésie et avec laquelle tu n'avais pas fini de te rencarder. Mais, aussi, tu m'as appris à respirer avec cette philosophie si difficile à formuler. Quoi qu'il en soit, sans le souhaiter réellement, il faut – en fin de compte, il vaut mieux – partir avant les siens… Piètre vœu qui, malgré tout, justifie ces mots d'absence que tu nous envoies sans cesse, en nous attendant.

À bientôt, Daniel !

Repères biographiques

• 5 février 1952 : naissance à Alençon (Orne); mère (Élisabeth); père (Émile) fonctionnaire travaillant au ministère de la Reconstruction. Benjamin de la famille, à sa naissance : Marie-Françoise (12 ans), Claire (9 ans), Bernard (8 ans), Guy (5 ans), Yves (4 ans).

• 1960-1962 : père muté en Algérie; le reste de la famille s'installe à Biarritz; Daniel se retrouve dans un pensionnat religieux.

• 1963 : retour de son père qui est affecté à Pau; sa mère s'installe à Nice; nouvelle pension pour Daniel dans un collège de Dax.

• 1968 : mai, il milite activement à Pau dans les mouvements lycéens.

• 1970 : gagné par le virus de la chanson, il quitte le lycée de Pau après trois mois de terminale; diverses expériences scéniques à la MJC de Pau où il reprend du Dylan avec divers orchestres (les Shake's Eruption, Purple et Réveil).

• 1971 : monte à Paris avec Réveil; rencontre les musiciens du groupe Présence qui recherchent un chanteur; auditionné (ainsi que Laurent Voulzy); enregistre avec Présence un 45 tours dont il compose la musique (*Le jour s'est levé* et *La Lumière et la folie*).

• 1972 : concerts avec Présence au cours desquels il croise

Jean-Jacques Goldman (membre du groupe Phalanstère); quitte Présence et se marie avec Dominique.

• 1973 : enregistre chez Vogue un premier 45 tours sous son propre nom (*Viens vite, Lire un livre*); choriste de studio et de scène avec son frère Guy pour différents groupes : Triangle, Martin Circus et Les Fléchettes. Ils jouent ensuite au Palais des Sports dans la comédie musicale La Révolution Française, font la connaissance de la productrice Florence Aboulker et participent au *Musicorama* de Juvet qu'elle prépare (5/11).

• 1974 : participe à la tournée de Patrick Juvet et s'installe chez le couple Aboulker-Juvet; écrit *Chrysalide*, le nouveau disque de Juvet dans lequel il enregistre lui-même *Couleurs d'automne*; Léo Missir, qui écoute l'album, est séduit par la voix de Balavoine; signe un contrat chez Barclay; rencontre Catherine Ferry, jeune chanteuse pour laquelle il va écrire.

• 1975 : premier 30 cm *De vous à elle en passant par moi*; premier 45 tours avec le groupe Mélodie S.A.

• 1976 : 2e 45 tours avec Mélodie S.A.; choriste (avec son frère Bernard) de Catherine Ferry au Grand Prix de l'Eurovision, à La Haye.

• 1977 : 2e album 30 cm, *Les Aventures de Simon et Gunther...*, remarqué par Michel Berger.

• 1978 : 3e album *Le Chanteur*; enregistre dans *Starmania* le rôle du loubard Johnny Rockfort, et succès radiophonique de *Quand on arrive en ville*; énorme succès de la chanson *Le Chanteur* (un million de 45 tours, huit cent mille albums).

• 1979 : Palais des Congrès avec *Starmania* (du 10/04 au 3/05); musique du film *Alors heureux*! des frères Jolivet; 4e album (avec son groupe Clin d'Œil), *Face amour, face amère*; premier vrai concert (Théâtre Sébastopol de Lille, 24/11).

• 1980 : premier Olympia (du 31/01 au 2/02); rencontre historique avec François Mitterrand sur Antenne 2 (19/03);

5e album (avec Clin d'Œil), *Un autre monde*; gros succès de *Mon fils ma bataille*; duo avec Michel Berger sur *Bateau toujours*.

• 1981 : second Olympia (du 10 au 15/3); chante dans plusieurs meetings de Mitterrand; premier album live à l'Olympia, *Sur scène* (12/11).

• 1982 : fin de Clin d'Œil; 7e album (6e studio), *Vendeurs de larmes*; Palais des Sports (du 9 au 13/06); rencontre Corinne, future mère de ses enfants; tournée en France, Suisse et Belgique.

• 1983 : premier Paris-Dakar (janvier), contraint à l'abandon, en profite pour découvrir l'Afrique; éditorialiste d'humeur sur la radio parisienne 95.2 FM (octobre); scandale suite à son « J'emmerde les anciens combattants » au cours de l'émission de télé *Sept sur sept* (le 23/10); 8e album, *Loin des yeux de l'Occident* (octobre), enregistré en Angleterre et en Écosse; passage à *Champs-Élysées* (novembre).

• 1984 : tournée (du 15/02 au 30/04) dont le Printemps de Bourges (le 2/04); naissance de son fils Jérémie (15/07); Palais des Sports (du 21 au 30/09).

• 1985 : 9e album (et second *live*), *Au Palais des Sports;* 2e Paris-Dakar qu'il termine obsédé par la pauvreté rencontrée sur place; sympathise avec Goldman et Berger au *Live Aid* de Wembley (13/05); crée Action École; militant de SOS Racisme; présent aux côtés de Coluche et des Restos du Cœur; concert *Sans frontières* le 16/10 à La Courneuve; 10e et dernier album (le 8e studio) *Sauver l'amour* (Victoire de la Musique 1986); dédie *L'Aziza* à Corinne qui attend alors un second enfant; envisage d'aller s'installer à Londres.

• 14 janvier 1986 : trouve la mort dans l'accident d'hélicoptère qui le transporte avec Thierry Sabine (organisateur du Paris-Dakar) et trois autres personnes; « Fondation Balavoine » créée en mars; naissance de sa fille Joana le 1er juin 1986.

Discographie

La première partie est constituée des albums ou 45 tours (originaux) enregistrés par Daniel Balavoine. La seconde partie comprend les chansons écrites et/ou composées par Daniel et interprétées par d'autres.

1971

AVEC PRÉSENCE

Le jour s'est levé – La Lumière et la folie.

(45 tours Vogue V 45 1824).

1973

Viens vite – Lire un livre.

(45 tours Vogue 45 V 3013).

La Confiture (titre repris avec les deux autres ci-dessus sur le 45 tours Vogue 102 139 © 1986).

1975

DE VOUS À ELLE EN PASSANT PAR MOI.

De vous à elle en passant par moi – Vis loin de moi – Pas plus intelligent – Pauvre Nicolas – L'alcool n'y change rien – Tes pieds toucheront par terre – Evelyne et moi – Couleurs d'automne – L'Enfant aux yeux d'Italie – Mona Lisa (suite) : La Chanson vide, La Première fille de ma vie, Elle reprisait mes chaussettes, Ça ne vous regarde plus.

(30 cm Barclay XBLY 90 030).

Vienne la pluie – La Tête en bas.
(45 tours Barclay 62 196).

AVEC MÉLODIE S.A.
Et je m'en vais – Si peu d'été.
(45 tours Barclay 62137).

1976
AVEC MÉLODIE S.A.
Sally – Autrefois.
(45 tours Barclay 62300).

1977
LES AVENTURES DE SIMON ET GUNTHER...
Correspondances – La porte est close – La Réponse – Mon pauvre Gunther – J'entends cogner ton cœur – Lise Altmann – Les Aventures de Simon et Gunther... Stein – Lady Marlène – La Lettre à Marie – Ma musique et mon patois.
(30 cm Riviera LM 90 079/Barclay).

1978
STARMANIA (titres chantés par DB)
Quand on arrive en ville (avec Nanette Workman) – Banlieue nord – Quand on n'a plus rien à perdre (avec France Gall) – Petite musique terrienne.
(2 x 30 cm WEA 66 086).

Je suis bien – Le français est une langue qui résonne.
(45 tours Barclay 62 379).

LE CHANTEUR.
Les Oiseaux 1 – Les Oiseaux 2 – France – C'est un voyou – Lucie – Le Chanteur – Si je suis fou – Oiseau de nuit – Le Pied par terre – Des gens comme vous.
(30 cm Riviera 90 276).

1979
Lucie – S.O.S. d'un Terrien en détresse.
(45 tours Barclay 620 550).

BALAVOINE (ET CLIN D'ŒIL)
FACE AMOUR, FACE AMÈRE
Face amour, face amère – Toi et moi – Me laisse pas m'en aller – Love Linda – Tu me plais beaucoup – Ces petits riens – Dancing samedi – Pauvre Bobby – Drôle de galaxie – Rougeagèvre.
(30 cm Riviera LM 91 036).

1980
B.O.F. ALORS… HEUREUX
(30 cm Riviera LM Barclay 960 021 ; 1 titre chanté par Balavoine : Alors… heureux).

BALAVOINE (+ CLIN D'ŒIL)
UN AUTRE MONDE
Mon fils ma bataille – 10 000 mètres – Bateau toujours – Lipstick polychrome – Je ne suis pas un héros – Détournement – La vie ne m'apprend rien – Allez hop ! – Mort d'un robot – Un autre monde.
(30 cm Riviera LM 96 113).

1981
SUR SCÈNE.
Un autre monde – Promenade – Allez hop ! – Je suis bien – Lady Marlène – Me laisse pas m'en aller – Rougeagèvre – La vie ne m'apprend rien – Banlieue nord – Détournement – Twilight Zone / Le Chanteur – Les Oiseaux 1 – Les Oiseaux 2 – Lucie – Lipstick polychrome – Mon fils ma bataille – Bateau toujours – Quand on arrive en ville – Mort d'un robot – Je ne suis pas un héros.
(2x30 cm Riviera LM 200 193).

1982

VENDEURS DE LARMES.

Pour faire un disque – Vivre ou survivre – Je veux de l'or – Dieu que l'amour est triste – C'est fini – Soulève-moi – L'Amour gardé secret – La Fillette de l'étang – Y'a pas de bon numéro – Vendeurs de larmes – Viens danser – La Danse – Au revoir.
(30 cm Riviera + maxi 45tours LM 200 371).

1983

LOIN DES YEUX DE L'OCCIDENT.

Pour la femme veuve qui s'éveille – Supporter – Les Petits Lolos – Frappe avec ta tête – Vidéo « série noire » – Partir avant les miens – Poisson dans la cage – Élu par les bœufs – Revolución.
(30 cm Riviera LM 815 436).

1984

Dieu que c'est beau – La Muraille (instrumental).
(45 tours Barclay 881 124).

AU PALAIS DES SPORTS.

Lucie – Les Petits Lolos – Supporter – La vie ne m'apprend rien – Vendeurs de larmes – Poisson dans la cage – Vidéo « série noire » – Mon fils ma bataille – Partir avant les miens – Vivre ou survivre / Dieu que c'est beau – Soulève-moi – Revolución – Pour la femme veuve qui s'éveille – Le Chanteur – Je ne suis pas un héros – Frappe avec ta tête.
(2 x 30 cm Riviera LM 825 122).

1985

SAUVER L'AMOUR.

Aimer est plus fort que d'être aimé – Tous les cris les SOS – L'Aziza – Le Blues est blanc – Sauver l'amour – Petite Angèle – Petit Homme mort au combat – Ne parle pas de malheur – Un enfant assis attend la pluie.
(30 cm et CD Barclay 827 628).

Il faut signaler enfin que Daniel Balavoine a participé (en duo ou comme choriste) à des chansons d'Alain Bashung, Michel Berger, Catherine Ferry, Yves Simon, etc., ainsi qu'au conte musical *Abbacadabra* dans lequel il interprète deux titres.

NB. Une intégrale en douze CD est parue en novembre 2005 chez Barclay, *Balavoine sans frontières* (réf. 983 041) comprenant trois « longs formats » de 4 CD chacun, présentés (dans une valise) avec un livret illustré de 32 pages signé Didier Varrod. On y trouve, inclus dans les volumes 1 et 2 les huit albums studio, ainsi que dans le volume 1 le 45 tours de 1975 (*Vienne la pluie* et *La Tête en bas*, CD 1) et celui de 1978 (*Je suis bien* et *Le Français est une langue qui résonne*, CD 3), dans le volume 2 le 45 tours de 1984 (*Dieu que c'est beau* et *La Muraille*, CD 3). Le volume 3 reprend les deux albums enregistrés en public : *Sur scène*, double 30 cm à l'Olympia de 1981 (CD 1 et 2) ; *Au Palais des Sports*, double 30 cm de 1984 (CD 3 et 4).

Parallèlement à cette intégrale, est également paru chez Barclay, sous le même titre, un coffret de deux DVD (réf. 983 233 7) proposant une anthologie de 55 chansons et de 7 interviews filmées de Daniel Balavoine entre 1979 et 1986, dont deux titres inédits (*Sommeil de plomb*, *Monsieur Lenoble*) et une version inédite de *Dieu que l'amour est triste*, deux extraits de *Starmania*, ainsi que des portraits et reportages mythiques (le débat avec François Mitterrand, le second Olympia, le deuxième Paris-Dakar, le portrait des *Enfants du rock*) ; avec un livret de repères biographiques.

AUTRES INTERPRÈTES

PATRICK JUVET
1974 : Regarde *(45 tours Barclay 62 050).*
1975 : La Chanson des enfants – Les Voix de Harlem – Hopman *(tirées de l'album* Chrysalide *: 30 cm Barclay 90 008).*

CATHERINE FERRY
1975 : Julia mon cœur *(45 tours Barclay 62179).*
1976 : 1, 2, 3 – Petit Jean *(45 tours Barclay 62 204).*
1977 Mélodie bleue – Je me sens bien – Le Cœur de maman – Une histoire d'amour – 1, 2, 3 – Julia mon cœur – Petit Jean *(tirées de l'album 30 cm Barclay 90 089).*
1980 : Tu es mon ennemie *(45 tours Barclay 62 706).*
1982 : Bonjour, bonjour *(45 tours WEA 19 177).*
1983 : Grands pas *(45 tours WEA 249 804).*
1984 : Prends tout ce qu'on te donne – Ça sert à quoi – Un homme tout perdu – Pourquoi pas – Vivre avec la musique – Bien vieillir – Raté *(tirées de l'album 30 cm WEA 240 486).*
1986 : Quelqu'un quelque part *(33 tours Tréma 410 360).*

PIERRE ET MARC JOLIVET
1978 : La Crasse de l'oncle Tom *(30 cm Polydor).*
1980 : C'est la grève – Don Quichotte du nucléaire *(tirées de la BOF* « Alors… heureux » *; 30 cm Riviera LM/Barclay 960 021).*
1981 : Il pleut du sang *(tirée du 30 cm WEA).*

JANIC PRÉVOST
1979 : Les Néons de la ville – Ne réponds pas *(tirées du 30 cm Riviera LM).*

JOHNNY HALLYDAY
1980 : Je ne suis pas un héros *(tirée de l'album* À partir de maintenant, *30 cm Philips 6313 074).*

ÉTIENNE CHICOT
1981 : Le Français est une langue qui résonne *(tirée de l'album* Ma maladie est tropicale, *30 cm Polydor)*.

DIVERS

2000 : BALAVOINE, HOMMAGES.
LIANE FOLY : Vivre ou survivre – **JEAN-LOUIS AUBERT** : Le Chanteur – **ROCH VOISINE** : Je ne suis pas un héros – **DAVID HALLYDAY** : Mon fils ma bataille – **STEPHAN EICHER** : Tous les cris les SOS – **FLORENT PAGNY** : Vendeurs de larmes – **HÉLÈNE SEGARA** : Pour la femme veuve qui s'éveille – **KHALED** : L'Aziza – **MARC LAVOINE** : Dieu que c'est beau – **FRANCIS CABREL** : Petite Angèle.
(CD Barclay 543 201).

Bibliographie : *Daniel Balavoine*, par Geneviève Beauvarlet (Seghers, collection Poésie et chansons, 1986), *Balavoine*, par Gilles Verlant (Albin Michel, 1995 ; édition revue et complétée © 2002), *Daniel Balavoine, De la scène au Sahel*, par Franck Stromme (Kiron/Éditions du Félin, 2001).

Magazines et revues consultés par l'auteur en vue de cet ouvrage : *Juke-box Magazine*, article de fond (n° 18, mars-avril 1988) ; *Paroles et Musique*, dossiers spéciaux (janvier 1987 et 1990) ; *Chorus*, hommage (n° 14, hiver 1995/1996) ; outre la collection personnelle des journaux dans lesquels l'auteur a rédigé des articles sur Daniel Balavoine : *Numéros 1*, *Chanson Magazine*, *Globe*, *Rock News*, *Agenda 2000 de la chanson française*.

Ce « roman » est aussi le leur

L'auteur remercie chaleureusement :

Andy Scott (pluie, confidences, et… merci), Léo Missir (émotion, jeunesse, et… merci encore), Robert Bialek (la route est longue, mais le futur est réjouissant), Marie-Françoise Balavoine (il faut se revoir, et promis, dès le point final, j'écoute Martin Léon), Malcolm Crespin (les doudous sauveront l'amour…), Daniel Pantchenko (le petit *booster* au moment voulu, et merci toujours), les sites de Daniel Balavoine (anciens, nouveaux et blog attitude, et merci pour lui), Thierry Rouault (merci pour avoir attendu ce livre…), Dominique Brami (elle va découvrir un de mes livres à sa publication…), Frédéric Rosenthal (Ah mon Réadiris pour les vieux auteurs, merci d'avoir corrigé… d'être là), Thérèse Chasseguet (vous, vous savez, et merci jusqu'au bout), Philippe Constantin (le prix du manque), ma mémoire (qui ne flanche pas… pour lui), Christian Page (si tu savais…), Monique Le Marcis (de vous à lui en passant par moi), Christian Prabel (ma deuxième mémoire, et merci sans cesse), Claire Balavoine (je te donne tout ce que je suis…), David (sans qui…).

Et bien sûr…

Mauricette Hidalgo (la voix qui rassure) et Fred Hidalgo (la patience porte un nom, et merci définitivement. Nous l'avons fait enfin ensemble…).

Et Daniel Balavoine… pour avoir remplacé le besoin par l'envie, MERCI !

Table des matières

CHORUS

LES CAHIERS DE LA CHANSON

Revue créée en 1992
et paraissant le premier jour de chaque saison,
Chorus (Les Cahiers de la chanson) est considéré
comme l'organe de référence de la chanson française.
Fort de 196 pages illustrées de documents
souvent inédits, chacun de ses numéros décline
l'actualité de la chanson sous toutes ses formes
et comporte en outre deux monographies importantes
consacrées à tour de rôle aux plus grands représentants
de la chanson francophone contemporaine
(dont Daniel Balavoine).
Chorus a également réalisé des dossiers spéciaux
sur Barbara, Brassens, Brel, Ferré, Gainsbourg,
Hallyday, Montand, Nougaro, Piaf, Trenet… ou Goldman,
qui restent disponibles par correspondance.

Cet ouvrage a été composé en Caslon par Palimpseste à Paris

Impression réalisée sur CAMERON par
BRODARD ET TAUPIN
La Flèche

pour le compte des Éditions Fayard
en décembre 2005

Imprimé en France
Dépôt légal : janvier 2006
N° d'édition : 65767 – N° d'impression : 33317
ISBN : 2-213-62784-3
35-15-2984-9/01